성례와 목회예식서

총회예식서개정위원회 편

✝ 대한예수교장로회

※ 예식서 편찬위원 및 수정위원

1977년도 위원 :	김동수	김용준	김윤식	김형태	림인식	문창권
	박종렬	박치순	성갑식	안광국	이상근	임택진
	조남기	최용찬	최중해	한완석	김소영	
1987년도 위원 :	문상희	정행업	김덕조	김상해	김소영	김형태
	맹용길	문홍지	박창환	이만규	정장복	안창엽
	한완옥					
1994~1995년도 위원 :	김소영	안창엽	오세철	유한귀	이기경	이학수
	정장복	김원영	최복상	조천기	김봉익	황성규
	조병옥	윤능상	김용덕			
1995~1996년도 위원 :	김소영	안창엽	오세철	유한귀	이기경	신용호
	정장복	김원영	정해동	김동수	박태식	용재호
	백도웅	김봉익	황성규	윤능상	김용덕	
1996~1997년도 위원 :	김소영	안창엽	신용호	정장복	이한홍	박태식
	김봉익	김범열	윤능상			
기초연구위원 :	예배와 성례		정장복	임직예식		김소영
	봉헌예식		유한귀	결혼예식		이기경
	상례예식		안창엽	실무위원		김봉익
감수위원 :	권용평	안영로	진희성			

※ 예식서 개정위원 및 전문위원

2006~2007년도 위원 :	정장복	노용한	이철신	김홍천	박종호	이은태
	최갑도	이성만	박종호			
전문위원 :	정장복	김홍천	김경진	주승중	이현웅	손달익
	노용한	김성대	김수중	김세광	김운용	차명호
	문성모	김충환	이효겸	박노택	서은성	이은태
2007~2008년도 위원 :	정장복	김홍천	노용한	이상섭	김서년	최갑도
	안승환	김형기				
전문위원 :	정장복	김홍천	김경진	주승중	이현웅	손달익
	노용한	김성대	김수중	김세광	김운용	차명호
	문성모	김충환	이효겸	박노택	서은성	

※ 예식서개정위원회

2019~2020년도 **위원** : 박노택	박영국	김영걸	정헌교	최현성		
전문위원 : 김경진	김명실	김세광	김운용	김 정	유재원	
이현웅	임희국	조건회	주승중	차명호	최홍진	

2020~2021년도 **위원** : 박노택	박영국	김영걸	노승찬	정헌교	최현성	
전문위원 : 김경진	김명실	김세광	김운용	김 정	유재원	
이현웅	임희국	조건회	주승중	차명호	최홍진	

2021~2022년도 **위원** : 박노택	박영국	김영걸	노승찬	최현성		
전문위원 : 김경진	김명실	김 정	임희국	조건회	차명호	
최홍진						
감수위원 : 정헌교	김경진	김세광	김운용	박노택	주승중	
연구위원 : 구아름	김병석	김성우	김종현	노승찬	손한나	
안성국	양승아	오택승	원도진			

머리말

하나님의 은혜로 세 번째 『예배·예식서』 개정과 더불어 『성례와 목회예식서』(핸드북)를 출판하게 되었습니다. 첫 번째 예식서(1997년)가 예배·예식의 기초와 기본을 중심으로 하여 한국교회 예배를 최초로 정리했다면, 두 번째로 낸 개정예식서(2008년)는 장로교 전통의 예배·예식과 다양한 예배·예식을 담고 있습니다. 그리고 세 번째 『예배·예식서』는 그 두 가지 예식서를 기본으로 이어받되, 더 다양하고 현대적인 여러 예배·예식을 추가하였으며 교회 예배의 현장성을 담아내려고 노력하였고, 세계교회 예배·예식의 흐름에 맞추었습니다. 이번 『성례와 목회예식서』는 세 번째 『예배·예식서』의 내용 중에서 성찬예식 기도문이 제공되는 주일예배, 세례 예식, 목회 예식, 그리고 예배 구문 및 기도문으로 구성되었습니다. 다만 용이한 책 사용을 위해 각 영역의 신학적 이해 및 설명, 그리고 각주는 제외되었습니다. 해당 예배·예식에 대한 구체적인 이해를 위해서는 『예배·예식서』를 참고해 주시기 바랍니다.

『예배·예식서』에 이어 『성례와 목회예식서』 출판까지 애정과 사명감을 가지고 헌신적으로 수고해 주신 모든 위원들과 실무 관계자들에게 깊이 감사드립니다. 이 『성례와 목회예식서』를 통하여 한국교회의 예배에 모범과 일치, 경건과 질서 있는 예배가 이루어지길 바라며, 그 가운데 생명력 있는 예배가 드려지기를 기도합니다. 또한 하나님께 영광을 돌리며, 하나님을 기쁘시게 할 수 있는 예배가 되길 간절히 소원합니다. 코로나 시대를 거치면서 약화된 우리의 예배가 본질을 찾아가고 회복되기를 바라며, 함께해 주신 모든 분과 하나님의 은혜에 감사드립니다.

2022년 11월 30일
대한예수교장로회총회 예식서개정위원회
위원장 박노택

개정 지침

이번 예배·예식서 개정을 위해 예식서개정전문위원회에서는 다음의 세 가지 지침을 마련하였습니다.

첫째는 개신교회의 예배 갱신의 전통을 이어가는 것입니다. 예배 갱신은 율법의 완성을 통해 교회를 세우신 예수 그리스도의 뜻이고, 이를 이어받은 종교개혁적 전통이며, 보편적 교회를 향한 20세기 예배회복운동(Liturgical Renewal Movement)의 지향점입니다. 또한 성경에 기초한 말씀과 성례의 균형적 실행은 예배 갱신 및 현대의 다양한 예배 정황에서 지켜져야 할 원리입니다. 다음은 개정 작업에서 고려한 예배 갱신 전통의 요소들입니다.

- 성찬의 신학적 확장과 성찬기도문의 회복
- 세례의 본질 회복을 위한 형식 제공
- 성경봉독 강화
- 성서정과(lectionary) 중심 설교 강조

둘째는 회중이 참여하는 예배입니다. 하나님은 예배가 아니라 삶의 헌신으로 참여하는 참된 예배자를 찾으십니다. 예배는 모든 지체들이 그리스도 안에서 하나가 되는 신비의 사건이기에 모든 예배자들이 신체적, 사회적, 문화적 특징의 차이들로 인해 소외되지 않고 다함께 참여할 수 있는 내용, 형식, 언어, 공간 및 실행 과정으로 구성되어야 합니다. 다음은 개정 작업에서 고려한 회중 참여의 요소들입니다.

- 회중 참여적 예배
- 세대 통합적 예배
- 성경적/예배적 언어
- 매일기도 제시

셋째는 목회를 지원하는 예배·예식서의 필요성입니다. 예배는 목양의 식탁입니다. 다양한 목회적 정황에서 하나님의 백성이 건강한 신앙생활을 도모하도록 목회자는 각 상황과 목적에 따라 예배 및 예식들을 통해 영적 양식을 제공해야 합니다. 이를 위해 각 예배들의 정체성이 올바르게 표현되는 예배 형식과 내용이 요구됩니다. 다음은 개정 작업에서 고려한 목회 지원의 요소들입니다.

- 지문(地文, rubric)을 통한 구체성 제시
- 다양한 목회 정황에 필요한 예배와 예식 확장
- 목회 예식의 실용적 적용

2022년 11월 30일
대한예수교장로회총회 예식서개정전문위원회
위원장 김경진

지침 적용과 일러두기

1. 본 성례와 목회예식서는 장로교 예배의 전통을 이어받고 시대의 변화에 따른 적절한 예배·예식을 제시하는 데 목적을 두었다. 그러므로 본서는 대한예수교장로회총회의 헌법 및 지침을 준수하고, 기존 예배·예식의 기본 형식을 보존하면서도 새로운 내용들을 조화롭게 첨가하려고 노력하였다. 이를 위해 예식서개정위원회는 예배·예식의 개정 지침과 예배 신학적 틀을 마련하여 각 영역의 집필 내용이 통일성을 갖도록 하였다.
2. 본서는 이전 예배·예식서의 목차 구성을 개선하여 목회자가 각 예배의 성격과 특징을 잘 이해할 수 있도록 하였다.
3. 예배와 예식의 구분에 있어서 예배는 공동체가 하나님의 자녀로 마음을 합하여 하나님을 찾고 만나는 모든 행위이지만, 하나님을 예배하는 특별한 성격에 따라 절기, 감사, 찬양, 헌신예배로 표현할 수 있다. 예식은 예배자의 특성에 의해 드려지는 정황, 즉 생일, 성장, 혼인, 생업, 상례, 임직의 경우에 적용된다. 물론 어떤 경우에는 예배 안에서 예식이 함께 진행될 수도 있다.
4. 모든 예배의 기본틀이 되는 주일예배의 형식은 기존의 여

러 주일예배 형식들을 통합하여 성찬과 말씀이 균형을 이루도록 두 가지 형식으로 구성하였고, 지문(地文, rubric)을 통해 예배 행위에 대한 구체적 지침을 제공하였다.
5. 이전 예배·예식서에서 주일예배와 성례가 함께 제시됨으로 발생했던 혼란을 제거하고자 성례를 분리하여 신학과 형식을 구체적으로 기술하였다.
6. 성찬 예전의 경우, 초기 교회의 전통과 종교개혁의 영역 안에서 모든 교회가 함께 참여할 수 있는 보편적 성찬 형식을 두 가지로 제시하였으며, 성찬 감사기도문의 형식도 집례자 중심의 것과 집례자와 회중이 함께하는 것, 두 가지로 제시하였다.
7. 세례 예전의 경우, 초기 교회의 세례 서약, 세례 구문의 전통들을 현대화하여 적용하였고, 우리 교단의 세례 관련 헌법의 변화에 맞는 예식(아동세례 예전)과 아동에게 맞는 서약 및 신앙고백문을 제공하였다.
8. 목회 현장에서 실제적으로 필요한 목양 관련 예식들의 주제를 확장하여 출산, 고난, 구직, 이사, 독거노인을 위한 예식도 수록하였다.
9. 회중의 신앙생활을 돕고자 매일기도를 위한 기도문과 성경 구문들을 사례로 제시하였다.
10. 예배에 사용되는 용어들을 가능한 쉬운 문체로 수정하였으며, 각 예배들의 순서도 기존의 다양한 이름들을 통일하여 제시하였다(예. 예배로 부름, 참회와 고백의 기도, 사죄의 말씀, 회중기도, 성경봉독, 설교, 교회소식, 축도, 다 함께, 이웃을 위한 기도 등).

위원명단 / 2
머리말 / 4
개정 지침 / 6
지침 적용과 일러두기 / 8

Ⅰ. 주일예배	1. 주일예배		14
	2. 절기에 따른 예배 구문		34
	3. 분병분잔에 사용되는 찬송과 성경 구문		56
Ⅱ. 세례 예전	1. 유아		60
	2. 아동		65
	3. 성인		71
	4. 입교(견신)		76
	5. 지적장애인		79
	6. 세례 재확인		84
Ⅲ. 목회예식	1. 생일	1) 백일 감사	88
		2) 첫돌 감사	90
		3) 생일 감사	94
		4) 회갑, 칠순, 팔순, 구순 감사	97
		5) 백수 감사	99
	2. 성장	1) 영아 축복	102
		2) 어린이 축복	104
		3) 성년	106
	3. 혼인	1) 약혼	116
		2) 결혼	120
		3) 국제결혼	132
		4) 결혼기념	140
	4. 생업	1) 개업 감사	148
		2) 마무리(폐업) 감사	151

		3) 기공 감사 · · · · · · · 154
		4) 준공 감사 · · · · · · · 157
5. 목양		1) 가정축복심방 · · · · · 159
		2) 출산 · · · · · · · 160
		3) 고난 · · · · · · · 171
		4) 구직 · · · · · · · 177
		5) 이사 · · · · · · · 182
		6) 군 입대 · · · · · · · 186
		7) 독거노인 · · · · · · · 190
		8) 환자돌봄 · · · · · · · 193
6. 상례		1) 임종 · · · · · · · 200
		2) 입관 · · · · · · · 210
		3) 장례(발인) · · · · · · 213
		4) 하관 · · · · · · · 234
		5) 화장 · · · · · · · 238
		6) 시신 기증 · · · · · · 240
		7) 유해 안치 · · · · · · 242
		8) 수목장 · · · · · · · 245
		9) 납골 · · · · · · · 248
		10) 이장 · · · · · · · 250
7. 추모		1) 장례 후 위로 · · · · · 253
		2) 성묘 · · · · · · · 256
		3) 추모 · · · · · · · 259

Ⅳ. 매일기도 구문

1. 절기별 매일기도 · 270
2. 삶의 정황별 기도 · 288
3. 하나님 나라를 위한 기도 · · · · · · · · · · · · · · · · · 303
4. 기도에 필요한 상황별 성경 구문 · · · · · · · · · · 307

I

주일예배

1 주일예배

1) 주일예배-1

인도 및 집례 : 목사
* 가능한 분은 일어서서

모임 예전

(예배 전에 악기 연주, 회중 찬송 또는 묵상의 시간을 갖는다.)

* 예배로 부름 ·· 인도자

(다음과 같이 인도자가 예배 시작을 알리는 성경구절을 읽고, 회중을 예배로 초대할 때 모든 예배자들은 가능한 일어선다. 예배로 부름은 말씀 주제에 따라 달라질 수 있다.)

[예문1]
인도자 : 만물의 근원, 우리 하나님께 모두 나아갑시다. 구원의 반석 이신 우리 주님께 기뻐 외치며 찬양합시다.

[예문2]
인도자 : 우리 주님께 나아와 경배를 드립시다.
회　중 : 새 노래로 주님을 찬양하며 그 앞에 나아갑니다.

* 입례송 ·· 찬양대

(이때 인도자 외의 다른 예배위원들과 찬양대가 찬양하면서 입장할 수 있다.)

* 기원 ·· 인도자

사랑과 돌봄의 하나님, 지난 한 주간도 주님께서 베푸신 사랑으로 우리가 살 수 있었고, 오늘 주님의 평안 가운데 이렇게 예배의 자리로 나왔습니다. 언제 어디서나 그 택한 자를 지키고 돌보시는 하나님의 신실하심에 감사를 드립니다. 오늘 이곳에 모인 우리가 주님을 경배할 때 우리와 함께하셔서 우리의 힘과 길이 되어 주소서. 이 예배를 통하여 우리가 하나님께 더욱 감사하고 그 뜻을 따르는 주님의 자녀가 될 것입니다. 예수 그리스도의 이름으로 기도합니다. 아멘.

* 경배찬송 ·· 다함께

(찬송가 8-48장을 참고한다.)

참회와 고백의 기도 ·· 인도자

(이 기도는 전체 회중, 회중의 대표자 또는 인도자에 의해 진행될 수 있다.)

"만일 우리가 우리 죄를 자백하면 그는 미쁘시고 의로우사 우리 죄를 사하시며 우리를 모든 불의에서 깨끗하게 하실 것이요"(요일 1:9). 거룩하시며 긍휼이 많으신 하나님, 우리는 잘못을 행하는 자들과 동행하며, 우리도 죄의 길을 걸었습니다. 우리의 죄를 용서하소서. 예수님의 십자가로 용서의 길을 여시고 우리에게 최고의 삶을 주셨지만, 우리는 세상에 속한 것들을 더 갈망하며, 그것을 얻기 위해 어둠 속에서 방황했습니다. 우리가 자신의 어리석음을 깨닫고 주님의 용서를 구하오니, 우리의 참회를 들으시고 우리를 주님의 의의 길로 인도하소서. 오, 구원의 하나님, 우리를 도와주소서. 예수 그리스도의 이름으로 기도합니다. 아멘.

사죄의 말씀 ·· 인도자

[예문1]
여기 복음의 말씀이 있습니다. "그러므로 이제 그리스도 예수 안에 있는 자에게는 결코 정죄함이 없나니 이는 그리스도 예수 안에 있는 생명의 성령의 법이 죄와 사망의 법에서 너를 해방하였음이라"(롬 8:1-2). 주님께서 우리에게 자유함을 주셨으니 하나님께 감사드립시다. 아멘.

[예문2]
여기 우리가 믿고 의지해야 할 말씀이 있습니다. "친히 나무에 달려 그 몸으로 우리 죄를 담당하셨으니 이는 우리로 죄에 대하여 죽고 의에 대하여 살게 하심이라"(벧전 2:24a). 예수님의 십자가의 은혜로 저와 여러분은 용서받았습니다. 하나님께 감사드립시다. 아멘.

평화의 인사 ·· 다함께

(예물을 드리기 전 형제와 화목하라<마 5:23-24>는 말씀을 들려줄 수도 있다. 이때 회중은 서로 인사를 나눈다.)

인도자 : 하나님이 그리스도 안에서 우리를 용서해 주셨으니, 우리도 서로 용서하고 화해합시다. 여러분 모두에게 우리 주 예수 그리스도의 평화가 함께하시길 빕니다.

회 중 : 그리스도의 평화가 함께하시길 빕니다.

영광송 ··· 다함께

(성부, 성자, 성령 삼위일체 하나님께 영광 돌리는 찬송가 1-7장을 참고한다.)

말씀 예전

성령조명을 위한 기도 ··· 인도자

(주로 인도자가 기도하지만, 회중 누구라도 할 수 있다.)

[예문1]

하나님, 성경이 읽히고 주님의 말씀이 선포될 때 성령의 능력으로 우리의 마음과 생각을 비춰 주시고 진리를 깨달아 주님께 순종하도록 인도하소서. 우리 주 예수 그리스도의 이름으로 간구합니다. 아멘.

[예문2]

하나님, 우리가 말씀을 들을 때에 성령의 능력으로 우리를 인도하시고 우리 안에 주의 말씀의 길이 열리게 하소서. 우리가 주의 진리 안에서 기뻐하게 하소서. 우리 주 예수 그리스도의 이름으로 간구합니다. 아멘.

성경봉독 ··· 맡은이

(회중은 가능한 한 일어서서 하나님 말씀을 듣도록 하며, 각 성경구절들을 읽기 전 봉독자는 다음과 같이 말할 수 있다.)

봉독자 : 하나님이 오늘 우리에게 주시는 구약의 말씀(서신서의 말씀, 복음서의 말씀)은 ○○○, ○○장 ○○절입니다.

(각 성경구절들을 읽은 후 봉독자와 회중은 다음과 같이 말할 수 있다.)

봉독자 : 하나님의 말씀입니다.

회　중 : 하나님 감사합니다. 아멘.

찬송 ··· 찬양대

설교 ··· 설교자

응답찬송 ·· 다함께

신앙고백 ················ 사도신경/니케아신경 ················· 다함께

　우리(나)는 한 분이시요 전능하신 하나님, 하늘과 땅과 보이는 것과 보이지 않는 모든 것의 창조주 되신 하나님을 믿나이다.

　또한 우리는 한 분이신 주 예수 그리스도, 만세 전에 성부에게서 나신 하나님의 외아들을 믿나이다. 이는 하나님에게서 나신 하나님이시요, 빛으로 나신 이시요, 참 하나님에게서 나신 참 하나님으로, 지음 받지 않고 나시었으며, 성부와 한 본체로서, 만물이 다 그로 말미암아 지은 바 되었나이다.

　우리 인간과 우리의 구원을 위해 하늘로부터 내려오사, 성령으로 인하여 동정녀 마리아에게서 나시고, 사람이 되셨나이다. 우리를 위하여 본디오 빌라도에게서 고난을 받으시고, 십자가에 못 박혀 장사 되셨으며, 성경대로 사흘 만에 부활하시어, 하늘에 오르사 성부 하나님 우편에 앉아 계시다가, 다시 산 자와 죽은 자를 심판하러 오시리니, 그의 나라는 영원하리이다.

　또한 우리는 주님이시며 생명을 주시는 성령을 믿나이다. 성령은 성부와 성자로부터 나시며, 성부와 성자로 더불어 경배와 영광을 받으시고, 선지자들을 통하여 말씀하셨나이다. 우리는 하나요, 거룩하고 보편되며 사도적인 교회를 믿나이다. 죄를 사함 받는 하나의 세례를 믿으며, 죽은 이들의 부활과 내세에서의 삶을 기다리나이다. 아멘.

> ### 세례 예전(선택)
>
> (세례 예전이 필요한 경우에는 이곳에서 실행한다. 세례 관련 예식들은 설교 이후에 오는 것이 적절하다.)

* 봉헌과 기도 ·· 다함께

(만일 성찬 예전을 시작할 때 떡과 포도즙과 헌금을 함께 봉헌하는 순서가 없다면, 여기서 봉헌과 봉헌기도가 드려지고 봉헌하는 동안 특별 찬양이 불릴 수도 있다. 이때 구제헌금도 드려질 수 있다.)

[예문1]
은혜의 하나님, 이 땅은 주님의 것이며 이 땅의 모든 만물도 주님의 것입니다. 그러기에 우리가 누리는 모든 것들은 주님께 받은 것입니다. 이 시간 우리가 하나님께 우리의 삶과 땅에서 얻은 것의 일부를 기쁨으로 돌려드리오니 기쁘게 받아 주소서. 또한 우리의 삶도 축복하시어 하나님께 영광을 돌리는 삶이 되게 하소서. 예수 그리스도의 이름으로 기도합니다. 아멘.

[예문2]
은혜의 하나님, 우리가 누리는 모든 것들이 주님으로부터 왔기에 감사함으로 그중의 일부를 주님께 드립니다. 이 물질을 축복하시고 하나님 나라 확장에 사용하여 주옵소서. 주님의 선하심이 우리를 먹이시고 입히시고 여기까지 인도하심에 감사하며 우리의 삶을 주님께 바치고자 합니다. 우리를 도우셔서 자신을 우리에게 온전히 내어 주신 예수 그리스도의 사랑과 은혜에 늘 응답하며 살아가는 제자의 삶을 살게 하옵소서. 우리 구주 예수 그리스도의 이름으로 기도합니

다. 아멘.

[예문3]
언약의 하나님, 우리는 주님을 늘 멀리했지만, 주님은 항상 우리와 함께하시며 하늘과 땅의 좋은 것들로 우리의 필요를 채우셨습니다. 주님의 변함없는 사랑에 감사하며, 주님께 이 예물을 가져왔습니다. 이 예물과 이 예물을 드리는 우리를 축복하시어 주님의 은혜와 사랑을 드러내는 도구로 써 주소서. 우리 주 예수 그리스도의 이름으로 기도합니다. 아멘.

회중기도···맡은이

(만일 앞에서 평화의 인사를 나누지 않았다면, 기도 후 이곳에서 평화의 인사를 나눌 수 있다.)

성찬 예전

> * 봉헌과 기도 ···· "오 나의 주님 친히 뵈오니"(228장) ···· 다함께
>
> (예배 중에 떡과 포도즙이 회중석에서 성찬대로 드려진다면, 봉헌기도는 여기서 드리는 것이 적절하다.)

[형식1]

성찬 감사기도 ···집례자와 회중

    집례자 : 주님께서 여러분과 함께하시기를 원합니다.
    회   중 : 목사님과도 함께하시기를 원합니다.
    집례자 : 여러분의 마음을 하나님을 향해 활짝 여십시오.

회   중 : 주님께 우리의 마음을 활짝 엽니다.

집례자 : 우리 주님, 우리 하나님께 감사를 드립시다.

회   중 : 주님께 우리의 감사와 찬양을 드림이 마땅합니다. [수르숨 코르다]

집례자 : 창조의 하나님! 하나님은 우주 만물의 주님이시기에, 이 시간 주님께 감사와 찬양을 드림이 우리의 마땅한 의무이며 최고의 기쁨입니다. 주님께서는 주님의 지혜로 세상 만물을 창조하셨고, 지금도 그 능력으로 만물을 지키십니다. 하나님의 형상을 따라 여자와 남자를 각각 창조하시고, 이 땅의 피조물들과 화평을 이루며 살아야 할 청지기의 사명을 주셨습니다. 그러나 우리는 주님의 뜻을 거역하고 불순종했던 적이 많았습니다. 그럼에도 불구하고 주님은 변함없이 우리를 사랑해 주시고, 주님의 길을 걸어가도록 도우셨습니다. 또한 주님의 귀한 독생자 예수 그리스도를 우리에게 보내셔서 우리를 구원하시고 우리의 상처를 고치시며 놀랍고 위대한 일을 하셨습니다. 그러므로 이 시간 하늘에 있는 예언자, 사도들, 그리고 순교자들과 함께, 우리도 거룩한 노래로 하나님의 영광을 영원히 찬양합니다. [서문]

회   중 : 거룩, 거룩, 거룩하신 주님! 능력과 권세의 하나님! 하늘과 땅이 주님의 영광으로 가득 차 있나이다. 호산나, 호산나! 가장 높은 곳에 계신 분께 호산나! 주님의 이름으로 오시는 분이시여, 복되신 분이시여! 가장 높은 곳에 계신 분께 호산나 찬양을 돌립니다. [삼성송]

집례자 : 오! 거룩하신 하나님, 이 시간 하나님의 독생자 우리 주 예수 그리스도에게도 찬양을 돌립니다. 동정녀 마리아를 통

해 이 땅에 오신 예수님 안에서 하나님의 말씀이 육신이 되어 우리와 함께 거하셨습니다. 예수님은 이 땅에서 우리처럼 사시며 기쁨과 슬픔을 경험하셨고, 병든 자를 고치시며, 주린 자를 먹이시고, 눈먼 자를 보게 하셨으며, 죄인과 소외된 자들과 함께 잡수시며 가난한 자들에게 하나님 나라의 복음을 전하셨습니다. 십자가에서 돌아가실 때, 세상에 생명을 주기 위해 자신의 생명을 내어 주셨으며, 죽음을 이기시고 무덤에서 일어나시어 부활생명의 보증이 되셨습니다. 하나님의 우편에 앉아 계시며 지금도 우리를 영원한 생명으로 인도하십니다. 그리하여 우리는 그리스도께서 지금은 영광 중에 하나님과 함께 다스리시다, 모든 만물을 새롭게 하시기 위해 다시 오실 것을 감사하며 찬양합니다. [감사]

고린도전서 11장 23-25절의 말씀입니다. "주 예수께서 잡히시던 밤에 떡을 가지사 축사하시고 떼어 이르시되 이것은 너희를 위하는 내 몸이니 이것을 행하여 나를 기념하라 하시고 식후에 또한 그와 같이 잔을 가지시고 이르시되 이 잔은 내 피로 세운 새 언약이니 이것을 행하여 마실 때마다 나를 기념하라" 하셨습니다. [제정사]

예수 그리스도 안에서 행하신 하나님의 은혜로우신 역사들을 기억하면서, 우리는 피조물로 빚은 이 떡과 포도즙을 가져왔습니다. 예수 그리스도의 다시 오심을 기다리며 이 시간 온전히 기뻐하며 그분의 죽음과 부활을 기념합니다. 감사함으로 우리 자신을 하나님께 거룩한 산 제물로 드립니다. 오늘 이곳에 모인 우리 모두가 함께 그리스도의 크신 은혜를 찬양하며 크게 외칩시다. [기념과 드림]

회   중 : 이 신앙의 신비가 크도다! 그리스도께서 죽으심으로 우리의 사망을 이기셨도다! 그리스도가 다시 사심으로 우리의 생명을 회복하셨도다! 주 예수여! 영광 중에 오시옵소서! [기념의 환호]

집례자 : 은혜로우신 하나님, 우리에게, 그리고 하나님의 선물인 이 떡과 포도즙 위에 거룩한 성령을 부어 주시옵소서. 그리하여 우리가 이 떡을 떼고 이 잔에 참여하는 것이 그리스도의 몸과 피에 참여하는 것이 되게 하옵소서. 성령 안에서 우리를 그리스도와 하나 되게 하시고, 이 식탁에 참여하는 모든 자와도 하나 되게 하시며, 이 땅에서 주님을 위해 사역하는 모든 사람들과도 연결되게 하소서. 이 떡이 우리를 위한 그리스도의 몸이 되듯이, 이 떡을 먹은 우리가 세상에 생명을 전하는 또 다른 주님의 몸이 되게 하소서. 하늘과 땅의 모든 교회와 한 마음이 되어 기도하오니, 하나님의 영원한 뜻이 우리와 세상 모든 것 속에서 온전히 이뤄지게 하소서. 그리스도께서 최후 승리하시고 우리가 모든 성도들과 함께 하늘 기쁨으로 천국잔치에 참여할 때까지 우리를 인도하시고 하나님의 사역에 충실하게 하소서. 그리스도를 통하여, 그리스도와 함께, 그리스도 안에서, 그리고 거룩한 성령 안에서, 모든 영광과 존귀가 전능하신 하나님께 지금부터 영원까지 있사옵니다. [성령임재와 송영]

회   중 : 아멘.

[형식2]

성찬초대와 제정사··· 집례자

여기 예수 그리스도께서 우리를 위해 베푸시는 사랑과 생명의 식탁이 준비되어 있습니다. 하나님께서 우리들을 이 식탁으로 부르십니다. 이 식탁은 주님께서 친히 베푸시고 명하신 것입니다.

고린도전서 11장 23-25절의 말씀입니다. "주 예수께서 잡히시던 밤에 떡을 가지사 축사하시고 떼어 이르시되 이것은 너희를 위하는 내 몸이니 이것을 행하여 나를 기념하라 하시고 식후에 또한 그와 같이 잔을 가지시고 이르시되 이 잔은 내 피로 세운 새 언약이니 이것을 행하여 마실 때마다 나를 기념하라" 하셨습니다.

이 시간 주님이 우리와 함께하시니, 우리의 마음을 활짝 열고 하나님께 감사드립시다.

성찬 감사기도 ··· 집례자

모든 생명의 근원이신 하나님! 우리를 지으시고, 이 땅과 우주에 속한 모든 것을 만드신 하나님께 감사와 찬양을 드림이 마땅한 일이며, 또한 우리의 최고의 기쁨입니다. 하나님의 형상을 따라 우리를 지으시고, 이 땅을 돌보는 청지기로 세우셨습니다. 우리가 불순종하여 맡기신 사명을 온전히 감당하지 못했음에도 불구하고, 하나님은 우리를 변함없이 사랑해 주시고 우리를 구원하시려고 이 땅에 독생자 예수 그리스도를 보내 주셨습니다. 그러므로 이제 하늘에 있는 모든 예언자들과 사도들, 그리고 순교자들과 함께 하나님의 거룩하심을 찬양합니다. 높은 곳에 계신 전능하신 하나님께 찬양을 돌립니다. [서문]

이 시간 우리 주 예수 그리스도에게도 감사와 찬양을 돌립니다. 친히 인간이 되시어, 이 땅의 사람들과 함께 거하시며 가난한 자, 병든 자, 억눌리고 소외된 자, 외롭고 고독한 자들의 벗이 되시고, 그들에게

화해와 평화의 복음을 선포하시며 참 자유를 주셨습니다. [감사]

예수 그리스도 안에서 행하신 하나님의 구원의 역사들을 기억하며, 주님의 피조물로 빚은 이 떡과 포도즙을 가져왔습니다. 우리의 죄를 대신하여 죽으시고 부활하신 것에 감사를 드리고, 다시 오실 것을 기쁨으로 고대하며 주님을 기념합니다. [기념과 드림]

은혜로우신 하나님, 우리에게, 그리고 하나님의 선물인 이 떡과 포도즙 위에 거룩한 성령을 부어 주시옵소서. 성령으로 이 떡과 잔에 참여하는 것이 그리스도의 몸과 피에 참여하는 것이 되게 하옵소서. 성령으로 우리를 부활하신 그리스도와 하나 되게 하시고, 이 식탁에 참여하는 자들과, 또한 주님의 나라와 의를 위해 일하는 이 땅의 모든 사람들과도 연결되게 하옵소서. 또한 이 떡을 먹은 우리가 세상으로 나아가 예수 그리스도의 생명을 전하는 또 다른 주님의 몸이 되게 하옵소서. 하늘과 땅의 모든 교회들과 한마음이 되어 기도하오니, 하나님의 뜻이 우리와 이 땅 위에서 온전히 이뤄지게 하옵소서. 모든 믿는 자들이 부활하신 그리스도와 함께 천국잔치에 기쁨으로 참여할 때까지 우리를 지켜 주시며 맡겨진 사명에 충실하게 하옵소서. 그리스도를 통하여, 그리스도와 함께, 그리스도 안에서, 그리고 거룩한 성령 안에서, 모든 영광과 존귀가 전능하신 하나님께 지금부터 영원까지 있사옵니다. [성령임재와 송영]

([형식1]이나 [형식2]의 성찬 감사기도가 끝나면 주기도로 이어진다.)

주기도 ··· 다함께

이제 주님께서 베푸시는 양식을 먹기 전 다 함께 일용할 양식의 참 의미를 기억하면서 하나님의 통치가 이 땅에 임하도록 예수님의 가르침을 따라 기도합시다.

(찬송가 635-636장으로 주기도를 드릴 수도 있다.)

떡을 뗌 .... 집례자

(집례자는 떡을 들어 올린 후 찢으며 다음과 같이 말한다.)

예수께서 나는 생명의 떡이라고 말씀하셨습니다.

(잔을 높이 들어 올린 후 다음과 같이 말한다.)

이것은 우리를 위한 생명의 음료입니다.

예수님의 살과 피에 참여하는 우리 모두는 한 몸, 한 가족입니다. 하나님의 자녀인 성도 여러분, 하나님께서 우리에게 주신 이 선물에 참여합시다.

분병분잔 .... 세례교인

(집례자, 성찬위원, 회중의 순서로 분병분잔에 참여한다. 떡이 나눠지는 동안 찬양대나 회중이 찬송가 227-233장을 부르거나 악기만 연주될 수도 있다. 가능한 한 회중이 주님의 식탁으로 나와 참여하는 것이 좋으며, 몸이 불편하여 회중석에서 참여하길 원하는 사람들을 위한 준비도 필요하다.)

(떡을 주며, 성찬위원은 다음과 같이 말한다.)

성찬위원 : 성도를 위한 그리스도의 몸입니다.

세례교인 : 아멘.

(잔을 주며, 성찬위원은 다음과 같이 말한다.)

성찬위원 : 성도를 위한 그리스도의 피입니다.

세례교인 : 아멘.

성찬 후 기도 .... 집례자

[예문1]

생명의 하나님, 오늘 생명의 떡과 구원의 잔으로 우리를 먹이시고, 그리스도와 한 몸이 되게 해 주시며, 참여한 우리 모두를 하나 되게 해 주심에 감사드립니다. 이제 성령의 능력 안에서 우리가 세상으로 나아가 세상을 향한 주님의 구속의 사랑과 예수 그리스도의 부활 생명을 전하게 하소서. 우리 주 예수 그리스도의 이름으로 기도합니다. 아멘.

[예문2]
풍성하신 하나님, 오늘도 우리를 구원의 떡과 음료로 먹이심에 감사를 드립니다. 생명의 양식으로 힘을 얻은 우리가 이웃과 세상에게 사랑을 베풀며 살게 하소서. 또한 성령의 능력 안에서 날마다 부활의 증인으로 살게 하소서. 우리 주 예수 그리스도의 이름으로 기도합니다. 아멘.

파송 예전

교회소식··· 인도자

* 파송찬송 ··· 다함께

* 위탁의 말씀 ·· 집례자

(집례자는 오늘 선포된 하나님의 말씀을 짧게 상기시키며 다음과 같이 말한다.)
[예문1]
평화 가운데, 주님의 능력을 믿고 세상으로 나아가십시오. 선한 일을 도모하고 사랑의 수고를 아끼지 마십시오. 주님의 말씀을 기억하며 담대하십시오. 성령 안에서 기뻐하십시오.

[예문2]
오늘의 말씀을 기억하며, 믿음과 평안 가운데 세상으로 나아가십시오. 사랑과 친절과 인내로 이웃과 세상을 섬기십시오. 하나님만 의지하고 담대하게 걸어가십시오. 주님 안에서 항상 기뻐하십시오.

* 축도 ··· 집례자

[예문1]
주 예수 그리스도의 은혜와 하나님의 사랑과 성령의 교통하심이 여러분과 함께하시길 축원합니다(고후 13 : 13).

[예문2]
여호와는 네게 복을 주시고 너를 지키시기를 원하며 여호와는 그의 얼굴을 네게 비추사 은혜 베푸시기를 원하며 여호와는 그 얼굴을 네게로 향하여 드사 평강 주시기를 원하노라(민 6 : 24-26).

2) 주일예배-2

인도 및 집례 : 목사
* 가능한 분은 일어서서

모임 예전

* 입례송 ··· 다함께

(예배위원과 찬양대원이 함께 입장할 수 있으며, 찬양대원과 회중이 함께 찬양할 수 있다.)

* 예배로 부름 ·· 인도자

[예문1]

"감사함으로 그의 문에 들어가며 찬송함으로 그의 궁정에 들어가서 그에게 감사하며 그의 이름을 송축할지어다 여호와는 선하시니 그의 인자하심이 영원하고 그의 성실하심이 대대에 이르리로다"(시 100 : 4-5). 그러므로 우리 모두 구원의 주님께 나아가 감사와 찬양을 드립시다. 우리의 몸과 마음, 정성을 다해 우리 하나님께 경배를 드립시다.

[예문2]

인도자 : 하나님은 영이시니 예배하는 자가 영과 진리로 예배해야 합니다(요 4 : 24). 이제 우리 모두 마음과 뜻과 정성을 다해 하나님께 예배드립시다.

회　중 : 우리의 구원, 우리의 생명이신 주님께 기쁨으로 나아갑니다.

* 기원 ·· 인도자

창조주 하나님, 주님은 만물을 창조하시고 지금도 모든 생명을 주관하시는 분이시기에 감사와 찬양과 영광을 주님께 올려 드리기 위해 우리 모두가 이 자리에 모였습니다. 예배드리는 이 시간이 또 한 번의 창조와 생명의 시간이 되게 하옵소서. 어둠에 갇힌 자에게 빛을 비추시고, 길을 잃은 자에게 옳은 길을 열어 주소서. 우리가 이제부터 주님께서 비추시는 그 빛과 주님께서 열어 주시는 그 길만 따라 가겠습니다. 주님의 이름과 그 영광을 온 세상에 널리 전하겠습니다. 우리 주님 예수 그리스도의 이름으로 기원합니다. 아멘.

* 경배찬송 ·· 다함께 또는 찬양대

(찬송가 8-48장의 찬송을 참고한다. 만일 앞 순서의 입례송을 찬양대가 불

렸다면, 이곳 경배찬송은 회중이 함께 찬양하는 것이 좋다. 또는 입례송을 회중이 불렀다면, 경배찬송은 찬양대가 부를 수 있다.)

* 성시교독··다함께

참회와 고백의 기도··다함께

> 인도자 : 만일 우리가 우리 죄를 자백하면 그는 미쁘시고 의로우사 우리 죄를 사하시며 우리를 모든 불의에서 깨끗하게 하실 것입니다(요일 1 : 9). 회개하는 자의 죄를 사해 주시는 하나님의 약속의 말씀을 믿고 우리의 죄를 고백합시다. 조용히 우리 자신을 돌아본 후 한목소리로 우리의 죄와 허물을 고백합시다.
>
> 회   중 : 긍휼의 하나님, 길 잃은 양처럼 우리도 주님의 길에서 벗어나, 우리의 욕심과 어리석음을 좇아 살았습니다. 주님께서 주신 계명을 잊고 살았고, 행하여야 할 것들을 행하지 못했고, 행하지 말아야 할 것들을 행하기도 했습니다. 오 주님, 우리의 죄를 고백하고 회개하오니 우리를 용서해 주시고 우리의 허물을 가려 주십시오. 우리를 고치시고 새롭게 회복시켜 주십시오. 우리 주 예수 그리스도의 이름으로 기도합니다. 아멘.

사죄의 말씀···인도자

> 하나님의 사죄의 말씀이 여기 있습니다. "나도 너를 정죄하지 아니하노니 가서 다시는 죄를 범하지 말라"(요 8 : 11). 이제 여러분의 옛 삶은 지나고 새로운 삶이 시작되었습니다. 아멘.

영광송···다함께

(찬송가 1-7장을 참고한다.)

회중기도 ··· 맡은이

평화의 인사 ·· 다함께

말씀 예전

성령조명을 위한 기도 ······································ 인도자

주 하나님, 성경이 낭독되고 주님의 말씀이 선포될 때 우리가 그 말씀을 기쁨으로 듣고 깨달을 수 있도록 성령의 능력으로 우리의 마음과 생각을 밝혀 주소서. 예수 그리스도의 이름으로 기도합니다. 아멘.

* 성경봉독 ·· 맡은이

(성경 본문을 읽기 전)

오늘 하나님께서 우리에게 주신 말씀은 ○○○, ○○장 ○○절에서부터 ○○절입니다.

(성경 본문을 읽은 후)

하나님의 말씀입니다.

(회중은 다음과 같이 화답한다.)

하나님 감사합니다. 아멘.

찬송 ··· 찬양대

설교 ··· 설교자

응답찬송 ··· 다함께

신앙고백 ··· 다함께

세례 예전(선택)

봉헌 ··· 다함께

(맡은 이가 봉헌송을 부르거나, 회중이 찬송가 49-52장의 찬송을 부른다.)

봉헌기도 ··· 인도자

모든 부요와 풍요의 근원이신 하나님, 모든 것이 주님으로부터 왔기에 감사함으로 받은 것의 일부를 주님께 가져옵니다. 또한 이 예물과 함께 우리 자신도 주님께 드립니다. 우리의 삶과 이 예물이 주님의 사랑과 은혜를 세상에 널리 전하는 데 쓰이게 하소서. 우리를 위해 자신을 내어 주신 주 예수 그리스도의 이름으로 기도합니다. 아멘.

성찬 예전(선택)

파송 예전

* 파송찬송 ··· 다함께

* 위탁의 말씀 ··· 인도자

성도 여러분, 주님이 주신 평화의 마음을 갖고 세상으로 향하십시오.

늘 깨어서 신앙을 굳게 지키고 담대하십시오. 그리고 사랑으로 이웃과 세상을 섬기십시오. 성령님의 능력 안에서 항상 기뻐하십시오.

* 축도 ··목사

  교회소식··· 인도자

2   절기에 따른 예배 구문

1) 예배로 부름

감사함으로 그의 문에 들어가며 찬송함으로 그의 궁정에 들어가서 그에게 감사하며 그의 이름을 송축할지어다 여호와는 선하시니 그의 인자하심이 영원하고 그의 성실하심이 대대에 이르리로다(시 100 : 4-5).

온 땅이여 여호와께 즐거운 찬송을 부를지어다 기쁨으로 여호와를 섬기며 노래하면서 그의 앞에 나아갈지어다 여호와가 우리 하나님이신 줄 너희는 알지어다 그는 우리를 지으신 이요 우리는 그의 것이니 그의 백성이요 그의 기르시는 양이로다(시 100 : 1-3).

여호와여 아침에 주께서 나의 소리를 들으시리니 아침에 내가 주께 기도하고 바라리이다 오직 나는 주의 풍성한 사랑을 힘입어 주의 집에 들어가 주를 경외함으로 성전을 향하여 예배하리이다(시 5 : 3, 7).

하나님은 우리에게 은혜를 베푸사 복을 주시고 그의 얼굴 빛을 우리에게 비추사 주의 도를 땅 위에, 주의 구원을 모든 나라에게 알리소서 하나님이여 민족들이 주를 찬송하게 하시며 모든 민족으로 주를 찬송하게 하소서 땅이 그의 소산을 내어 주었으니 하나님 곧 우리 하나님이 우리에게 복을 주시리로다 하나님이 우리에게 복을 주시리니 땅의 모든 끝이 하나님을 경외하리로다(시 67 : 1-2, 5-7).

여호와의 성전에 서 있는 여호와의 모든 종들아 여호와를 송축하라 성소를 향하여 너희 손을 들고 여호와를 송축하라 천지를 지으신 여호와께서 시온에서 네게 복을 주실지어다(시 134 : 1-3).

또 주께서 우리가 너희를 사랑함과 같이 너희도 피차간과 모든 사람에 대한 사랑이 더욱 많아 넘치게 하사 너희 마음을 굳건하게 하시고 우리 주 예수께서 그의 모든 성도와 함께 강림하실 때에 하나님 우리 아버지 앞에서 거룩함에 흠이 없게 하시기를 원하노라(살전 3 : 12-13).

우리 주 예수 그리스도의 아버지 하나님을 찬송하리로다 그의 많으신 긍휼대로 예수 그리스도를 죽은 자 가운데서 부활하게 하심으로 말미암아 우리를 거듭나게 하사 산 소망이 있게 하시며 썩지 않고 더럽지 않고 쇠하지 아니하는 유업을 잇게 하시나니 곧 너희를 위하여 하늘에 간직하신 것이라(벧전 1 : 3-4).

여러 나라의 종족들아 영광과 권능을 여호와께 돌릴지어다 여호와께 돌릴지어다 여호와의 이름에 합당한 영광을 그에게 돌릴지어다 제물을 들고 그 앞에 들어갈지어다 아름답고 거룩한 것으로 여호와께 경배할지어다 여호와 이스라엘의 하나님을 영원부터 영원까지 송축할지로다(대상 16 : 28-29, 36a).

[대림절기]

너희는 광야에서 여호와의 길을 예비하라 사막에서 우리 하나님의 대로를 평탄하게 하라 골짜기마다 돋우어지며 산마다, 언덕마다 낮아지며 고르지 아니한 곳이 평탄하게 되며 험한 곳이 평지가 될 것이요 여호와의 영광이 나타나고 모든 육체가 그것을 함께 보리라 이는 여호와의 입이 말씀하셨느니라(사 40 : 3b-5).

문들아 너희 머리를 들지어다 영원한 문들아 들릴지어다 영광의 왕이 들어가시리로다 영광의 왕이 누구시냐 강하고 능한 여호와시요 전쟁에 능한 여호와시로다 문들아 너희 머리를 들지어다 영원한 문들아 들릴지어다 영광의 왕이 들어가시리로다 영광의 왕이 누구시냐 만군의 여호와께서 곧 영광의 왕이시로다(시 24 : 7-10).

아름다운 소식을 시온에 전하는 자여 너는 높은 산에 오르라 아름다운 소식을 예루살렘에 전하는 자여 너는 힘써 소리를 높이라 두려워하지 말고 소리를 높여 유다의 성읍들에게 이르기를 너희의 하나님을 보라 하라 보라 주 여호와께서 장차 강한 자로 임하실 것이요 친히 그의 팔로 다스리실 것이라 보라 상급이 그에게 있고 보응이 그의 앞에 있으며 그는 목자 같이 양 떼를 먹이시며 어린 양을 그 팔로 모아 품에 안으시며 젖먹이는 암컷들을 온

순히 인도하시리로다(사 40 : 9-11).

[신년주일]

태초에 하나님이 천지를 창조하시니라 땅이 혼돈하고 공허하며 흑암이 깊음 위에 있고 하나님의 영은 수면 위에 운행하시니라 하나님이 이르시되 빛이 있으라 하시니 빛이 있었고 빛이 하나님이 보시기에 좋았더라 하나님이 빛과 어둠을 나누사 하나님이 빛을 낮이라 부르시고 어둠을 밤이라 부르시니라 저녁이 되고 아침이 되니 이는 첫째 날이니라(창 1 : 1-5).

보라 내가 새 하늘과 새 땅을 창조하나니 이전 것은 기억되거나 마음에 생각나지 아니할 것이라 너희는 내가 창조하는 것으로 말미암아 영원히 기뻐하며 즐거워할지니라 보라 내가 예루살렘을 즐거운 성으로 창조하며 그 백성을 기쁨으로 삼고(사 65 : 17-18).

2) 기원

사랑과 은혜로 죄인들을 사랑하시는 아버지 하나님, 감사드립니다. 영원히 찬양 받기에 합당하신 여호와 하나님, 찬송과 존귀와 영광과 권능을 하나님께 올려 드립니다. 우리들을 귀히 여기시는 주님, 이 세상 짐에 묶여 살다가 이제 주님의 은혜를 따라 주님 전에 나와 고개를 들어 주님을 바라보는 우리를 긍휼히 여겨 주소서. 주님, 주님의 음성 듣기를 원합니다. 주님, 하늘을 가르고 우리 안에 임하셔서 은총으로 우리를 충만하게 하소서. 우리가 몸과 마음과 정성을 다하여 예배하기를 원합니다. 성령이시여, 예배를 주관하시며 은혜 가운데 인도하여 주소서. 성삼위 하나님, 임하여 좌정하시고 홀로 영광 받으소서. 예수 그리스도의 이름으로 기도합니다. 아멘.

오늘도 우리를 부르시고, 사랑과 은혜로 인도해 주시는 아버지 하나님, 이 아침에 우리가 예배의 감격을 사모하여 주님 앞에 나오게 하시고, 주님의 거룩한 성전을 향하여 우리의 발걸음을 인도하여 주시니 감사드립니다. 주님, 지난 한 주간 여러 가지 세상의 일들로 인하여, 우리의 마음이 차가워졌습니다. 하지만 주님의 따스하고, 안전한 품을 우리를 향하여 열어 주시고, 우리의 지친 몸과 마음이 주님의 품 안에서 안식과 위로를 얻게 하시는 주님의 사랑에 감사드립니다. 주님의 손길과 만나 우리가 회복되게 하시고, 하나님의 말씀을 귀로 들음으로 소망이 일어나게 하시고, 주님의 떡과 잔에 참여함으로 능력 있게 세워지게 하소서. 성삼위 하나님, 임하여 좌정하시고 홀로 영광 받으소서. 우리 구주 예수 그리스도의 이름으로 기도합니다. 아멘.

[추수감사주일]

영원히 찬양 받기에 합당하신 주 여호와 하나님, 한 해 동안 기쁨과 풍성함으로 저희를 인도하여 주신 주님께 찬송과 영광과 감사를 올려 드립니다. 저희가 주님께서 주신 것과 사랑에 감사하며, 추수감사주일예배로 하나님께 드립니다. 저희들의 예배를 받으소서. 우리가 하나님을 섬기며 사는 삶이 얼마나 복된 것인지 다시 한 번 깨닫게 하시고, 주님께서 우리에게 주신 구원의 기쁨이 이 세상의 곡식과 새 포도주의 넘치는 것보다 더 귀한 것임을 알게 하소서. 하나님, 오늘 우리가 주 예수 그리스도의 이름으로 주님을 바라보며 주님 앞에 나왔습니다. 성삼위 하나님! 찾아와 우리의 필요를 채우시고, 갈급한 마음에 성령을 부어 주시며, 성삼위 하나님, 홀로 영광 받으소서. 예수 그리스도의 이름으로 기도합니다. 아멘.

[대림절기]

만유의 주시며 만왕의 왕이신 우리 주 아버지 하나님, 오늘도 우리가 성전에 모여 주께서 창조하신 만물과 더불어 우리 주님의 성호와 위엄을 찬양합니다. 우리를 사랑하셔서 사람이 되시고, 우리 곁에 오신 주님! 주님이 베푸신 사랑에 감격하여 드리는 이 예배를 받으소서. 사슴이 시냇물을 사모함 같이 우리가 주님을 사모하며 오실 주님을 기다립니다. 우리의 마음을 열고 영광스럽게 다가오시는 우리 주 예수 그리스도의 은총을 받아들이기를 소원합니다.

하나님, 이 예배 가운데 우리를 인도하시고, 이 예배가 하나님 앞에 향기로운 제사가 되게 하실 뿐 아니라 예배를 드리는 우리가 살아 일어나 서게 하시며, 아버지의 영광을 깨닫게 하소서. 모든 것을 주님의 능력의 팔에 의탁합니다. 이 예배를 통하여 성삼위 하나님, 홀로 주관하시고 영광 받으소서. 우리 구주 예수 그리스도의 이름으로 기도합니다. 아멘.

　사랑과 은혜가 무한하시며, 오늘도 우리를 은혜로 부르시는 하나님! 감사드립니다. 이 땅의 질고와 고통 가운데 평강의 왕으로 오셔서 주의 백성들을 위로하시는 사랑의 하나님! 오늘도 우리가 광야같이 버려진 땅에 살고 있다가 주님의 은혜의 음성을 듣습니다. 길을 예비하라 하심을 따라 그 준비한 길로 영광의 주님이 오실 것을 약속해 주시니 감사드립니다.
　오늘도 주님 앞에 드리는 우리의 찬양과 경배를 받으소서. 우리의 삶의 어두운 골짜기들이 돋우어지게 하시고, 우리의 삶의 고르지 못한 곳을 평탄하게 하시며, 우리의 삶에 허락하신 영광을 이 땅의 모든 육체들이 보고 달려 나오는 은혜를 허락하여 주소서. 부끄러운 모습이나 우리 주 예수 그리스도의 이름 의지하고 주님 앞에 나왔사오니, 성삼위 하나님! 임하여 좌정하시고, 홀로 영광 받으소서. 우리 구주 예수 그리스도의 이름으로 기도합니다. 아멘.

[성탄절]

　어둡고 어두운 세상 속에 만백성에게 미칠 큰 기쁨의 소식으로 성탄을 축복하신 하나님! 은혜에 감사드립니다. 우리가 주님의 은총을 사모하여 주님 앞에 나아와 주께 예배합니다. 주님의 부르시는 음성에 응답하여 우리의 모든 손으로 하고 있는 수고를 내려놓고 주님 앞에 나와 예배드립니다. 주님! 우리의 예배를 받으소서.

    하나님! 슬픔의 소리가 끊이지 않는 이 땅 위에 하늘의 복된 소식을 들려 주셔서, 모든 사람이 주께 무릎 꿇어 경배하게 하소서. 우리에게 주님을 보라 하셨으니, 주님을 바라봅니다. 하나님! 우리의 예배를 받아 주시고, 이 예배를 주 예수 그리스도의 이름으로 축복하여 주셔서, 성삼위 하나님께 온전한 예배를 드리게 하시며, 예배를 드리는 우리가 하나님의 풍성한 은혜 안으로 들어가게 하여 주소서. 오직 주께 예배하오니 주님의 거룩한 은혜로 주관하시고, 성삼위 하나님 홀로 영광 받으소서. 우리 구주 예수 그리스도의 이름으로 기도합니다. 아멘.

    이 땅에 구주를 보내시고, 그의 희생을 통하여 우리를 구원하신 사랑의 하나님! 은혜를 감사드립니다. 성탄절을 맞이하여 저희가 예배드립니다. 우리의 지난날들이 다 지나가게 하시고, 그리스도의 오심으로 주어진 아름답고 새로운 충만함이 우리의 출발이 되게 하소서. 오늘도 주님을 바라보며 주님의 은혜를 사모합니다. 우리가 주님을 예배하며 주님의 기쁨이 되기를 소원합니다. 하늘 문을 열어 주시고 위로부터 임하는 은혜로 이 예배를 주관하여 주셔서 주님 홀로 영광 받으소서. 예수님의 이름으로 기도합니다. 아멘.

[신년주일]

태초에 있었던 어두움과 혼돈 속에서 빛이 있으라 선언하셨던 창조의 하나님! 은혜를 감사드립니다. 무질서했고, 어두웠던 지난날들을 뒤로하고 우리가 하나님의 은혜 가운데 이렇게 주님 앞에 나와 예배드리며 모든 흑암과 공허와 혼돈으로부터 벗어나 밝고 아름다운 은혜 가운데로 들어가도록 축복하신 사랑과 은혜에 감사드립니다. 하나님, 새해를 허락하신 하나님의 은혜에 감사하여 우리가 신년예배로 주님 앞에 모였습니다. 주님, 하늘 문을 여시고 놀라운 은총을 이 예배 위에 부어 주소서. 우리가 드리는 예배를 통하여 하나님 영광 받아 주시고, 이 예배로 말미암아 시작하는 저희들의 삶이 하나님의 권능 안에서 능력 있는 삶이 되게 하여 주소서. 우리가 오직 주님만을 예배하기를 원합니다. 성삼위 하나님! 홀로 영광 받으소서. 우리 구주 예수 그리스도의 이름으로 기도합니다. 아멘.

3) 참회와 고백의 기도

사랑과 은총이 풍성하신 하나님! 오늘 우리는 용서하시는 주님 앞에 나와 은혜를 구하며 서 있습니다. 지난날의 부끄러움으로 감히 고개를 들 수 없는 우리를 불쌍히 여겨 주소서. 주께서 우리의 마음을 축복하셔서 주님 뜻대로 살고자 하는 은혜를 주셨습니다. 하지만 우리는 이 놀라운 축복을 입술로는 인정하면서도 삶의 현실에서 주님을 찾지 않았습니다. 주님은 우리의 부끄러운 지난날들을 벌하지 않으시고 다 깨끗이 용서해 주셨지만 우리는 매 순간 주님의 뜻을 잊어 버렸습니다. 주님은 십자가 보혈을 값 없이 흘려 주셨는데, 우리는 그 귀한 은혜를 육체적 욕심으로 덮어 버렸습니다.

이제 주님께서 주신 아름다운 것을 잊어버린 채, 고개 숙인 저희들의 불쌍한 모습을 주께서 긍휼히 여겨 주소서. 주님, 오늘 우리가 우리의 부끄러운 손을 내밀어 주님의 은혜 받기를 원합니다. 주님의 희생과 사랑이 있기에 오늘 우리는 거역할 수 없는 주님의 은혜를 향하여 나아갑니다. 우리를 용서하여 주소서. 새롭게 하여 주소서. 이제 복음에 합당한 자로 살아가게 하여 주소서. 예수 그리스도의 이름으로 기도합니다. 아멘.

[추수감사주일]

자비하시고 긍휼이 무한하신 아버지 하나님! 주께서 베풀어 주신 한 해의 은총들에 감사하는 이 예배에 우리를 불러 주심을 감사드립니다. 주님, 계속되는 우리의 실패에도 불구하고, 주님은 우리에게 새날 주시기를 거절치 아니하셨습니다. 계절의 변화 속에서도 때를 따라 돕는 은혜로 우리를 사랑하시고 인도해 주셨습니다. 주님의 은혜를 먹고 살아온 우리들의 삶을 돌이켜 보건대 그 많은 은혜들을 다 허비해 버린 부끄러움에 감히 머리를 들 수 없습니다. 풍성한 것으로 주셨지만, 우리들의 손에는 연약한 것들만이 들려 있는 것을 보며 부끄러움이 앞섭니다. 불쌍히 여겨 주소서.

우리는 생명의 씨앗을 받아 놓고도 영생의 열매들을 우리들의 삶에 쌓아 오지 못했습니다. 이른 비와 늦은 비로 우리를 적절히 축복해 주셨지만, 우리는 헛된 욕망이 채워지지 않는다고 주님을 원망하고, 영원한 삶의 열매를 맺는 일을 게을리 하였습니다. 큰 은혜 가운데 살면서도 교만하여 주를 원망하였고, 깊은 은혜를 깨닫지 못하고, 오히려 허망하고, 교만하였던 우리들을 용서하여 주소서. 자신의 죄를 깨달아야 마땅한 자리에서 오히려 이웃을 원망하고, 주님까지 원망했던 우리들의 부족한 삶을 긍휼히 여겨 주소서.

우리의 작고 보잘 것 없는 순종을 기뻐하시며, 우리들의 삶을 축복하기 원하시는 주님! 오늘도 내 앞으로 나오라는 명령에 순종하여 우리 주님의 은혜를 바라봅니다. 죄를 자백하는 우리들을 기쁘게 받아 주실 줄 믿습니다. 주님의 능력 안에서 우리를 새로워지게 하시고, 우리 삶에 감사가 넘쳐나게 하소서. 이제 조용히 우리의 죄를 주께 아뢰올 때에 하늘에서 들으시고, 우리의 모든 죄를 사하여 주소서. 예수 그리스도의 이름으로 기도합니다. 아멘.

[대림절기]

사랑과 용서의 하나님! 오늘도 우리를 불러 주신 사랑과 은혜에 감사드립니다. 주님! 우리가 주님의 강림을 찬양하고 기뻐하면서도, 주님 임하심에 부적절한 모습으로 살아온 지난날을 주님 앞에 고백하고, 주 앞에 서서 은혜를 구하며 사죄하심을 간구합니다.

주님! 용서하여 주소서. 믿음이 있다 고백하면서도 믿음 따라 살지 못했습니다. 하나님 나라를 주셨지만 우리는 세상이 주는 유혹에 흔들렸습니다. 주님! 주님을 사랑한다고 하면서도 찾아오신 주님을 기쁨으로 영접하지 못하고 날마다 마음을 열어 주님 받아들이기를 노력하지 못했습니다. 말씀을 들어도 우리는 여전히 영적인 궁핍 속에 있었고, 어리석어 진리 안에 있으면서도 진리의 기쁨을 누리지 못하는 죄인의 삶을 살았습니다. 주여, 우리를 새롭게 하여 주소서. 이 땅에 오셔서 인류를 구원하신 주님! 이제 우리가 주님의 그 사랑을 기억하며, 그 용납하심을 기억하며, 그 은혜에 합당하게 서기 원하여 버리고자 하는 결단으로 우리의 죄를 주께 아뢰기 원합니다. 아뢸 때에 하늘에서 들으시고 약속하신 대로 우리의 죄를 모두 제하여 주소서. 예수 그리스도의 이름으로 기도합니다. 아멘.

[성탄절]

사랑과 은혜가 무한하신 하나님, 우리에게 가장 깨끗하고 순수한 모습으로 이 땅에 오신 은혜에 감사드립니다. 주님이 낮은 곳으로 오셨기에 우리가 주께 나아갈 수 있음을 고백하며, 우리를 위하여 그 보좌를 가장 낮은 곳에 두신 주 예수 그리스도의 이름을 찬양합니다.

주님께서 오라 허락하셨기에 용기 내어 주님 앞에 나왔습니다. 하지만 돌이켜 보는 우리들의 삶은 부끄러운 것밖에 없습니다. 주님의 마음은 순결하신데 우리의 마음은 탐욕으로 가득하며, 주님의 손은 우리를 위하여 피를 흘리셨는데 우리의 손에는 아벨의 피가 흐릅니다. 주님의 입술은 사랑을 말씀하시는데 우리의 입술은 원망과 불평으로 더러워져 있습니다. 주님의 눈은 아름답게 내일을 바라보시는데 우리는 어두운 지난날에서 우리의 시선을 떼지 못합니다.

우리의 구원이 되신 주님! 이제 우리의 모든 허물과 연약한 것과 부정적인 것들을 제거하시고 온전히 새롭게 하소서. 주님 외에는 아무 소망이 없는 우리들을 긍휼히 여기시고, 오늘도 우리가 죄를 버리고자 하는 마음으로 우리의 죄를 주께 고백하며 나아갈 때 우리의 모든 죄를 도말하시며, 하나님의 사랑의 품에 안겨 그 위로하심 안으로, 풍성하심 안으로 들어가는 놀라운 은총을 허락하소서. 이제 아뢰올 때에 우리의 모든 죄를 소멸하여 주소서. 예수 그리스도의 이름으로 기도합니다. 아멘.

[신년주일]

사랑과 은혜의 주님! 아름다운 기회 속에서 은혜로 우리가 주님을 바라보며 기쁘고 즐거운 걸음으로 한 걸음씩 내디딜 수 있도록 은혜를 허락하여 주시니 감사드립니다. 새해가 되었습니다. 새로운 시작이 우리들의 마음에 있게 하시고, 감격스러운 내일을 바라보는 은혜가 우리들에게 있게 하신 것 감사드립니다. 하지만 이 예배를 드리며 우리가 혹시라도 주님께 합당치 못한 모습으로 있을까 염려하여 우리를 살피며 주님 앞에 섭니다. 날은 새로워졌는데 혹시 우리들의 마음이 옛날에 묶여 있지는 않은지요? 하나님이 새 은혜로 우리를 축복하여 주고 계신데 아직도 지난날의 위용, 지난날의 다툼과 억울함과 원통함을 풀지 못하는 과거에 묶여 살아가고 있지는 않은지요?

하나님! 이 시간 우리들의 마음을 엽니다. 묶인 것이 있으면 풀어 주소서. 죄악에 젖어 있는 것이 있으면 주님의 빛으로 정결하게 하소서. 하나님! 새로운 은혜로 주님을 바라보게 하시며, 하나님의 은총을 사모하는 내일을 맞이하기에 부족함 없는 우리들 되게 하여 주소서. 하나님! 새 술은 새 부대에 담으라 말씀하셨습니다. 우리의 마음이 이제 주님의 은혜로 온전히 새 부대가 되게 하시고, 하나님의 은혜로 정결케 하시며, 주의 거룩하신 은혜로 새롭게 하여 주소서. 조금도 우리의 연약함을 책망치 아니하시고 용서해 주시는 아버지 하나님, 이제 우리가 그 용서하심을 바라보며 주께서 깨닫게 해 주시는 것들을 새해의 벽두에 고백할 때에 지나간 시대와 같이 우리의 죄도 모두 다 지나가 버리게 하시고, 우리 안에 새롭게 세워지는 하나님의 은혜와 영광이 임하게 하여 주소서. 이제 하늘의 아버지께 아뢸 때에 하늘에서 들으시고 우리의 모든 죄를 제거하여 주소서. 예수 그리스도의 이름으로 기도합니다. 아멘.

[사순절기]

우리의 죄를 대신 지시고, 고난 받으신 주님! 그 크신 사랑을 감당할 길 없어 눈물로 십자가를 바라봅니다. 주님을 고난의 가시밭길로 걸어가게 한 것은 바로 우리들이었습니다. 그릇 행하여 각기 제멋대로 갔던 우리를 주님은 사랑으로 품으셨습니다. 주님의 품이 따뜻하고, 너무나도 부드럽지만 우리가 누리는 이 은총은 주님의 보혈의 대가로 지불된 것이기에 부끄럽습니다.

주님, 우리의 교만한 마음을 고백하며 용서를 구합니다. 주님만이 우리의 생명임에도 불구하고 주님만을 의지하지 못하고 살았습니다. 주님의 명령에만 순종해야 함에도 불구하고 우리 마음은 두 주인을 섬길 때가 많았습니다. 우리가 가난한 사람을 멸시하고, 나보다 부유한 사람을 시기하며, 나보다 낮은 위치에 있는 사람을 조롱했던 것을 용서하여 주소서. 내 신앙이 이 정도면 경건하다고 여기면서 스스로 만족하며 살았습니다. 주님을 따라 십자가를 지고 참된 제자로 살아야 함에도 불구하고 우리는 영광과 편한 삶을 추구하며 살았습니다. 사순절기가 시작되었지만 은혜에 대한 간절한 사모함이 없이 늘 찾아오는 절기로만 여겼습니다. 사랑의 주님! 잠시라도 주님의 곁을 떠나면 곧 유혹에 빠지는 우리를 긍휼히 여기소서. 이제 머리 숙여 입술을 열어 은밀한 죄를 고백할 때에 우리의 죄를 사하여 주소서. 예수 그리스도의 이름으로 기도합니다. 아멘.

4) 사죄의 말씀

"너희 중에 이와 같은 자들이 있더니 주 예수 그리스도의 이름과 우리 하나님의 성령 안에서 씻음과 거룩함과 의롭다 하심을 받았느니라"(고전 6 : 11). 하나님, 오늘도 우리를 씻으심을 감사드립니다. 우리를 거룩케 하심을 감사드립니다. 하나님 앞에 나올 수 있는 자로 의롭다 인정하심을 감사드립니다. 이제 주께서 우리를 의롭다 하셨으니, 주님의 보좌 앞으로 담대히 나아가 영과 진리의 예배를 드리게 하소서. 아멘.

"내가 진실로 진실로 너희에게 이르노니 내 말을 듣고 또 나 보내신 이를 믿는 자는 영생을 얻었고 심판에 이르지 아니하나니 사망에서 생명으로 옮겼느니라"(요 5:24). 오늘도 죽을 수밖에 없는 죄인들을 용서하시고, 어둡고 습한 무덤과 같은 이들을 생명의 자리로, 영생의 자리로 옮겨 주시니 감사드립니다. 이제 주께서 우리를 의롭다 하셨으니, 주님의 보좌 앞으로 담대히 나아가 영과 진리의 예배를 드리게 하소서. 아멘.

[추수감사주일]

"그 때에 여호와께서 자기의 땅을 극진히 사랑하시어 그의 백성을 불쌍히 여기실 것이라"(욜 2:18). 오늘도 우리를 긍휼히 여기시며, 뜨거운 중심으로 우리를 받으시고, 변화시켜 주시는 하나님! 은혜를 감사드립니다. 우리를 감사드릴 수 있는 자로 삼으실 뿐 아니라 우리의 삶에 감사가 넘치게 하심에 더욱 감사드립니다. 이제 주께서 우리를 의롭다 하셨으니, 주님의 보좌 앞으로 담대히 나아가 영과 진리의 예배를 드리게 하소서. 아멘.

[신년주일]

"그런즉 누구든지 그리스도 안에 있으면 새로운 피조물이라 이전 것은 지나갔으니 보라 새 것이 되었도다"(고후 5:17). 우리를 새것으로 만드시고 새것이라 말씀하시며, 새 생활과 새 시간과 새 공간들을 누리도록 허락하시는 하나님! 은혜에 감사드립니다. 이제 주께서 우리를 새것이라 칭하시고 의롭다 인정하셨으니, 주님의 보좌 앞으로 담대히 나아가 영과 진리로 예배케 하소서. 아멘.

"오라 우리가 여호와께로 돌아가자 여호와께서 우리를 찢으셨으나 도로 낫게 하실 것이요 우리를 치셨으나 싸매어 주실 것임이라"(호 6:1). 오늘도 회개하는 자에게 은혜를 베푸시며, 중심에 통회하는 자의 마음을 받으시며, 주님 앞에 나와 간구하는 모든 영혼들에게 거룩함을 부어 주시는 하나님의 은혜에 감사드립니다. 이제 그리스도의 보혈로 우리를 씻으시고 주님 앞에 의로운 자라 인정하셨으니, 주님의 보좌 앞으로 담대히 나아가 영과 진리로 예배케 하소서. 아멘.

[사순절기]

"그런즉 누구든지 그리스도 안에 있으면 새로운 피조물이라 이전 것은 지나갔으니 보라 새 것이 되었도다"(고후 5:17). 십자가의 죽음을 통하여 우리에게 영원한 생명을 주셨음을 다시 기억하게 하시고, 누리게 하심을 감사드립니다. 우리를 거룩하게 하신 주님의 뜻대로 옛것은 버리고, 주님 주신 힘으로 살아가게 하소서. 우리의 영을 고치신 주님처럼 이 땅에서 평화의 선포자로서 살아가게 하소서. 이제 죄인을 의롭다 칭하시고, 거룩한 삶으로 인도하신 주님의 보좌 앞에 담대히 나아가 영과 진리로 예배하게 하소서. 아멘.

"너희는 이전 일을 기억하지 말며 옛날 일을 생각하지 말라 보라 내가 새 일을 행하리니 이제 나타낼 것이라 이 백성은 내가 나를 위하여 지었나니 나를 찬송하게 하려 함이니라"(사 43:18-19a, 21). 하나님, 오늘도 그리스도의 보혈로 씻으시고 창조의 목적으로 우리를 인도하시며, 하나님 앞에 나아와 예배하고 찬양하며 주님을 뵈올 수 있는 자로 여겨 주시고 인쳐 주시니 감사드립니다. 보혈로 씻어 주신 주님, 그 정결함으로 주님 나라를 보게 하소서. 은혜로 구원하신 주님! 세상 생각 내려놓고 주님만 생각하게 하시며, 이 예배 가운데 주님의 보좌 앞으로 나아가 영으로 진리로 주님이 기뻐 받으시는 예배를 드리게 하소서. 아멘.

5) 봉헌기도

우리들의 손을 복되게 하셔서 주 앞에 예물 드리게 하시고, 마음을 모아 우리의 삶을 주님께 의탁할 수 있도록 허락하신 사랑의 하나님! 감사드립니다. 사랑하는 마음으로 드리오니 우리의 예물을 받으시고, 부족한 것이 있으면 은혜로 우리들의 예물이 온전케 하여 주소서. 십일조를 드렸사오니 우리의 헌신을 받아 주시고, 감사의 예물을 드렸사오니 넘치는 감사로 흘러가게 하여 주소서. 또한 구제헌금으로, 선교헌금으로 드리는 모든 예물들 위에 열매들이 맺히게 하소서. 하나님! 꽃꽂이로, 봉사로, 성미로 감사와 헌신의 예물을 드렸습니다. 각양 아름답고 향기로운 제목의 예물들을 받으시고, 이제 우리들이 주님 앞에서 예물 되게 하시며, 드려진 자로서 살아가는 은혜가 있게 하여 주소서. 우리 구주 예수 그리스도의 이름으로 기도합니다. 아멘.

모든 것의 아름다운 근원 되시는 하나님, 오늘도 전능하시며 모든 존재하는 것의 주인이 되심을 감사드립니다. 하나님, 우리에게 이미 풍족히 주신 것에 감사드리며 구하는 자에게 또 주시겠다고 약속하시니 감사드립니다. 계절이 변하듯 세상도 변하고, 때로는 우리들의 삶이 어려움에 처하기도 합니다. 하지만 변함없는 하나님의 은총에 감사드리고, 불 기둥과 구름 기둥의 인도하심에 감사드립니다.

오늘도 주님의 은혜에 감사하며 예물과 하나님 앞에 아름답고 향기로운 제물을 드리는 손길을 받으소서. 드리는 헌금과 간절한 마음과 숨겨진 수고와 주 앞에 드려진 기도와 아름다운 마음의 봉헌들을 다 받으시고, 하나님의 능력의 손으로 붙잡아 주셔서 이 세상의 일로 낙심하지 않게 하소서. 하나님, 오늘도 우리가 주님 앞에 봉헌합니다. 주님의 이름에 드립니다. 그 이름의 영광으로 우리를 인도하소서. 예수 그리스도의 이름으로 기도합니다. 아멘.

사랑과 은혜가 풍성하신 아버지 하나님! 오늘도 저희들의 삶을 사랑하시고 복을 주시어 우리가 이렇게 주님 앞에 예물 드릴 수 있도록 허락하시니 감사드립니다. 주님을 사랑하며, 그 사랑을 표현할 수 있도록 은혜 베푸심을 감사드립니다. 주께서 우리의 삶을 보고 아시며 이해해 주심을 감사드립니다. 주의 백성들이 주님 앞에 예물을 드립니다. 이 예물이 쓰고 남아 드리는 것이 아님을 주님이 아십니다. 우리의 마음을 받으소서. 우리의 생명을 받으소서. 우리의 가정을 받으소서. 우리의 일터를 붙잡아 주시며, 이 민족을 긍휼히 여겨 주소서.

오늘 함께 서서 우리의 삶을 주께 의탁하는 저희들의 손을 붙드셔서, 저희로 인하여 이 땅에 빛이 있게 하시고, 악한 것으로 가득한 이 땅이 생명의 빛으로, 보혈의 빛으로 가득하도록 축복하소서. 우리가 주님 앞에 드려진 자로 서기를 소원합니다. 온전히 바쳐지게 하여 주셔서 머리끝부터 발끝까지 그리스도의 영광만이 나타나게 하소서. 주님께 봉헌하오니 기쁘게 받으소서. 우리 구주 예수님의 이름으로 기도합니다. 아멘.

[추수감사주일]

오늘도 우리를 감사의 자리로 불러 주시고, 감사할 수밖에 없는 자로 축복하신 아버지 하나님! 은혜에 감사드립니다. 우리에게 주신 풍성한 열매들로 인하여 감사드리고, 우리에게 허락하셨던 좋은 햇빛과 평탄했던 길들과 마음을 편안하게 했던 모든 아름다운 일들로 인하여 주께 감사드립니다. 때로는 어두웠던 하늘과, 우리의 마음을 어둡게 했던 아픔과, 우리의 마음에 동요가 일어났던 고통스러웠던 일들로 인해서도 주님께 감사드립니다. 모든 것을 사랑과 은혜로 베풀어 주신 아버지의 은혜에 감사드리며 이 시간 우리가 주께 감사드립니다.

　한 해를 우리가 감사로 마무리하며, 주님 앞에 봉헌하오니 받으소서. 주님 앞에 자원하여 드리는 모든 예물들을 주께서 받으소서. 주님의 전을 위하여 애쓴 모든 일들을 기억하소서. 십분의 일을 받으시고, 감사의 예물을 받으시고, 꽃꽂이를 받으시고, 주님 앞에 드린 향기로운 과일들을 받으시고, 열매들을 받으시고, 수고한 땀방울들을 받으시고, 성미를 받으시고, 숨겨진 노력과 주님 앞에 섬김으로 드려졌던 모든 기도를 받으소서. 우리의 삶을 받으시고, 감사의 영역에 다시 한 번 견고히 세워 주시며, 오늘을 감사하게 함으로, 내일 더 넘치는 감사가 열리게 하시는 하나님의 은혜 안에 걸어가게 하소서. 주께 감사드리며, 우리 구주 예수님의 이름으로 기도합니다. 아멘.

[성탄절]

　사랑과 은혜가 풍성하시며 놀랍고도 한량없는 자비하심으로 우리에게 복을 주시는 아버지 하나님! 은혜를 감사드립니다. 하나님의 아름다운 은혜를 사모하는 마음으로, 주님의 거룩하신 은총을 앙망하는 마음으로 주님 앞에 예물 드리며, 우리의 사랑과 우리의 헌신을 주 앞에 표현할 수 있도록 허락하심에 감사드립니다.

　주의 백성들의 예물을 주께서 받으소서. 하나님! 우리의 모든 간구와 봉헌이 주 앞에 있기를 소원하오니 주의 이름으로 받으소서. 그래서 우리가 주님의 이름으로 일컬어지게 하시고, 이 어두운 땅에 참된 아름다운 빛으로 빛나신 그리스도의 영광이 우리를 통하여 증거되게 하소서. 우리의 봉헌하는 손을 잡으시고 이 어둡고 요동하는 세상 가운데 아름답고 힘 있게 인도하소서. 우리 구주 예수 그리스도의 이름으로 기도합니다. 아멘.

[마지막 주일]

하나님, 한 해의 마지막 주일도 우리가 주님 앞에 나와 예배하게 하시니 감사합니다. 이제 아버지의 사랑의 손길로 채우시는 우리 인생에 대하여 감사하며 예물을 드립니다. 헌신하는 우리의 삶을 주의 은혜 안에 붙잡아 주시고, 구별하여 주소서. 하나님, 이 예물과 함께 우리의 삶을 드립니다. 우리가 주의 뜻대로 올바로 서게 하시고, 은혜로 주의 손 안에서 변화되게 하소서. 삶의 세미한 부분을 돌보시며, 요동하는 세상 가운데 찾아오는 어려움들을 우리가 밟고 일어서 내일의 영광을 노래하는 아름다운 믿음의 사람들이 되도록 축복하시고, 그 노래가 세상에 가득하게 하심으로 이 세상이 구원을 얻게 하소서. 우리 주 예수 그리스도의 이름으로 기도합니다. 아멘.

3 분병분잔에 사용되는 찬송과 성경 구문

1) 찬송

분병분잔 동안 회중이나 찬양대가 부를 찬송은 "주 앞에 성찬 받기 위하여"(227장), "오 나의 주님 친히 뵈오니"(228장), "우리의 참되신 구주시니"(230장), "우리 다 같이 무릎 꿇고서"(231장), "유월절 때가 이르러"(232장) 등이다. 특별히 231장은 성찬을 받기 위해 회중이 성찬대 앞으로 이동할 때 부르기에 적합하다. 그 외에도 성찬 찬송으로 분류되지 않았지만 성찬 신학을 잘 반영하고 있는 "위에 계신 나의 친구"(92장), "주 예수 해변서"(198장), "사랑하는 주님 앞에"(220장), "내 주의 보혈은"(254장), "귀하신 친구 내게 계시니"(434장) 등도 있다. 또한 『예배·예식서』의 예전 찬송 31~35장은 수난, 감사, 성령임재, 성도 교제의 각 주제들을 표현하는 성찬 찬송들이다.

2) 성경 구문

예수께서 이르시되 나는 생명의 떡이니 내게 오는 자는 결코 주리지 아니할 터이요 나를 믿는 자는 영원히 목마르지 아니하리라(요 6:35).

예수께서 이르시되 내가 진실로 진실로 너희에게 이르노니 인자의 살을 먹지 아니하고 인자의 피를 마시지 아니하면 너희 속에 생명이 없느니라 내 살을 먹고 내 피를 마시는 자는 영생을 가졌고 마지막 날에 내가 그를 다시 살리리니 내 살은 참된 양식이요 내 피는 참된 음료로다(요 6 : 53-55).

내 살을 먹고 내 피를 마시는 자는 내 안에 거하고 나도 그의 안에 거하나니 살아 계신 아버지께서 나를 보내시매 내가 아버지로 말미암아 사는 것 같이 나를 먹는 그 사람도 나로 말미암아 살리라 이것은 하늘에서 내려온 떡이니 조상들이 먹고도 죽은 그것과 같지 아니하여 이 떡을 먹는 자는 영원히 살리라(요 6 : 56-58).

우리가 축복하는 바 축복의 잔은 그리스도의 피에 참여함이 아니며 우리가 떼는 떡은 그리스도의 몸에 참여함이 아니냐 떡이 하나요 많은 우리가 한 몸이니 이는 우리가 다 한 떡에 참여함이라(고전 10 : 16-17).

너희가 알거니와 너희 조상이 물려 준 헛된 행실에서 대속함을 받은 것은 은이나 금 같이 없어질 것으로 된 것이 아니요 오직 흠 없고 점 없는 어린 양 같은 그리스도의 보배로운 피로 된 것이니라(벧전 1 : 18-19).

II

세례 예전

1 유아

예식선언 ··· 집례자

"그러나 너희는 택하신 족속이요 왕 같은 제사장들이요 거룩한 나라요 그의 소유가 된 백성이니 이는 너희를 어두운 데서 불러 내어 그의 기이한 빛에 들어가게 하신 이의 아름다운 덕을 선포하게 하려 하심이라"(벧전 2:9). 우리 주 예수 그리스도의 말씀에 순종하여 택함을 입은 주의 자녀들에게 세례를 베풉니다. 이 예전을 행할 때 우리도 기쁨으로 우리가 받은 세례를 기억합시다.

호명 ··· 집례자 또는 맡은이

(집례자 또는 회중의 대표가 유아의 이름을 부르고, 유아의 부모는 세례 받을 유아를 안고 앞으로 나와 선다.)

우리 교회에 새 지체를 허락하신 하나님께 감사드립니다. 오늘 저는 세례예식 집례자로서(회중을 대표하여) 하나님이 사랑하시는 성도 ○○○과 ○○○(부모의 이름)의 자녀 ○○○을 유아세례예식의 자리에 초대합니다. 초대받은 자녀와 부모는 나와 주시기 바랍니다.

세례의사 확인 및 서약 ································· 집례자와 부모

문 : 여러분은 ○○○(유아 이름)이 세례 받기를 원합니까?
답 : 예, 원합니다.

문 : 여러분은 신앙의 본을 보이고 ○○○이 하나님의 은혜 안에 기독교 신앙을 전수받아 참된 기독교인으로 자랄 수 있도록 가르치고 양육할 것을 약속합니까?

답 : 예, 약속합니다.

악의 거부와 서약 ··· 집례자와 부모

(집례자의 질문에 유아를 대신하여 부모가 답한다.)

문 : 여러분은 악한 사단의 권세와 유혹을 거부합니까?
답 : 예, 거부합니다.

문 : 여러분은 그리스도를 구주로 고백하며 그 은총 안에 살며 교회와 연합하여 그리스도를 섬기기로 서약합니까?
답 : 예, 서약합니다.

신앙고백 ·· 집례자와 부모

문 : 여러분은 천지의 창조주 하나님 아버지를 믿습니까?
답 : 예, 믿습니다.

문 : 여러분은 하나님의 아들이신 예수 그리스도께서 성령으로 잉태되어 동정녀 마리아에게서 나셨고, 본디오 빌라도에게 고난을 받으사 십자가에 못 박혀 죽으셨으며, 장사된 지 사흘 만에 죽은 자 가운데서 다시 살아나셔서 하늘에 오르시어 하나님 우편에 앉아 계시다가 거기로부터 살아있는 자와 죽은 자를 심판하러 오실 것을 믿습니까?
답 : 예, 믿습니다.

문 : 여러분은 성령을 믿으며, 거룩한 공교회와 성도의 교제와 죄를 용서받는 것과 몸의 부활과 영생을 믿습니까?
답 : 예, 믿습니다.

세례수에 대한 감사 기도 ··· 집례자

전능의 주 하나님, 하나님은 모든 만물을 새롭게 하시나이다. 생명의 샘이 주께 있사오니 주의 빛 안에서 빛을 보나이다.

(세례수에 손을 대며)

세례수 위에 하나님의 영을 보내사 구원의 진리와 은총의 기쁨이 가득하게 하소서. 이 거룩한 물로 세례 받는 이들이 하나님의 신비에 참여하게 하심에 감사드립니다. 하나님의 자녀가 되도록 구별하여 택하신 이들이 세례의 물을 받음으로 거룩함을 덧입게 하시고, 증인된 우리 모두에게도 성령이 함께하사 자신의 세례를 기억하며 주님의 은혜에 감사하는 시간이 되게 하소서. 하나님께 영광과 권능이 그리스도를 통하여 성령 안에서 지금부터 영원토록 함께하시길 예수 그리스도의 이름으로 기도합니다. 아멘.

세례와 안수 ··· 집례자

(부모 중 한 사람이 유아를 안고 집례자 앞에 선다. 집례자는 유아의 머리에 성부, 성자, 성령의 이름으로 세례반의 물을 한 번 또는 세 번 뿌리거나, 붓거나, 손에 물을 적셔 얹을 수 있다.)

[예문1]
주 예수를 믿는 이의 자녀 ○○○에게 내가 성부와 성자와 성령의 이름으로 세례를 주노라. 아멘.

[예문2]
주 예수를 믿는 이의 자녀 ○○○은 성부와 성자와 성령의 이름으로 세례를 받노라. 아멘.

(세례 후 바로 이어서 머리에 손을 얹고 기도한다. 이때 이마에 기름을 바를 수도 있다.)

[예문1]

주님, 예수를 믿는 이의 자녀 ○○○을 성령으로 지켜주셔서 영원토록 주님의 소유가 되게 하시고, 영생에 이르기까지 날마다 새롭게 살아가게 하소서. 아멘.

[예문2]

성령이시여, 예수를 믿는 이의 자녀 ○○○에게 임하셔서 영원토록 주님을 경외하고 지혜와 분별의 영을 갖게 하소서. 아멘.

선포 ·· 집례자

(세례에 참여한 유아의 이름을 부른 후 아래와 같이 선포한다.)

오늘 세례 받은 유아 ○○○은 본 ○○교회의 유아세례교인이 되었음을 성부와 성자와 성령의 이름으로 선포하노라. 아멘.

회중과 서약 ·· 집례자와 회중

문 : 그리스도의 몸 된 교회의 지체 여러분, 죄를 거부하고 그리스도에 대한 신앙을 다시 묻습니다. 여러분은 그리스도가 우리의 구주이심을 믿습니까?

답 : 예, 믿습니다.

문 : 여러분은 그리스도의 신앙 안에 살며 유아세례를 받은 이 자녀들이 신앙 안에 자라고 믿음의 장성한 분량에 이르기까지 기도와 사랑으로 돌볼 뿐만 아니라 서로 간에도 돌볼 것을 서약합니까?

답 : 예, 서약합니다.

세례 후 기도 ·· 집례자

자비하신 하나님, 하나님은 감사와 영광과 찬양을 받으시기에 합당하나이다. 성도의 가정에 자녀의 축복을 주셨고, 부모들로 하여금 자녀들의 신앙을 위하여 힘쓰게 하심을 감사하나이다. 오늘 세례 받은 유아에게 하나님의 축복과 보호하심이 항상 함께하셔서 모든 위험과 시험에 빠지지 않게 하시고, 믿음의 장성한 분량에 이르게 하소서. 또한 주님의 평화와 기쁨이 늘 이들 가정 위에 머물게 하셔서 온 가족이 기도로 자녀를 양육하고 사랑으로 보살필 수 있게 하소서. 예수님의 이름으로 기도합니다. 아멘.

환영 ·· 다함께

(세례증명서 또는 선물을 줄 때 교회의 형편에 따라 세례 받은 유아와 가족을 환영한다. 이후 주일예배 순서에 따른 예배가 계속 진행된다. 앞에서 평화의 인사를 하지 않았다면 여기서 할 수 있다.)

2 아동

예식선언 ··· 집례자

세례예식은 세례 후보자가 하나님과 교회 앞에서 믿음을 고백하고 확인받는 예식입니다. 오늘 세례를 받을 7-12세의 아동세례 후보자들은 각자의 학습 수준에 맞춰 말씀과 교리를 성실하게 배웠고 이제 하나님과 백성 앞에서 서약과 세례의 과정만을 남겨두었습니다. 이에 당회는 아동들의 신앙을 살펴보아 "너희는 가서 모든 민족을 제자로 삼아 아버지와 아들과 성령의 이름으로 세례를 주라" 하신 주님의 분부대로 세례를 베풀도록 허락하였습니다. 새 지체를 맞이하는 감사와 기쁨이 넘치는 예식이 되길 소망합니다.

호명 ··· 집례자 또는 맡은이

(집례자 또는 회중의 대표가 세례 후보자의 이름을 부르면 대상자는 앞으로 나온다. 세례 후보자들이 앞으로 나올 때 찬송가 226장을 부르거나 연주한다.)

우리 교회에 새 지체를 허락하신 하나님께 감사드립니다. 오늘 저는 세례예식 집례자로서(회중을 대표하여) 하나님이 사랑하시는 자녀 ○○○을 아동세례예식의 자리에 초대합니다. 초대받은 아동은 이 자리로 나와 주시기 바랍니다.

악의 거부와 서약 ································· 집례자와 세례 후보자

[예문1]

문 : 여러분은(○○○ 어린이는) 악한 사단의 권세와 유혹을 거부합

니까?
답 : 예, 거부합니다.

문 : 여러분은(○○○ 어린이는) 그리스도를 구주로 고백하며 그 은총 안에 살며 교회와 연합하여 그리스도를 섬기기로 서약합니까?
답 : 예, 서약합니다.

[예문2]
문 : 여러분은(○○○ 어린이는) 하나님 말씀을 따르는 착한 사람이 되기 위해 나쁜 마음과 행동을 버리겠습니까?
답 : 예, 버리겠습니다.

문 : 여러분은(○○○ 어린이는) 예수님이 우리를 사랑하신다는 기쁜 소식을 믿고 친구들에게 전하며 예수님처럼 가족과 친구들을 사랑하겠습니까?
답 : 예, 약속합니다.

신앙고백 ··· 집례자와 세례 후보자

[예문1]
문 : 여러분은(○○○ 어린이는) 천지의 창조주 하나님 아버지를 믿습니까?
답 : 예, 믿습니다.

문 : 여러분은(○○○ 어린이는) 하나님의 아들이신 예수 그리스도께서 성령으로 잉태되어 동정녀 마리아에게서 나셨고, 본디오 빌라도에게 고난을 받으사 십자가에 못 박혀 죽으셨으며, 장사된

지 사흘 만에 죽은 자 가운데서 다시 살아나셔서 하늘에 오르시어 하나님 우편에 앉아 계시다가 거기로부터 살아있는 자와 죽은 자를 심판하러 오실 것을 믿습니까?

답 : 예, 믿습니다.

문 : 여러분은(○○○ 어린이는) 성령을 믿으며, 거룩한 공교회와 성도의 교제와 죄를 용서받는 것과 몸의 부활과 영생을 믿습니까?

답 : 예, 믿습니다.

[예문2]

문 : 여러분은(○○○ 어린이는) 하나님께서 이 세상 모든 것들을 만드신 분이심을 믿습니까?

답 : 예, 믿습니다.

문 : 여러분은(○○○ 어린이는) 예수님이 하나님의 아들이시고, 우리를 사랑하시려 성령의 인도하심으로 세상에 오셨으나 사람들의 괴롭힘을 받아 십자가에서 죽으셨고, 삼일 만에 다시 살아나셔서 아버지 하나님의 곁으로 올라가셨으며, 하나님이 원하시는 날에 다시 오셔서 우리가 한 일들에 대해 물으실 것을 믿습니까?

답 : 예, 믿습니다.

문 : 여러분은(○○○ 어린이는) 성령님이 우리를 도와주시는 것과 우리가 하나님의 자녀가 되어 교회에 모인 것과 우리는 서로 사랑하고 도와주어야 하는 것과 하나님이 우리의 잘못을 용서해 주시는 것과 우리가 예수님처럼 하나님과 함께 살 것을 믿습니까?

답 : 예, 믿습니다.

세례수에 대한 감사기도 ·· 집례자

세상을 만드신 하나님, 하나님은 세상의 모든 것들을 새롭게 하시며, 우리는 주님이 비춰 주시는 밝은 빛을 봅니다.

(세례수에 손을 대며)

세례를 베푸는 물 위에 하나님의 영을 보내 주셔서 새로운 삶의 선물을 받는 기쁨이 넘치게 하소서. 이 거룩한 물로 오늘 세례를 받는 아동들이 예수님을 믿는 자녀들로 구별되게 하시며, 자신이 하나님의 세례 받은 자녀임을 기억하게 하소서. 증인된 우리 모두에게도 성령이 함께하사 자신의 세례를 기억하며 주님의 은혜에 감사하는 시간이 되게 하소서. 하나님의 영광과 권능이 그리스도를 통하여 성령 안에서 지금부터 영원토록 함께하길 예수 그리스도의 이름으로 기도합니다. 아멘.

세례와 안수 ··· 집례자

(세례 후보자는 가능한 한 무릎을 꿇는다. 집례자는 세례 후보자의 머리에 성부, 성자, 성령의 이름으로 세례반의 물을 한 번 또는 세 번 뿌리거나, 붓거나, 손에 물을 적셔 얹을 수 있으며, 세례 후보자를 흐르는 물에 잠글 수도 있다.)

[예문1]
주 예수를 믿는 자녀 ○○○에게 내가 성부와 성자와 성령의 이름으로 세례를 주노라. 아멘.

[예문2]
주 예수를 믿는 자녀 ○○○은 성부와 성자와 성령의 이름으로 세례를 받노라. 아멘.

(세례 후 이어서 머리에 손을 얹고 기도한다. 이마에 기름을 바를 수도 있다.)

[예문1]

주님, ○○○을 성령으로 지켜 주셔서 영원토록 주님의 소유가 되게 하시고, 영생에 이르기까지 날마다 새롭게 살아가게 하소서. 아멘.

[예문2]

성령이시여, ○○○에게 임하셔서 영원토록 주님을 경외하고 지혜와 분별의 영을 갖게 하소서. 아멘.

선포 ··· 집례자

(세례 받은 이들의 이름을 다 부른 후 아래와 같이 선포한다.)

오늘 세례 받은 ○○○은 ○○교회의 아동세례교인이 되었음을 성부와 성자와 성령의 이름으로 선포하노라. 아멘.

회중과 서약 ·· 집례자와 회중

문 : 그리스도의 몸 된 교회의 지체 여러분, 죄를 거부하고 그리스도에 대한 신앙을 다시 묻습니다. 여러분은 그리스도가 우리의 구주이심을 믿습니까?

답 : 예, 믿습니다.

문 : 여러분은 아동세례를 받은 이들이 신앙 안에 성숙해지고 교회에 덕을 세우는 일에 힘쓰며 선을 이룰 수 있도록 기도와 사랑으로 인도하며 서로 사랑할 것을 서약합니까?

답 : 예, 서약합니다.

세례 후 기도 ··· 집례자

자비하신 하나님, 하나님은 감사와 영광과 찬양을 받으시기에 합당

하나이다. 오늘 세례 받은 이들 위에 하나님의 축복과 보호하심이 항상 함께하셔서 모든 위험과 시험에 빠지지 않게 하시고, 선을 행함으로써 믿음의 장성한 분량에 이르게 하소서. 또한 주님의 평화와 기쁨이 늘 이들 위에 머물게 하소서. 예수님의 이름으로 기도합니다. 아멘.

환영 ··· 다함께

(이후 주일예배 순서에 따른 예배가 계속 진행된다. 앞에서 평화의 인사가 없었다면 여기서 할 수도 있다.)

3 성인

예식선언 ··· 집례자

세례예식은 세례 후보자가 하나님과 교회 앞에서 믿음을 고백하고 확인받는 예식입니다. 세례 후보자들은 그동안 말씀과 교리를 성실하게 배웠고 이제 하나님과 백성 앞에서 서약과 세례의 과정만을 남겨두었습니다. 이에 당회는 그 신앙을 살펴보아 "너희는 가서 모든 민족을 제자로 삼아 아버지와 아들과 성령의 이름으로 세례를 주라" 하신 주님의 분부대로 세례를 베풀도록 허락하였습니다. 새 지체를 맞이하는 감사와 기쁨이 넘치는 예식이 되길 소망합니다.

호명 ··· 집례자 또는 맡은이

(집례자 또는 회중의 대표가 성인세례 후보자의 이름을 부르면 대상자는 앞으로 나온다. 세례 후보자들이 앞으로 나올 때 찬송가 226장을 부르거나 연주한다.)

우리 교회에 새 지체를 허락하신 하나님께 감사드립니다. 오늘 저는 세례예식 집례자로서(회중을 대표하여) 하나님이 사랑하시는 자녀 ○○○을 세례예식의 자리에 초대합니다. 초대받은 세례 후보자들은 이 자리로 나와 주시기 바랍니다.

(호명되어 나올 세례 후보자가 많을 때 집례자는 아래 성경 구절 중 택하여 읽는다.)

[예문1]

"무릇 그리스도 예수와 합하여 세례를 받은 우리는 그의 죽으심과 합하여 세례를 받은 줄을 알지 못하느냐 그러므로 우리가 그의 죽

으심과 합하여 세례를 받음으로 그와 함께 장사되었나니 이는 아버지의 영광으로 말미암아 그리스도를 죽은 자 가운데서 살리심과 같이 우리로 또한 새 생명 가운데서 행하게 하려 함이라 만일 우리가 그의 죽으심과 같은 모양으로 연합한 자가 되었으면 또한 그의 부활과 같은 모양으로 연합한 자도 되리라 우리가 알거니와 우리의 옛 사람이 예수와 함께 십자가에 못 박힌 것은 죄의 몸이 죽어 다시는 우리가 죄에게 종 노릇 하지 아니하려 함이니"(롬 6 : 3-6).

[예문2]
"누구든지 그리스도와 합하기 위하여 세례를 받은 자는 그리스도로 옷입었느니라"(갈 3 : 27).

[예문3]
"그러나 너희는 택하신 족속이요 왕 같은 제사장들이요 거룩한 나라요 그의 소유가 된 백성이니 이는 너희를 어두운 데서 불러 내어 그의 기이한 빛에 들어가게 하신 이의 아름다운 덕을 선포하게 하려 하심이라"(벧전 2 : 9).

악의 거부와 서약 ······················· 집례자와 세례 후보자

문 : 여러분은 악한 사단의 권세와 유혹을 거부합니까?
답 : 예, 거부합니다.

문 : 여러분은 그리스도를 구주로 고백하며 그 은총 안에 살며 교회와 연합하여 그리스도를 섬기기로 서약합니까?
답 : 예, 서약합니다.

신앙고백 ································ 집례자와 세례 후보자

문 : 여러분은 천지의 창조주 하나님 아버지를 믿습니까?
답 : 예, 믿습니다.

문 : 여러분은 하나님의 아들이신 예수 그리스도께서 성령으로 잉태되어 동정녀 마리아에게서 나셨고, 본디오 빌라도에게 고난을 받으사 십자가에 못 박혀 죽으셨으며, 장사된 지 사흘 만에 죽은 자 가운데서 다시 살아나셔서 하늘에 오르시어 하나님 우편에 앉아 계시다가 거기로부터 살아있는 자와 죽은 자를 심판하러 오실 것을 믿습니까?
답 : 예, 믿습니다.

문 : 여러분은 성령을 믿으며, 거룩한 공교회와 성도의 교제와 죄를 용서받는 것과 몸의 부활과 영생을 믿습니까?
답 : 예, 믿습니다.

세례수에 대한 감사기도 ·· 집례자

전능의 주 하나님, 하나님은 모든 만물을 새롭게 하시나이다. 생명의 샘이 주께 있사오니 주의 빛 안에서 빛을 보나이다.

(세례수에 손을 대며)

세례수 위에 하나님의 영을 보내사 구원의 진리와 은총의 기쁨이 가득하게 하소서. 이 거룩한 물로 세례 받는 이들이 하나님의 신비에 참여하게 하심에 감사드립니다. 하나님의 자녀가 되도록 구별하여 택한 이들이 세례의 물을 받음으로 거룩함을 덧입게 하시고, 증인된 우리 모두에게도 성령이 함께하사 자신의 세례를 기억하며 주님의 은혜에 감사하는 시간이 되게 하소서. 하나님의 영광과 권능이 그리스도를 통하여 성령 안에서 지금부터 영원토록 함께하길 예수 그리

스도의 이름으로 기도합니다. 아멘.

세례와 안수 ··· 집례자

(세례 후보자는 가능한 한 무릎을 꿇는다. 집례자는 세례 후보자의 머리에 성부, 성자, 성령의 이름으로 세례반의 물을 한 번 또는 세 번 뿌리거나, 붓거나, 손에 물을 적셔 얹을 수 있으며, 세례 후보자를 흐르는 물에 잠글 수도 있다.)

[예문1]
주 예수를 믿는 이 ○○○에게 내가 성부와 성자와 성령의 이름으로 세례를 주노라. 아멘.

[예문2]
주 예수를 믿는 이 ○○○은 성부와 성자와 성령의 이름으로 세례를 받노라. 아멘.

(세례 후 이어서 머리에 손을 얹고 기도한다. 이마에 기름을 바를 수도 있다.)
[예문1]
주님, ○○○을 성령으로 지켜 주셔서 영원토록 주님의 소유가 되게 하시고, 영생에 이르기까지 날마다 새롭게 살아가게 하소서. 아멘.

[예문2]
성령이시여, ○○○에게 임하셔서 영원토록 주님을 경외하고 지혜와 분별의 영을 갖게 하소서. 아멘.

선포 ··· 집례자

(세례 받은 이들의 이름을 다 부른 후 아래와 같이 선포한다.)

오늘 세례 받은 ○○○은 ○○교회의 세례교인이 되었음을 성부와

성자와 성령의 이름으로 선포하노라. 아멘.

회중과 서약 ·· 집례자와 회중

문 : 그리스도의 몸 된 교회의 지체 여러분, 죄를 거부하고 그리스도에 대한 신앙을 다시 묻습니다. 여러분은 그리스도가 우리의 구주이심을 믿습니까?

답 : 예, 믿습니다.

문 : 여러분은 세례를 받은 이들이 신앙 안에 성숙해지고 교회에 덕을 세우는 일에 힘쓰며 선을 이룰 수 있도록 기도와 사랑으로 인도하며 서로 사랑할 것을 서약합니까?

답 : 예, 서약합니다.

세례 후 기도 ·· 집례자

자비하신 하나님, 하나님은 감사와 영광과 찬양을 받으시기에 합당하나이다. 오늘 세례 받은 이들 위에 하나님의 축복과 보호하심이 항상 함께하셔서 모든 위험과 시험에 빠지지 않게 하시고, 선을 행함으로써 믿음의 장성한 분량에 이르게 하소서. 또한 주님의 평화와 기쁨이 늘 이들 위에 머물게 하소서. 예수님의 이름으로 기도합니다. 아멘.

환영 ·· 다함께

(이후 주일예배 순서에 따른 예배가 계속 진행된다. 앞에서 평화의 인사가 없었다면 여기서 할 수도 있다.)

4 입교(견신)

입교예식 선언 ·· 집례자

"사람이 마음으로 믿어 의에 이르고 입으로 시인하여 구원에 이르느니라"(롬 10 : 10). 입교예식은 부모의 서약으로 유아세례를 받은 이들이 자신의 결단으로 교회 앞에 신앙을 고백하고 믿음의 장성함에 이르는 예식입니다. 이 시간을 허락하신 하나님께 감사드리며 기쁜 마음으로 하나님의 백성 됨을 확인하는 예식이 되기를 소망합니다.

호명 ·· 집례자 또는 맡은이

(집례자 또는 회중 대표는 입교 후보자의 이름을 불러 제단 앞으로 초대한다.)

우리 교회에 믿음의 지체를 더해 주신 하나님께 감사드립니다. 오늘 저는 입교예식의 집례자로서(회중을 대표하여) 하나님이 사랑하시는 자녀 ○○○을 입교예식의 자리에 초대합니다. 초대받은 자녀는 이 자리로 나와 주시기 바랍니다.

(입교 후보자가 나오는 동안 집례자는 다음의 성경본문을 읽을 수 있다.)

"그러면 무엇을 말하느냐 말씀이 네게 가까워 네 입에 있으며 네 마음에 있다 하였으니 곧 우리가 전파하는 믿음의 말씀이라 네가 만일 네 입으로 예수를 주로 시인하며 또 하나님께서 그를 죽은 자 가운데서 살리신 것을 네 마음에 믿으면 구원을 받으리라 사람이 마음으로 믿어 의에 이르고 입으로 시인하여 구원에 이르느니라"(롬 10 : 8-10).

(또는 딤전 4 : 12 ; 딤후 1 : 3-10 등을 읽을 수 있다.)

서약 ··· 집례자와 입교후보자

문 : 여러분은 유아세례를 받을 때에 부모님들이 대신하였던 서약과 신앙고백을 이제는 자기의 것으로 받아들이십니까?

답 : 예, 받아들입니다.

문 : 여러분은 전능하사 천지를 창조하신 하나님을 믿으며, 그 독생자 우리 주 예수 그리스도와 그의 구원하여 주심을 믿고 성령을 믿음으로 삼위일체 되신 하나님을 확실히 믿습니까?

답 : 예, 믿습니다.

문 : 여러분은 교인으로서의 의무와 권리를 바르게 행사하며, 교회의 관할과 치리에 복종하고, 교회에 덕을 세우는 데 힘쓰기로 서약합니까?

답 : 예, 서약합니다.

선포 ·· 집례자

(입교인을 호명한다.)

하나님과 온 회중 앞에서 자신의 믿음을 서약한 이들이 본 ○○교회 입교인이 되었음을 성부와 성자와 성령의 이름으로 선포하노라. 아멘.

회중과 서약 ··· 집례자

목사 : 주님께서 명하신 입교예식에 참여한 성도 여러분! 여기에 선 ○○○은 이제 입교인이 되었습니다. 여러분은 이들이 주님 안에서 성령님의 인도하심에 따라 거룩한 하나님의 백성으로 그 나라에 들고자 하는 선한 의지와 희망을 지니며 살 수 있도록 기도로 돕고 사랑으로 돌보아 주시겠습니까?

회중 : 예, 기도로 돕고 사랑으로 돌보겠습니다.

입교 후 기도 ··· 집례자

생명의 주관자요 왕이신 하나님, 하나님께서는 ○○○을 택하여 거룩한 백성 삼으시고 지혜와 키가 자람과 동시에 하나님에 대한 믿음도 더욱 성숙하도록 지켜 주셨습니다. 이제 순을 틔웠으니 더욱 과실이 영글어질 수 있도록 이들에게 선한 의지와 열망을 더해 주소서. 그리하여 하나님을 사랑하는 자에게는 모든 것이 합력하여 선을 이룸을 증거하게 하소서. 주 예수 그리스도의 이름으로 기도합니다. 아멘.

환영 ··· 다함께

(입교증명서 또는 선물을 줄 수 있으며 이후 주일예배 순서에 따른 예배가 진행된다.)

5 지적장애인

예식선언 ··· 집례자

"그러나 너희는 택하신 족속이요 왕 같은 제사장들이요 거룩한 나라요 그의 소유가 된 백성이니 이는 너희를 어두운 데서 불러 내어 그의 기이한 빛에 들어가게 하신 이의 아름다운 덕을 선포하게 하려 하심이라"(벧전 2:9). 우리 주 예수 그리스도의 말씀에 순종하여 택함을 입은 주의 자녀들에게 세례를 베풉니다. 이 예전을 행할 때 기쁨으로 우리가 받은 세례를 기억합시다.

호명 ·· 집례자 또는 맡은이

(집례자 또는 회중대표가 세례 후보자의 이름을 부르면 부모 또는 보호자는 후보자와 함께 앞으로 나온다.)

우리 교회에 새 지체를 허락하신 하나님께 감사드립니다. 오늘 저는 예식의 집례자로서(회중을 대표하여) 하나님이 사랑하시는 자녀 ○○○을 세례예식의 자리에 초대합니다. 초대받은 받은 자녀와 보호자(중개인)는 이 자리로 나와 주시기 바랍니다.

악의 거부와 서약 ······························ 집례자와 보호자(중개인)

(언어 표현이 가능한 장애인은 그대로 대답하고, 신체 표현이 가능한 장애인은 그가 표현할 수 있는 방식으로 대답한다. 이때 의사소통을 위해 중개인이 도와줄 수 있다. 표현을 할 수 없는 경우, 장애인의 의사를 읽을 수 있는 보호자가 대신하여 답할 수도 있다.)

거룩한 하나님의 교회를 대신하여 여러분에게 묻습니다.

문 : 여러분은 ○○○이 세례 받기를 원합니까?
답 : 예, 원합니다.

문 : 여러분은 ○○○이 세례 받기를 원하는 이 자리에서 악한 사단의 권세와 유혹을 거부할 것을 약속합니까?
답 : 예, 약속하겠습니다.

문 : 여러분은 ○○○이 하나님의 자녀로서 예수 그리스도의 신실한 제자가 되고 성령의 열매를 맺게 하기 위하여, 여러분의 욕망과 자만의 덫과 돈을 사랑하는 것과 폭력에 지배당하는 것을 거절하겠습니까?
답 : 예, 거절하겠습니다.

문 : 여러분은 ○○○이 세례 받기를 원하는 이 자리에서 예수 그리스도를 구원의 주님으로 고백하며 그분만을 섬길 것을 약속하겠습니까?
답 : 예, 약속하겠습니다.

문 : 여러분은 ○○○을 그리스도 안에서 믿음으로 양육하고 ○○○에게 신앙의 모범을 보이며, 이들이 참다운 하나님의 백성으로 성장하도록 도울 것을 약속하겠습니까?
답 : 예, 약속하겠습니다.

신앙고백······································ 집례자와 세례 후보자(보호자)

문 : 여러분은 천지의 창조주 하나님 아버지를 믿습니까?
답 : 예, 믿습니다.

문 : 여러분은 하나님의 아들이신 예수 그리스도께서 성령으로 잉태

되어 동정녀 마리아에게서 나셨고, 본디오 빌라도에게 고난을 받으사 십자가에 못 박혀 죽으셨으며, 장사된 지 사흘 만에 죽은 자 가운데서 다시 살아나셔서 하늘에 오르시어 하나님 우편에 앉아 계시다가 거기로부터 살아있는 자와 죽은 자를 심판하러 오실 것을 믿습니까?

답 : 예, 믿습니다.

문 : 여러분은 성령을 믿으며, 거룩한 공교회와 성도의 교제와 죄를 용서받는 것과 몸의 부활과 영생을 믿습니까?

답 : 예, 믿습니다.

세례수에 대한 감사기도 ··· 집례자

전능의 주 하나님, 하나님은 모든 만물을 새롭게 하시나이다. 생명의 샘이 주께 있사오니 주의 빛 안에서 빛을 보나이다.

(세례수에 손을 대며)

세례수 위에 하나님의 영을 보내사 구원의 진리와 은총의 기쁨이 가득하게 하소서. 이 거룩한 물로 세례 받는 이들이 하나님의 신비에 참여하게 하심에 감사드립니다. 하나님의 자녀가 되도록 구별하여 택하신 이들이 세례의 물을 받음으로 거룩함을 덧입게 하시고, 증인된 우리 모두에게도 성령이 함께하사 자신의 세례를 기억하며 주님의 은혜에 감사하는 시간이 되게 하소서. 하나님께 영광과 권능이 그리스도를 통하여 성령 안에서 지금부터 영원토록 함께하시길 예수 그리스도의 이름으로 기도합니다. 아멘.

세례와 안수 ··· 집례자

(세례 후보자는 가능한 한 무릎을 꿇는다. 집례자는 세례 후보자의 머리에

성부, 성자, 성령의 이름으로 세례반의 물을 한 번 또는 세 번 뿌리거나, 붓거나, 손에 물을 적셔 얹을 수 있으며, 세례 후보자를 흐르는 물에 잠글 수도 있다.)

[예문1]
주 예수를 믿는 이 ○○○에게 내가 성부와 성자와 성령의 이름으로 세례를 주노라. 아멘.

[예문2]
주 예수를 믿는 이 ○○○은 성부와 성자와 성령의 이름으로 세례를 받노라. 아멘.

(세례 후 이어서 머리에 손을 얹고 기도한다. 이때 이마에 기름을 바를 수도 있다.)

[예문1]
주님, ○○○을 성령으로 지켜 주셔서 영원토록 주님의 소유가 되게 하시고, 영생에 이르기까지 날마다 새롭게 살아가게 하소서. 아멘.

[예문2]
성령이시여, ○○○에게 임하셔서 영원토록 주님을 경외하고 지혜와 분별과 영을 갖게 하소서. 아멘.

선포 ·· 집례자

(세례에 참여한 이들의 이름을 다 부른 후 아래와 같이 선포한다.)

오늘 세례 받은 ○○○은 ○○교회 세례교인이 되었음을 성부와 성자와 성령의 이름으로 선포하노라. 아멘.

회중과 서약 ·· 집례자와 회중

문 : 그리스도의 몸 된 교회의 지체 여러분, 죄를 거부하고 그리스도에 대한 신앙을 다시 묻습니다. 여러분은 그리스도가 우리의 구주이심을 믿습니까?

답 : 예, 믿습니다.

문 : 여러분은 세례를 받은 이들이 신앙 안에 자라고 교회에 덕을 세우는 일에 힘쓰며 선을 이룰 수 있도록 기도와 사랑으로 돌볼 뿐만 아니라 서로 간에도 돌볼 것을 서약합니까?

답 : 예, 서약합니다.

세례 후 기도 ··· 집례자

자비하신 하나님, 하나님은 감사와 영광과 찬양을 받으시기에 합당하나이다. 오늘 세례 받은 이들 위에 하나님의 축복과 보호하심이 항상 함께하셔서 모든 위험과 시험에 빠지지 않게 하시고, 선을 행함으로써 믿음의 장성한 분량에 이르게 하소서. 또한 주님의 평화와 기쁨이 늘 이들 위에 머물게 하소서. 예수님의 이름으로 기도합니다. 아멘.

환영 ··· 다함께

○○○은 오늘 우리의 신앙 안에서 세례 받음으로 거룩한 교회의 일원이 되었습니다. 하나님께서 이들을 주님의 지체로 삼아, 우리와 함께 그리스도의 거룩한 직분에 동참하게 하셨습니다. 세례 받은 이들을 환영합시다.

(찬송가 224장을 회중이 함께 부르며 환영한다)

6 세례 재확인

예식선언 ··· 집례자

(집례자는 예식 대상자를 초대하고, 대상자는 가능한 한 일어선다.)

[예문1]
"몸은 하나인데 많은 지체가 있고 몸의 지체가 많으나 한 몸임과 같이 그리스도도 그러하니라 우리가 유대인이나 헬라인이나 종이나 자유인이나 다 한 성령으로 세례를 받아 한 몸이 되었고 또 다 한 성령을 마시게 하셨느니라 너희는 그리스도의 몸이요 지체의 각 부분이라"(고전 12 : 12-13, 27).

[예문2]
"그런즉 너는 알라 오직 네 하나님 여호와는 하나님이시요 신실하신 하나님이시라 그를 사랑하고 그의 계명을 지키는 자에게는 천 대까지 그의 언약을 이행하시며 인애를 베푸시되"(신 7 : 9).

악의 거부와 서약 ································· 집례자와 대상자

집례자 : 여러분은 하나님의 자비로우신 은혜를 의지하여 죄의 길에서 돌이키고, 세상의 악과 그 권세를 버리겠습니까?
대상자 : 예, 버리겠습니다.

집례자 : 여러분은 예수 그리스도께로 돌아와 그를 주님으로 모시고, 그의 은혜와 사랑을 의지하겠습니까?
대상자 : 예, 의지하겠습니다.

집례자 : 여러분은 그리스도의 신실한 제자가 되어 그의 말씀에 순종하며 그의 사랑을 나타내겠습니까?

대상자 : 예, 나타내겠습니다.

신앙고백 ··· 다함께

세례에 대한 감사기도 ··· 집례자

[예문1]

오! 하나님, 세례 받았음을 인하여 감사합니다. 우리가 그 물에 잠김으로 죽으신 예수 그리스도와 함께 묻혔고, 그 물로부터 일으키심을 받아 그의 부활에 동참했으며, 그 물로 말미암아 성령의 능력으로 다시 태어났습니다. 그러므로 우리가 성자 예수님께 기쁨으로 순종하여 믿음 안에서 그와 사귐을 기념합니다. 기도하오니 세례를 받은 모든 성도들이 영원토록 우리 구주 예수 그리스도의 부활의 삶을 살게 하소서. 삼위일체 되신 성부, 성자, 성령께 모든 존귀와 영광을 드립니다. 예수 그리스도의 이름으로 기도합니다. 아멘.

[예문2]

예수 그리스도께서 우리를 위해 요단강에서 세례를 받으시고, 성령으로 말미암아 그리스도로서 기름 부음 받으시니 주님을 찬양합니다. 그의 죽음과 부활의 세례로 인하여 주께서 우리를 죄와 사망의 멍에에서 구원하시고, 우리에게 정결함과 부활함을 허락하셨습니다. 또한 세례를 통하여 우리에게 성령을 보내셔서 모든 진리로 우리를 가르치며 인도하게 하시고, 온갖 은사로 우리를 충만케 하심으로 우리로 온 민족에 복음을 선포하게 하시며, 주님을 섬기게 하시니 주님을 찬양합니다. 하나님께서 세례로 말미암아 우리를 주장하

시고, 은혜로 우리를 거듭나게 하시니 기뻐합니다. 성령으로 우리를 새롭게 하셔서 주님의 뜻을 행할 능력을 가지게 하시고, 영원토록 그리스도의 부활의 삶을 살게 하소서. 삼위일체 되신 성부, 성자, 성령께 모든 존귀와 영광을 드립니다. 예수 그리스도의 이름으로 기도합니다. 아멘.

(양손을 펼치며, 또는 세례반에 종려나무 가지를 담아 대상자들을 향하여 뿌리며)

여러분의 세례를 기억하며 구원의 하나님을 찬양합시다. 아멘.

목회예식

1 생일

1) 백일 감사

- 백일 감사예식은 생애 주기와 관련된 예식으로 새로운 생명의 탄생에 대한 기쁨과 더불어 신생아와 부모(특히 산모)의 건강에 대한 걱정도 수반되는 때에 행해지는 예식이다.
- 백일 동안의 아기의 자람에 대해 감사하며 아기를 맞이하는 공동체가 함께 읽을 수 있는 공동 감사기도가 유용하다. 이 공동 감사기도를 부모와 목회자가 함께 미리 구성한다면 감사예식을 보다 뜻깊게 만들 것이다.
- 예배장소가 교회가 아닌 경우 아래 예식을 상황에 맞게 사용하도록 한다.
- 감사와 축복기도 및 예배 순서를 목회자와 함께 사전에 논의하여 각 가정에 맞게 함께 구성하도록 한다.

예식사 ··· 집례자

우리 주 예수 그리스도의 은혜와 사랑이 이곳에 모인 모든 여러분에게 함께하시기를 바랍니다. 이제부터 함께 백일 전 이 가정으로 보내 주신 ○○○을 지금까지 지켜주신 하나님의 은혜에 감사하는 시간을 갖도록 하겠습니다.

찬송	"예수께로 가면"(565장)	다함께
기도		맡은이

사랑의 하나님, 백일 전 이 가정에 귀한 아기 ○○○을 보내 주심에 감사드립니다. 이 어린 생명으로 인해 여기에 모인 모두가 생명의 소중함을 깨닫게 하시고 하나님께서 베푸신 삶의 소중함에 감사하는 시간이 되게 하소서. 자녀를 출산하고 수고한 산모의 건강을 회복시켜 주셔서 감사합니다. 지난 백일간 하나님께서 맡기신 ○○○을 사랑과 수고로 돌본 부모님의 마음을 기억해 주소서. 주님께서는 이들의 자녀를 향한 마음과 소원을 아시오니 그 입술의 읊조림을 들어주소서. 또한 믿음 안에 모인 우리 모두가 부모와 함께 기도와 사랑으로 ○○○을 돌보도록 우리 가운데 이 가정을 생각하는 마음을 주소서. 그리하여 이 가정을 향한 변함없는 하나님의 사랑이 우리를 통해 드러나게 하소서. 우리보다 먼저 태에서부터 돌보신 하나님의 은혜와 사랑이 앞으로도 ○○○과 함께하여 주시어 하나님의 동행하심으로 건강하고 지혜롭게 자라게 하시고 사람들과 하나님 앞에 기쁨이 되게 하소서. 우리의 참 생명 되신 예수 그리스도의 이름으로 기도합니다. 아멘.

성경봉독		맡은이

(마 19 : 13-15 ; 눅 2 : 40 본문 중 선택하여 읽는다.)

설교		설교자
감사와 축복기도		다함께

(모인 사람들이 자유롭게 감사와 축복의 말을 전한 후 공동의 기도를 드린다.)

백일 전 사랑하고 복된 주님의 가정에 귀한 생명을 허락하시고, 지켜 주신 하나님, 하나님의 사랑의 품 안에서 ○○○을 건강하게 자라게 해 주셔서 감사합니다. 매일의 삶 가운데 자라는 생명의 신비와 소중함을 알게 하신 하나님, 하나님의 은혜가 그 위에 함께하셔서 영과 육이 잘 성장하게 도와주소서. 이 어린 아이의 순수한 마음과 생각을 지켜 주시어, 하나님의 말씀 안에서 ○○○의 믿음이 바르게 자라게 하소서. 우리의 기도에 늘 신실하심으로 응답하신 하나님, 하나님을 의지하며 기도하는 가족들의 관심과 사랑으로 ○○○의 삶을 채우시고, 그리하여 이 아기가 자라며 강하여지고 지혜가 충만하며 하나님과 우리 모두의 기쁨이 되게 하소서. 참 생명 되신 예수 그리스도의 이름으로 기도합니다. 아멘.

찬송 ············· "주는 나를 기르시는 목자"(570장) ············· 다함께

축도 ·························민수기 6 : 24~26························· 집례자

2) 첫돌 감사

- 예배장소가 교회가 아닌 경우 아래 예식을 상황에 맞게 사용하도록 한다.
- 감사와 축복의 기도 및 예배 순서를 목회자와 함께 사전에 논의하여 각 가정에 사정에 맞게 구성하도록 한다.
- 돌잡이를 하기 원하는 가정은 예배 이후 돌잡이 순서를 참조하도록 한다. 이 순서는 사랑하는 자녀를 향한 부모의 소망이 담긴 우리의 민속적 의례로 해석하면서 사람

들과 함께 축복하고 기도하는 시간으로 마무리하도록 한다.

예식사 ··· 집례자

우리 주 예수 그리스도의 은혜와 사랑이 이곳에 모인 여러분에게 함께하시기를 바랍니다. 사랑하는 가족, 친지, 그리고 성도 여러분! 오늘 ○○○이 태어난 지 일 년을 맞이하여 지금까지 건강하게 지켜주신 하나님의 은혜에 감사하는 시간을 갖도록 하겠습니다.

말씀묵상 ················ 예레미야 17 : 7~8 ······················다함께

찬송 ············· "선한 목자 되신 우리 주"(569장) ·············다함께

기도 ··가족 중 맏은이

성경봉독················· 누가복음 2 : 40 ························ 맏은이

설교 ··설교자

감사와 축복의 기도 1······························부모와 모인 이들이 함께

(본 기도는 부모가 일 년 동안 관찰하며 모아 온 아기의 성장 모습을 사람들 앞에서 설명하며 하나님께 감사를 드리는 내용이다. 가정별로 특이한 사항이 있는 경우는 아래의 형식에 맞추어 추가할 수 있다.)

부　　모 : 생명의 근원이신 하나님, 하나님께서 ○월 ○일 ○○○을 우리 가정에 허락하여 주셨습니다.

다함께 : 생명의 근원이신 하나님, 감사합니다.

부   모 : 도우시는 하나님, 하나님께서 ○월 ○일 ○○○이 처음으로 아플 때에 낫게 하여 주셨습니다.

다함께 : 도우시는 하나님, 감사합니다.

부   모 : 힘과 능력이신 하나님, 하나님께서는 ○월 ○일 ○○○이 처음으로 뒤집기에 성공하게 해 주셨습니다.

다함께 : 힘과 능력의 하나님, 감사합니다.

부   모 : 자비로우신 하나님, 하나님께서는 ○월 ○일 ○○○이 처음으로 혼자서 앉을 수 있게 하셨습니다.

다함께 : 자비로우신 하나님, 감사합니다.

부   모 : 지혜의 하나님, 하나님께서는 ○월 ○일 ○○○이 처음으로 엄마, 아빠를 부르게 해 주셨습니다.

다함께 : 지혜의 하나님, 감사합니다.

감사와 축복의 기도 2 ····················· 집례자 또는 가족 중 맡은이

생명의 근원이 되시며, 한 해 전에 이 가정에 귀한 아기 ○○○을 맡겨 주신 하나님, 지난 일 년 동안 하나님께서 이 가정에 은혜와 복을 내려 주심을 감사드립니다. 부모에게 지극한 사랑의 마음을 주셔서 이 아이를 지금까지 돌보게 하심을 감사드립니다. 여러 가지 어려운 고비마다 주님께서 불꽃같은 눈으로 보호하시고, 또한 필요한 먹을 것과 마실 것을 주시어서 아이가 하루하루 은혜 가운데 성장하게 하신 것을 감사드립니다.

우리를 사랑하시며, 우리의 기도를 들으시는 주님! 이 시간 간구하오니 오늘 이 시간 이 아이와 부모에게 하늘의 복을 내려 주소서. 이 가정이 사랑이 넘치는 가정이 되게 하시고, 언제나 행복하고 기쁨이 넘쳐나는 가정이 되게 하여 주소서. 이 아이가 살아가는 동안 늘

하나님의 불 기둥과 구름 기둥이 인도하시고, 마침내 하나님의 도우심으로 약속하신 땅에 이를 때에 맡겨 주신 소명을 이루어 낼 수 있도록 언제나 함께하여 주소서. 부모에게도 필요한 모든 것을 허락하여 주시어 이 아이를 돌보는 데 부족함이 없도록 은혜를 내려 주소서. 우리 주 예수 그리스도의 이름으로 기도합니다. 아멘.

찬송 ·························· "우리에게 향하신" ························ 다함께

축도 ·· 집례자

(예식을 마친 후에는 다음과 같은 순서로 돌 축하 순서를 가질 수 있다.)

돌잡이 ··· 다함께

(놓인 돌잡이 물건 중 하나를 아이가 집고 난 뒤, 부모와 가족으로부터 오늘 돌을 맞이한 ○○○을 위한 기도제목을 2-3가지 나눈 뒤, 다음의 기도로 마치도록 한다.)

기도 ·· 집례자

창세전에 ○○○을 예비해 두셨다가 우리 곁에 보내 주신 하나님, 지난 일 년 간 ○○○을 지켜 주시고 건강하게 자라게 하심을 감사합니다. 오늘 자신의 손으로 돌잡이 물건을 잡고, 모인 사람들을 웃음 짓게 하는 모습 속에서 하나님의 함께하심을 보게 됩니다. 놓인 돌잡이 물건에 담긴 자녀를 향한 부모의 소망을 주님께서 잘 아시오니 ○○○이 자라는 길 가운데 늘 동행해 주소서. 또한 우리의 생각보다 더 큰 하나님의 계획이 있음을 믿사오니, ○○○의 삶에 하나님의 놀라우신 뜻과 돌보심이 함께하여 무엇보다 이 세상 가운데 주님의 도구로 사용되는 인생이 되기를 소망합니다. 그동안 자녀를 위해 사

랑하고 수고하고 애쓴 부모님의 기도제목을 들었습니다. 함께 이 가정을 위해 기도하는 우리가 되게 해 주시기를 바라며, 우리의 목자 되신 예수 그리스도의 이름으로 기도합니다. 아멘.

(기도 후 함께 친교하며 차린 음식을 먹는다. 상황에 맞춰 식사 중에 돌잡이 순서와 기도하는 시간을 가질 수도 있다.)

3) 생일 감사

- 앞선 돌이 생후 1년이라는 생의 한 회기를 기념하고, 이를 잘 보내게 하신 하나님께 감사드리는 것이라면, 생일 감사예식은 이 기쁨을 반복적으로 경험하는 날이다.
- 가까운 친척이나 회중을 초청하여 기쁨을 같이 나눈다.
- 기도문 및 예배 구성을 목회자와 미리 상의하여 구성하도록 한다.

예식사 ·· 집례자

우리 주 예수 그리스도의 은혜와 사랑이 이곳에 모인 여러분 모두에게 함께하시기를 바랍니다. 지금부터 오늘 생일을 맞이한 하나님의 자녀 ○○○을 지금까지 지켜 주시고 믿음의 가정과 사랑하는 친지들의 관심과 사랑 안에서 성장하도록 은혜를 베풀어 주신 하나님께 감사예배를 드리겠습니다.

찬송 ······················· "예수께로 가면"(565장) ······················ 다함께

기도 ··· 맡은이

생명의 근원되신 하나님, 지난 한 해 동안 ○○○을 은혜 가운데 지켜 주시고, 믿음 안에서 성장하게 해 주심에 감사드립니다. 하나님께서 이 자녀를 위해 예비하신 길을 계속해서 걸어갈 수 있도록 그의 걸음을 인도하여 주소서. 어린 아이의 마음을 칭찬하셨던 주님, 이 어린 자녀의 순전한 마음을 지켜 주시어, 하나님을 더욱 알아가는 자녀로 자라게 하시고, 우리도 아이와 같은 마음으로 하나님을 찾게 해 주소서. 하나님이 주시는 소원함이 ○○○의 마음 가운데 자라게 해 주시고, 믿음과 더불어 육신의 건강도 허락해 주소서. 또한 부모님의 사랑과 돌보심에 감사하는 마음을 배우게 하시고, 자신이 받은 사랑을 표현할 줄 아는 건강한 아이로 자라게 해 주소서. 이 가정을 통해 베푸신 하나님의 사랑을 기억하게 하시고, 더욱 하나님의 도움을 간구하며 함께 기도하는 우리가 되게 해 주소서. ○○○을 우리 곁에 보내 주시고 알게 하심에 감사합니다. 우리의 생명 되시고 참 목자 되신 예수 그리스도의 이름으로 기도합니다. 아멘.

성경봉독 ·· 맡은이

(삼상 2 : 26 ; 눅 2 : 52 ; 막 10 : 13-16 분문 중 선택하여 읽는다.)

설교 ·· 설교자

감사와 축복의 기도 ·· 다함께

(모인 사람들과 기도문을 돌아가며 읽는다. 기도문은 목회자와 아기의 부모가 함께 구성하도록 한다.)

목 사 : 복된 주님의 가정에 귀한 생명을 허락하시고, 지금까지 지

켜 주신 하나님,
부　　모 : 하나님의 은혜 가운데 ○○○을 건강하게 자라게 해주시고 생일을 맞게 하심에 감사합니다.
목　　사 : 지난 한 해 삶의 어려운 순간마다 함께하셨던 주님,
부　　모 : 졸지도 않으시고 주무시지도 않으시는 하나님께서 ○○○의 인생길에 항상 함께하여 주소서.
목　　사 : 어린이를 반기시고 축복하셨던 주님,
부　　모 : ○○○의 순전한 마음을 지키게 하시어, 하나님의 말씀으로 그의 마음을 채워 주소서.
목　　사 : 모든 악으로부터 우리를 보호하셨던 주님,
부　　모 : ○○○에게 믿음의 용기를 허락하시어, 악을 이기고, 하나님을 의지하는 자녀로 자라게 해 주소서.
목　　사 : 복된 가정과 믿음의 친구들을 허락하신 하나님,
부　　모 : 부모님의 사랑에 감사하는 ○○○이 되게 하시고, 주변의 친구들을 생각하고 자신의 것을 베풀 줄 아는 사람이 되게 하소서.
다함께 : 그리하여 하나님을 더욱 사랑하고 다른 이를 생각하는 마음이 해가 갈수록 더욱 깊어지게 하시고 ○○○을 통해 우리도 주님의 보호하심과 함께하심을 경험하게 하소서. 우리 주 예수 그리스도의 이름으로 기도합니다. 아멘.

찬송 ·············· "주는 나를 기르시는 목자"(570장) ··············다함께

축도 ···집례자

(예식을 마친 후에는 다음과 같은 순서로 생일 축하 순서를 가질 수 있다.)

촛불점화 ·· 맡은이

(케이크에 촛불을 점화한다.)

축하노래 ·· 다함께

(생일 축하 노래를 함께 부른다.)

촛불끄기 ·· 맡은이

(아이와 부모가 함께 촛불을 끈다.)

축복 나눔 ·· 다함께

(하객들이 아이에게 축복하는 말을 한다.)

감사의 말씀 ··· 맡은이

(아이의 부모가 하객들에게 감사의 인사를 한다.)

식사 ··· 다함께

(대표자 또는 가족의 대표가 기도 후 함께 친교하며 차린 음식을 먹는다.)

4) 회갑, 칠순, 팔순, 구순 감사

- 회갑(61세), 칠순(70세), 팔순(80세), 구순(90세) 생일 감사예식은 하나님께서 주신 생명의 기쁨을 감사하는 시간, 가족 간의 사랑을 증대하는 장으로 진행한다.
- 교회 안에서 진행될 경우 예배적 요소(설교, 기도, 찬양,

> 축도)를 중심으로 진행한다.
> - 교회 밖 장소에서 진행될 경우 축하의 순서를 중심으로 진행한다.
> - 예식사, 찬양, 기도 등을 생략하고 간단한 설교와 축도로 예식을 마무리할 수 있다.

예식사 ·· 집례자

이제 마음을 모으고 ○○○ 성도님을 이 땅에 보내시고 보호해 주신 하나님의 은혜에 감사하며 이 ○○ 감사예식을 진행하겠습니다.

찬송 ············· "지금까지 지내온 것"(301장) ············· 다함께

기도 ·· 맡은이

성경봉독 ················ 잠언 10 : 27 ················ 다함께

설교 ················ "장수하느니라" ················ 설교자

회갑은 우리나라에서 장수를 축하하는 첫 번째 행사였습니다. 지금은 보편적인 이 생일이 이전에는 모든 사람이 축하를 해야 할 만큼 특별한 행사였습니다. 이는 60세가 되는 연령이 전체적으로 적었던 시대에 온 가족과 마을이 모여서 함께 기쁨을 나누던 전통입니다.

오늘 말씀은 장수가 또 다른 의미에서 중요하다고 우리에게 선포하고 있습니다. 장수는 하나님을 경외하면 누리는 복입니다. 하나님께서는 그의 백성에게 이 땅에서의 생명을 연장시켜 주시며 복을 주시는 분이십니다. 특별히 하나님을 경외하는 자에게 이 땅에서

의 사명을 더 부여하시고 이 땅에서의 날들을 더 허락하십니다. 우리 그리스도인들에게 장수는 하나님께서 주시는 복입니다. 이 복을 감사하며 기뻐하는 오늘 하루가 되기를 바랍니다.

기도 ·· 맡은이

축하인사 ··· 맡은이

답사 ·· 생일 당사자

축도 ·· 집례자

(주기도로 예식을 마무리할 수 있다.)

인사 및 알림 ·· 맡은이

식사 ·· 다함께

5) 백수 감사

예식사 ··· 집례자

이제 마음을 모으고 ○○○ 성도님을 이 땅에 보내시고 100년 동안 보호해 주신 하나님의 은혜에 감사하며 백수(白壽) 감사예식을 진행하겠습니다.

찬송 ················ "오 놀라운 구세주"(391장) ··················· 다함께

기도 ··· 맡은이

성경봉독 ······················· 레위기 19 : 32 ························· 다함께

설교 ·························· "노인을 공경하며" ························· 맡은이

오늘 백수 생일을 맞이하신 어르신은 한 세기를 살아온 특별한 은혜의 소유자입니다. 우리에게는 '노인'이라는 호칭이 있습니다. 사회에서 인식하는 '노인'이란 어떤 존재일까요? 육체적으로 나이가 많은 사람, 거동이 불편하고 도움을 받아야 할 사람, 힘이 없고 병이 있는 사람, 과연 이 표현이 적합한 말일까요? 아닙니다.

특히 성경은 노인을 긍정적으로 표현하고 노인의 역할을 강하게 강조하고 있습니다. 오늘 레위기에서는 동일한 존재를 지칭하는 말이 반복적으로 사용되고 있습니다. 센 머리, 노인의 얼굴, 모두가 고령의 노인을 뜻하는 말입니다. 그런데 성경은 노인을 공경하라고, 그 앞에서 예의를 갖추라고 명령하고 있습니다. 더군다나 이 말을 하나님을 경외하라는 명령 앞에 사용한 것은 노인의 위치와 존재가 얼마나 가치 있는지를 알 수 있는 대목입니다. 백수를 맞이하는 성도님의 삶은 후손들에게, 또 신앙의 후배들에게 가치 있는 삶입니다. 그 삶에서 하나님께서 인정하시는 아름다운 삶의 지혜가 흘러나옵니다. 그러므로 ○○○ 어르신에게는 앞으로 다른 이들에게 이 아름다운 지혜를 전할 사명이 있습니다.

기도 ·· 맡은이

축하인사 ·· 맡은이

답사 ·· 생일 당사자

축도 ·· 집례자

(주기도로 예식을 마무리할 수 있다.)

인사 및 알림 …………………………………………………맡은이

식사 …………………………………………………………다함께

2 성장

1) 영아 축복

- 영아 축복예식은 아기를 선물로 주신 것에 대한 감사와 더불어 하나님의 은총과 복을 구하는 예식이다.
- 이 예식은 아기가 태어난 후 처음으로 교회 예배에 참석하는 주일예배 중간에 베풀 수 있다. 교회의 형편에 따라 진행할 수 있지만, 예식에 참여할 대상자가 있을 경우, 수시로 진행할 수 있다. 이에 따라 담당부서와 담당자가 있어야 한다.
- 부모의 세례 여부와 관계없이 진행할 수 있지만, 가능하면 세례교인이 될 수 있도록 권면하도록 한다.

(준비위원은 예배 전에 참석하는 아기와 부모의 이름표, 소개 영상을 준비하도록 한다.)

예식소개 ·· 집례자

○○○ (성도, 직분)님의 자녀 ○○○이 처음으로 우리 교회 예배에 참여하였습니다. 하나님께서 선물로 주신 이 아기를 축복하고 감사하는 시간을 갖도록 하겠습니다.

(이때 부모는 안내에 따라 미리 준비한다. 아기에 대한 소개는 집례자의 말과 간단한 영상을 통해서 할 수 있다.)

예식사 ·· 집례자

한 생명이 태어나는 것은 하나님의 거룩한 창조의 원리입니다. 오늘 우리는 하나님의 거룩한 창조의 원리에 따라 새 생명을 주셨음에 대해 감사하고 축복하고자 합니다. 우리 모두 간절한 마음으로 하나님께서 이 아기에게 복을 내려 주시고, 온 생애에 하나님의 통치와 인도함을 받는 은혜가 있기를 기도해야 합니다. 또한, 우리는 부모와 함께 기뻐하고 감사해야 합니다. 그분만 아니라, 이 아기가 성숙한 성인으로 자라는 동안 부모님과 함께 우리 교회 공동체도 기도하며 노력해야 합니다. 이러한 마음으로 함께 서약하도록 하겠습니다.

축복기도 ·· 집례자

생명의 주인이 되시는 하나님 아버지, ○○○ (성도, 직분)님의 자녀 ○○○을 이 땅에 선물로 주심을 감사드립니다. 오늘 이 아기를 주님께 드리며, 이 세상 사는 날 동안 우리 주님께서 복 내려 주시기를 간구하는 예식을 드리니 임하여 주소서. 건강의 복, 지식과 지혜의 복, 만남의 복이 있게 하여 주소서. 형통의 복을 허락하여 주셔서 땅을 밟는 곳마다 샘이 솟아나는 은혜가 있게 하여 주소서. 예수 그리스도의 이름으로 축복하며 기도합니다. 아멘.

환영 ·· 회중의 축하

(축복기도 후 준비한 선물이나 꽃을 전달할 수 있다. 예배 후 준비위원들은 축복기도하는 모습을 담은 사진과 함께 기념 액자를 전달하도록 한다.)

2) 어린이 축복

> - 어린이는 4~5세부터 초등학생까지의 아이를 이르는 말이기 때문에 어린이 축복예식은 그 범위를 확대하고 그 횟수도 융통성 있게 진행하는 것이 바람직하다.
> - 이 예식은 어린이주일이나 어린이날 등 특별한 행사 때에 진행할 수 있다.
> - 이 예식은 한 달에 한 번 또는 분기별로 드리는 세대 통합예배 형식에서 행할 수 있다.
> - 축복예식이 있는 경우, 어린이들이 예배 순서에 참여할 수 있으며, 이때 어린이를 위한 설교는 교육 담당 교역자가 진행하고, 장년 설교는 축복예식이 끝나고 난 뒤 목사가 진행한다.

어린이를 위한 설교 ··· 담당 교역자

(어린이 설교는 그 주에 맞는 본문을 선택한다.)

예식사 ·· 집례자

(어린이가 적을 경우, 집례자가 혼자 안수할 수 있지만, 많은 경우 부교역자 또는 장로들이 참여하도록 한다. 더 많을 경우, 모두 앞으로 나오도록 한 뒤 전체적으로 기도할 수 있다.)

우리 교회와 미래의 한국교회 그리고 이 나라와 이 민족을 이끌어갈 다음세대 주역들이 이 자리에 섰습니다. 우리는 이 아이들이 믿음 안에서 더욱 견고한 신앙인으로 성장하여 하나님과 사람들, 그리고 이

사회에서 인정받고 사랑받는 사람으로 성장하도록 축복하고 기도해야 합니다. 우리 예수님 또한, 어린 시절, 하나님과 사람에게 사랑을 받으며 몸과 지혜가 자랐습니다. 그리고 성인이 되어서는 참 인간의 모습으로 우리에게 본을 보여 주셨습니다. 이 아이들은 어려서부터 예수님의 모습을 본받고 예수님의 도움을 받아야 합니다. 따라서 우리는 이 아이들을 축복하고 기도해야 합니다. 우리 다 함께 아이들을 축복하는 기도를 드리겠습니다.

축복기도 ···집례자

하나님의 나라는 어린 아이와 같은 자들의 것이라고 말씀하신 주님, 오늘 하나님 나라의 주인공인 어린 아이들이 주님 앞에 섰습니다. 주님, 이 아이들에게 하늘의 은혜와 복이 충만하게 임하길 기도합니다. 이삭에게 주신 형통의 복을 허락하셔서 가는 곳마다 막힘이 없게 하여 주소서. 또한 솔로몬에게 허락하신 지혜를 내려 주셔서 사는 날 동안 악을 분별하며 살아가게 하소서. 무엇보다 다니엘에게 주신 지식과 지혜와 총명의 은혜를 허락하여 주셔서 어느 곳에 있든지 주님을 의지하며 주님의 인도하심을 받는 삶이 되게 하여 주소서. 간절히 바라기는 이 아이들이 시냇가에 심겨진 나무들이 되어 사시사철 그 잎이 마르지 않고, 선한 영향력을 미치는 삶이 되게 하소서. 그리하여 이들을 통하여 하나님 나라가 이루어지는 은총이 있게 하여 주소서. 예수 그리스도의 이름으로 축복하며 기도합니다. 아멘.

축복의 노래 ···다함께

("야곱의 축복"으로 아이들을 축복한다.)

3) 성년

> - 이 예식은 5월 세 번째 주일(성년의 날은 5월 셋째 월요일)에 진행하도록 한다.
> - 예식은 법적으로 성인이 되는 만 20세를 대상으로 한다.
> - 본 예식은 주일예배 가운데 진행하는 것이 좋지만, 주일 오후나 저녁예배 때 진행해도 좋다.
> - 본 예식은 성찬식이 있는 경우와 그렇지 않은 경우로 진행할 수 있다. 또한, 세례 재확인예식이 포함된 예식으로 진행할 수도 있다.
> - 교회와 가정에서는 미리 선물을 준비하도록 한다. 예를 들어, 교회에서는 성경과 시계를 선물하고, 각 가정에서는 형편에 맞는 선물을 준비한다.

(1) 성인 서약 중심

예식선언 및 호명···집례자

오늘 우리는 너무나 귀중한 시간에 서 있습니다. 그동안 육체적으로, 인격적으로 성장했을 뿐만 아니라 신앙적으로 성장한 믿음의 자녀들이 이제 성인으로 세워지기 위한 귀한 예식 가운데 섰습니다. 이제 우리는 통과의례 중 하나인 성년을 맞이하는 우리 자녀들을 위한 성년예식에 참여하고자 합니다.

역사적으로 볼 때, 성인식은 한 사람이 성인이 되어 사회 구성원이 되고, 그를 사회적 책임과 의무를 다하는 사회와 공동체의 일원

으로 승인하는 예식입니다. 더 나아가 신앙의 정체성을 가지고 신앙적 사명을 감당하도록 권면하는 예식입니다. 따라서 오늘 우리는 그리스도 안에서 장성한 자녀들을 교회를 세우는 교회의 구성원으로 세우고, 하나님 나라를 세우는 귀한 동역자로 세우는 귀한 예식을 가지려고 합니다. 이 귀한 예식 가운데 여러분을 초대합니다. 그리고 귀한 자리에 선 성인 되는 자녀들과 가족 여러분을 축복합니다.

이제 성년예식에 참여하는 대상자들을 호명하도록 하겠습니다. ○○○의 자녀 ○○○ 외 ○○명을 ○○○○년 성년예식에 초대합니다. 이들은 그동안 믿음의 부모 아래에서 육적으로, 정신적으로, 신앙적으로 성숙하여, 장성한 분량에 이르는 성인으로서 사회적 구성원과 교회 공동체의 일원이 되기를 원하며, 그리스도인의 분명한 정체성을 가진 책임 있는 성인으로 살아가고자 합니다. 호명 받은 자녀들은 자리에서 일어나 주시기 바랍니다.

(대상자의 이름을 호명한다.)

권면 ··· 집례자

○○○ 외 ○○명은 그동안 부모의 돌봄과 책임 아래 성장해 왔습니다. 이제 여러분은 성인이 되어 부모의 보호와 책임으로부터 벗어나 독립된 인격체로 살아가야 하는 첫 출발선에 서게 되었습니다. 독립된 인격체로 살아간다는 것은 모든 일을 스스로 결정하고, 본인이 행동한 일에 대한 온전한 책임을 지며 살아간다는 것을 의미합니다. 무엇보다도 어른은 더 이상 어린 아이가 아닙니다. 어른은 성숙한 생각을 합니다. 성숙한 행동을 합니다. 어른은 다른 사람을 위해 봉사하고 섬기는 삶을 살아갑니다. 자신에게 주어진 의무와 사명을 책임감 있게 감당합니다. 이제 여러분은 그런 자리에 서 있습니다. 오

늘 성년예식에 참여하는 여러분들에게 들려주시는 하나님의 말씀이 있습니다. 에베소서 4장 13절에서 14절의 말씀입니다.

"우리가 다 하나님의 아들을 믿는 것과 아는 일에 하나가 되어 온전한 사람을 이루어 그리스도의 장성한 분량이 충만한 데까지 이르리니 이는 우리가 이제부터 어린 아이가 되지 아니하여 사람의 속임수와 간사한 유혹에 빠져 온갖 교훈의 풍조에 밀려 요동하지 않게 하려 함이라".

이처럼 우리는 성숙한 그리스도인으로서 사람 앞에, 하나님 앞에 부끄러움이 없이 살아가야 합니다. 그런 삶으로 여러분을 초대합니다.

서약 ·· 집례자

이제 서약하도록 하겠습니다. 성년예식에 참여하는 대상자들은 물음에 오른손을 들고 '아멘'으로 대답하시기 바랍니다.

[대상자들에게]
집례자 : 그리스도 안에서 장성한 여러분은 예수 그리스도를 주님으로 믿으며 하나님의 영광을 위하여 살겠습니까?
대상자 : 아멘. 하나님의 영광을 위하여 살겠습니다.

집례자 : 그리스도 안에서 장성한 여러분은 예수 그리스도의 피 값으로 세운 ○○교회의 성도로 부름받았음을 확신하며 교회의 구성원임을 확신하십니까?
대상자 : 아멘. 확신합니다.

집례자 : 그리스도 안에서 장성한 여러분은 교회의 비전에 동의하며

한 마음과 한 뜻으로 복음을 증거하고 하나님 나라를 위해 최선을 다해 섬기며 헌신하는 교회의 일꾼이 되겠습니까?

대상자 : 아멘. 하나님의 신실한 일꾼이 되겠습니다.

집례자 : 그리스도 안에서 장성한 여러분은 성도로서 교회의 질서를 지키며 서로 연합하고 신앙의 본을 보이며 교회를 굳게 세우는 일에 순종하겠습니까?

대상자 : 아멘. 순종하며 살겠습니다.

집례자 : 그리스도 안에서 장성한 여러분은 사회의 일원이 됨과 동시에 사회적 책임과 의무를 다하며 살겠습니까?

대상자 : 아멘. 책임과 의무를 다하며 살겠습니다.

[부모와 회중에게]

(부모와 회중은 일어선다.)

오늘 성년예식에 참여하도록 장성한 성인으로 양육하여 주신 부모님과 회중에게 묻겠습니다. 오른손을 들고 '아멘'으로 대답하시기 바랍니다.

집례자 : 여러분은 오늘 그리스도 안에서 장성한 자녀들을 한 인격의 주체자로 인정하시겠습니까?

부모와 회중 : 아멘. 인정합니다.

집례자 : 여러분은 오늘 그리스도 안에서 장성한 자녀들을 그리스도의 몸 된 교회 공동체의 일원으로 인정하겠습니까?

부모와 회중 : 아멘. 인정합니다.

집례자 : 여러분은 오늘 그리스도 안에서 장성한 자녀들과 함께 주님의 몸 된 교회를 바르게 세워가고, 교회의 모든 사역을 공유하며 연대하여 나아가겠습니까?

부모와 회중 : 아멘. 함께 연대하여 나아가겠습니다.

집례자 : 여러분은 오늘 그리스도 안에서 장성한 자녀들을 기쁨으로 환영하고 축복하시길 원하십니까?

부모와 회중 : 아멘. 환영하고 축복합니다.

신앙고백·························· 사도신경 ····························다함께

사도신경으로 우리의 신앙을 고백하겠습니다.

축복기도 ·· 집례자와 부모

이제 성년예식에 참여한 자녀들을 위해 부모님들이 축복하는 시간을 갖겠습니다. 부모님들은 자녀들의 머리에 손을 얹는데, 어머니께서 먼저 자녀의 머리에 손을 얹으시고 그 위에 아버지께서 손을 얹어주시기 바랍니다. 이제 사랑하는 자녀들을 위해 부모님들께서 축복기도하여 주시겠습니다.

주님의 은혜로 성인이 된 주님의 백성 ○○○을 축복합니다. 그리스도인의 분명한 정체성을 가지고 책임 있는 사회 구성원으로 살아갈 때, 성령의 은혜를 더하여 주소서. 영원한 주님의 나라에 이르기까지 장성한 분량에 이르는 믿음의 삶이 되게 하소서. 예수 그리스도의 이름으로 축복하며 기도합니다. 아멘.

(기도 후 부모는 자녀들을 포옹해 준다. 포옹이 끝나면, 교회에서 준비한 성경책과 시계를 선물한다. 또는 미리 준비가 된다면, 정착금과 여행 경비를

선물로 준다.)

평화의 인사 ··· 다함께

축도 ·· 집례자

(2) 세례 재확인예식 중심

예식선언 ·· 집례자

오늘 우리는 매우 기쁘고 감사한 예식의 자리에 섰습니다. ○○○ 외 ○○명이 오늘 이렇게 믿음 안에서 잘 자라서 성년예식에 참여하게 되었습니다. 이 시간 다 함께 ○○○ 외 ○○명이 참여하는 ○○교회 성년예식을 기쁨과 감사한 마음을 담아 하나님께 올려 드리겠습니다.

기원 ·· 집례자

생명의 주인 되신 하나님 아버지, 20여 년 전, 이들을 이 땅에 새로운 생명으로 보내 주시고, 믿음과 사랑으로 자라게 하셔서 이제 성인이 되게 하심을 감사드립니다. 믿음 안에서 키가 자라고 지혜가 자라서 이제 성인이 되어 하나님께 감사를 드리며 책임 있는 어른으로 살아가기를 결단하는 성년예식을 거행하고자 합니다. 주님, 이 자리 가운데 임하시고, 하나님, 영광 받으소서. 예수 그리스도의 이름으로 기도합니다. 아멘.

찬송 ············· "주님께 귀한 것 드려"(575장) ············· 다함께

성경봉독 ············· 에베소서 4 : 13~16 ············· 집례자

설교 ················· "그리스도의 장성한 분량에" ················ 설교자

○○○ 외 ○○명은 그동안 부모의 돌봄과 책임 아래 성장해 왔습니다. 이제 여러분은 성인이 되어 부모의 보호와 책임으로부터 벗어나 독립된 인격체로 살아가야 하는 첫 출발선에 서게 되었습니다. 독립된 인격체로 살아간다는 것은 모든 일을 스스로 결정하고, 본인이 행동한 일에 대한 온전한 책임을 지며 살아간다는 것을 의미합니다. 무엇보다도 어른은 더 이상 어린 아이가 아닙니다. 어른은 성숙한 생각을 합니다. 성숙한 행동을 합니다. 어른은 다른 사람을 위해 봉사하고 섬기는 삶을 살아갑니다. 자신에게 주어진 의무와 사명을 책임감 있게 감당합니다. 이제 여러분은 그런 자리에 서 있습니다. 오늘 성년예식에 참여하는 여러분에게 들려주시는 하나님의 말씀이 있습니다. 에베소서 4장 13절에서 14절의 말씀입니다.

"우리가 다 하나님의 아들을 믿는 것과 아는 일에 하나가 되어 온전한 사람을 이루어 그리스도의 장성한 분량이 충만한 데까지 이르리니 이는 우리가 이제부터 어린 아이가 되지 아니하여 사람의 속임수와 간사한 유혹에 빠져 온갖 교훈의 풍조에 밀려 요동하지 않게 하려 함이라".

이처럼 우리는 성숙한 그리스도인으로서 사람 앞에, 하나님 앞에 부끄러움이 없이 살아가야 합니다. 그런 삶으로 여러분을 초대합니다.

호명 ·· 집례자 또는 맡은이

이제 성년예식에 참여하는 대상자들을 호명하도록 하겠습니다. ○○○의 자녀 ○○○ 외 ○○명을 ○○○○년 성년예식에 초대합니다. 이들은 그동안 믿음의 부모 아래서 육적으로, 정신적으로, 신앙적으

로 성숙하여, 장성한 분량에 이르는 성인으로서 사회적 구성원과 교회 공동체의 일원이 되기를 원하며, 그리스도인의 분명한 정체성을 가진 책임 있는 성인으로 살아가고자 합니다. 호명 받은 자녀들은 자리에서 일어나 주시길 바랍니다.

(대상자의 이름을 호명한다.)

세례 재확인예식

예식선언 ··· 집례자

"몸은 하나인데 많은 지체가 있고 몸의 지체가 많으나 한 몸임과 같이 그리스도도 그러하니라 우리가 유대인이나 헬라인이나 종이나 자유인이나 다 한 성령으로 세례를 받아 한 몸이 되었고 또 한 성령을 마시게 하셨느니라 너희는 그리스도의 몸이요 지체의 각 부분이라"(고전 12 : 12-13, 27).

악의 거부와 서약 ································· 집례자와 대상자

집례자 : 여러분은 하나님의 자비로우신 은혜를 의지하여 죄의 길에서 돌이키고, 세상의 악과 그 권세를 버리겠습니까?
대상자 : 예, 버리겠습니다.

집례자 : 여러분은 예수 그리스도께로 돌아와 그를 주님으로 모시고, 그의 은혜와 사랑을 의지하겠습니까?
대상자 : 예, 의지하겠습니다.

집례자 : 여러분은 그리스도의 신실한 제자가 되어 그의 말씀에 순종

하며 그의 사랑을 나타내겠습니까?

대상자 : 예, 나타내겠습니다.

신앙고백·········................·········사도신경 ·····························다함께

세례에 대한 감사기도 ···집례자

[예문1]

오! 하나님, 세례받았음을 인하여 감사합니다. 우리가 그 물에 잠김으로 죽으신 예수 그리스도와 함께 묻혔고, 그 물로부터 일으키심을 받아 그의 부활에 동참했으며, 그 물로 말미암아 성령의 능력으로 다시 태어났습니다. 그러므로 우리가 성자 예수님께 기쁨으로 순종하여 믿음 안에서 그와 사귐을 기념합니다. 기도하오니 세례를 받은 모든 성도들이 영원토록 우리 구주 예수 그리스도의 부활의 삶을 살게 하소서. 삼위일체 되신 성부, 성자, 성령께 모든 존귀와 영광을 드립니다. 예수 그리스도의 이름으로 기도합니다. 아멘.

[예문2]

예수 그리스도께서 우리를 위해 요단 강에서 세례를 받으시고, 성령으로 말미암아 그리스도로서 기름 부음 받으시니 주님을 찬양합니다. 그의 죽음과 부활의 세례로 인하여 주께서 우리를 죄와 사망의 멍에에서 구원하시고, 우리에게 정결함과 부활을 허락하셨습니다. 또한 세례를 통하여 우리에게 성령을 보내셔서 모든 진리로 우리를 가르치며 인도하게 하시고, 온갖 은사로 우리를 충만케 하심으로 우리로 온 민족에 복음을 선포하게 하시며, 주님을 섬기게 하시니 주님을 찬양합니다. 하나님께서 세례로 말미암아 우리를 주장하시고, 은혜로 우리를 거듭나게 하시니 기뻐합니다. 성령으로 우리를 새

롭게 하셔서 주님의 뜻을 행할 능력을 가지게 하시고, 영원토록 그리스도의 부활의 삶을 살게 하소서. 삼위일체 되신 성부, 성자, 성령께 모든 존귀와 영광을 드립니다. 예수 그리스도의 이름으로 기도합니다. 아멘.

(양손을 펼치며, 또는 세례반에 종려나무 가지를 담아 세례 재확인 예식에 참여한 사람들을 향하여 뿌리며)

성부와 성자와 성령의 이름으로 여러분의 세례를 기억하고 감사하십시오. 아멘.

서약 ……………………………………………………… 다함께

이제 예수 그리스도 안에서 성인이 된 우리는 다음과 같이 서약합니다.

하나, 계속해서 믿음을 지켜 성숙한 그리스도인으로 살아갈 것을 서약합니다.

둘, 교회와 가정에서 본이 되는 그리스도인으로 살아갈 것을 서약합니다.

셋, 세상을 향한 그리스도인의 책임을 다하며 살아가기를 서약합니다.

○○○○년 ○월 ○일 서약자 ○○○.

(서약은 대표자가 선창하고 참여자들이 후창하거나, 모두 함께 선언한다.)

찬송 ……………… "가슴마다 파도친다"(574장) ……………… 다함께

축도 ……………………………………………………… 집례자

3 혼인

1) 약혼

> - 약혼예식은 양가 가족과 친지를 중심으로 한 소수의 인원으로 함이 좋다. 중매한 경우는 중매자도 초청하는데, 이때 중매자는 양가가 더 깊이 만날 수 있는 교량 역할을 할 수도 있다.
> - 약혼예식 때의 호칭은 신랑과 신부가 아닌, '○○○ 군'과 '○○○ 양' 또는 '예비 신랑 ○○○ 군', '예비 신부 ○○○ 양'으로 한다.
> - 약혼예식 때 양가 가족 소개 시간은 예식 전이나 후에 가질 수 있다. 식전에 하는 경우에는 친숙해진 상태에서 예식을 드릴 수 있다.

예식사 ··· 집례자

지금부터 ○○○ 군과 ○○○ 양의 약혼예식을 시작하도록 하겠습니다.

기원 ·· 집례자

모든 인간을 창조하시고 친히 다스리시는 하나님 아버지, 주님께서 사랑하시고 기뻐하시는 ○○○ 군과 ○○○ 양의 약혼예식을 거행하는 거룩한 자리에 섰습니다. 우리 주님께서 이 자리 가운데 임하여

주시고, 친히 약속의 보증이 되어 주소서. 예수 그리스도의 이름으로 기원합니다. 아멘.

찬송 ················· "성부님께 빕니다"(602장) ·················· 다함께

기도 ··· 집례자

약속의 보증이 되시는 하나님 아버지, 주님이 사랑하시는 자녀 ○○○ 군과 ○○○ 양이 주님의 언약 안에서 혼인을 약속하는 약혼예식을 주님 앞에 올려 드립니다. 아브람에게 "나는 네 방패요 너의 지극히 큰 상급"이라고 말씀하시면서 하늘의 뭇별과 같이 많은 자손을 약속하신 하나님을 기억합니다. 이 시간 말씀 앞에서 신실하게 혼인을 약속하는 이 예식 가운데 임하셔서, ○○○ 군과 ○○○ 양이 이 거룩한 언약을 잊지 않게 하소서. 그리하여 이들이 아름다운 가정을 이루어 하나님 앞에 큰 영광을 돌리는 삶을 살게 하여 주소서. 예수 그리스도의 이름으로 기도합니다. 아멘.

성경봉독 ················· 창세기 15 : 17~21 ·························· 집례자

설교 ··· 집례자

우리가 살아가면서 가장 중요하게 여겨야 할 것 중에 하나는 바로 '약속'입니다. 약속은 앞으로 반드시 이 일을 행하겠다는 것을 미리 정하는 것입니다. 그렇게 행하기로 정한 그 약속에는 그것을 반드시 지켜야 하는 의무와 책임이 있습니다. 그래서 약속을 지키지 않는 것은 신뢰를 깨뜨리는 행위입니다. 신뢰가 깨진다는 것은 약속을 한 당사자와의 관계가 깨지고 멀어진다는 의미이기도 합니다.

성경은 약속에 관한 이야기라고 해도 과언은 아닙니다. 하나님께서 처음으로 약속을 하신 것은 에덴 동산에서부터였습니다. 하나님

은 이 세상을 창조하시고 약속을 하셨습니다. 아담과 하와, 너희들은 이 동산에 있는 모든 것을 누릴 수 있지만, 동산 중앙에 있는 선악을 알게 하는 나무의 열매만은 따 먹지 말아야 한다는 것이었습니다. 이것은 하나님이 인간과 맺으신 처음 언약이었습니다. 이 언약을 깨뜨린 아담과 하와는 하나님으로부터 신뢰를 받지 못하고, 결국 하나님과의 관계가 깨지게 되었습니다.

하지만 하나님은 신실하신 분이시기 때문에 어떻게 하든 그 약속이 이어지기를 바라셨습니다. 그래서 많은 시간이 지난 후 아브람을 택하시고, 그 백성을 구원하시기 위한 언약을 맺으십니다. 약속을 이어가길 원하셨던 하나님은 아브람에게 나타나셔서 "아브람아 두려워하지 말라 나는 네 방패요 너의 지극히 큰 상급이니라"(창 15:1)라고 말씀하시면서 하늘의 뭇별처럼 너의 자손이 많아질 것(창 15:5)이라고 약속하셨습니다. 그 언약의 표시로 아브람이 삼 년 된 암소와 삼 년 된 암염소와 삼 년 된 숫양과 산비둘기와 집비둘기 새끼를 가져다가 쪼갠 그 사이로 횃불이 지나갔습니다(창 15:9, 17). 이것을 우리는 횃불 언약이라고 말합니다. 이렇게 하나님은 자기 백성을 구원하시고 의로운 길로 인도하시기 위해 친히 약속을 하시는 분이십니다. 이처럼 오늘 장차 혼인을 약속하는 이 약혼예식 가운데 성령의 불로 임하여 주십니다. 두 사람 사이를 지나가십니다. 우리 주님께서 친히 약속의 증인이 되어 주십니다. 그리고 두 사람 사이에 삶의 아름다운 결실을 맺도록 인도하여 주시겠다고 말씀하십니다. 오늘 약혼을 하는 ○○○ 군과 ○○○ 양은 이 사실을 기억하고 서로의 약속을 지키고, 하나님 앞에서 거룩하고 흠이 없는 아름다운 가정을 이루는 은혜가 있기를 축복합니다.

서약 ·· 당사자들

오늘 말씀을 기억하며 서로 서약하는 시간을 갖도록 하겠습니다.

먼저 양가 부모에게 묻겠습니다.

문 : ○○○ 군의 가정과 ○○○ 양의 가정은 이 두 사람의 약혼을 기쁘게 허락하고, 아름다운 가정을 이룰 수 있도록 축복해 주실 것을 약속하십니까?

답 : 예, 약속합니다.

이제 약혼하는 두 사람에게 묻겠습니다.

문 : 오늘 약혼을 하는 ○○○ 군과 ○○○ 양은 이 약속을 깨뜨리지 않고 앞으로 혼인할 것을 서약하십니까?

답 : 예, 서약합니다.

예물교환 ·· 약혼자

(집례자가 남자의 가정으로부터 예물을 받아 여자에게 전할 때)

이것은 ○○○ 군의 약속의 표시입니다.

(여자의 가정에서 예물을 받아 남자에게 전할 때)

이것은 ○○○ 양의 약속의 표징입니다.

축복기도 ·· 주례자

복의 근원이 되시는 하나님 아버지, 오늘 주님께서 사랑하시는 ○○○ 군과 ○○○ 양이 하나님과 양가 부모님, 그리고 일가친척들 앞에서 약혼예식을 거행하게 하시니 감사드립니다. 두 사람이 서로 사랑하는 한마음, 한 뜻이 되어 혼인할 것을 많은 증인들 앞에서 약속하였습니다. 이 약속을 가볍게 여기지 않게 하시고, 그 약속을 신실하게 이행하는 은혜가 있게 하여 주소서. 또한, 서로 신뢰하며 하나

님을 경외하는 신앙으로 혼인예식을 치루는 그날까지 이 약속이 변치 않게 하소서. 예수 그리스도의 이름으로 기도합니다. 아멘.

약혼 선언 ··· 집례자

성부와 성자와 성령의 이름으로 ○○○ 군과 ○○○ 양의 약혼이 이루어졌음을 선언합니다. 아멘.

찬송 ············· "나의 갈 길 다 가도록"(384장) ············· 다함께

축도 ··· 집례자

인사 ··· 가족대표

(두 사람이 일어나서 양친과 내빈을 향해 인사한다.)

2) 결혼

- 결혼 일자는 양가의 사정을 고려하여 주례자와 함께 정한다. 이때 교회 절기 중 사순절 기간은 피하는 것이 좋으며, 무속적인 권고는 따르지 않도록 한다.
- 예식 장소는 공개된 곳이면 어디든 무관하나 신자일 경우 예배당이 적절하다. 예배당에서 결혼예식을 거행할 경우, 교회가 정해 놓은 규정에 따라야 한다.
- 기독교 예식일지라도 주례자는 누구든 상관없으나 목사를 모시는 것이 권고된다. 목사가 주례자일 경우, 사회자가 따로 필요하지 않다.

- 주례자는 결혼식 전(늦어도 15일 전)에 신랑, 신부와 만나 결혼에 대한 신앙적 지도 및 상담, 결혼예식을 준비하는 마음가짐과 예식 순서에 대한 안내를 해 주는 것이 좋다.
- 주례자는 그 나라의 결혼법과 지방의 풍속을 알아야 하고, 주례 후에는 교회 혼인명부에 부부의 이름을 명기해 주어야 한다.
- 목사가 비신자에게 주례 의뢰를 받은 경우, 앞으로 신앙생활을 하겠다는 약속을 받고 주례를 진행하는 것이 좋다.
- 주례자는 예식 시간이 되면 등단하여 오늘의 결혼예식이 단순한 의식이 아니라 하나님 앞에서 갖는 예식임을 강조한다.
- 예배당에서 하는 예식에서는 가능한 성찬식을 거행하도록 한다.

(1) 예배당에서(성찬식 포함)

예식사 ··· 주례자

오늘은 복되고 거룩한 날입니다. 하나님께서 구별하시고 예비하신 한 가정이 이 땅에 세워지는 날입니다. 하나님은 에덴 동산에서 결혼 제도를 만드셨고, 주님은 첫 사역으로 갈릴리 가나에서 결혼 잔치를 축복하셨습니다. 결혼은 두 사람이 마음과 삶을 연합하여 소망을

같이하고, 사랑과 신뢰와 인내 가운데 영위하는 복된 삶의 결정체입니다. 이 복된 삶을 시작하는 이들이 입장할 때, 진심어린 축하의 박수로 맞아 주시기 바랍니다.

입장 ·· 신랑과 신부

(신랑과 신부는 차례로 또는 동시에 입장할 수 있다. 이때 전통적인 결혼행진곡 대신 적절한 축복송을 부를 수도 있다.)

기도 ··· 주례자

할렐루야, 영원히 찬양받으실 우리 주 하나님, 오늘의 결혼예식을 통해 신랑 ○○○ 군과 신부 ○○○ 양이 주 안에서 거룩한 가정을 이루게 하심에 감사를 드립니다. 주님께서 그 형상을 따라 지으시고 견실히 성장하게 하신 두 사람이 이제 한 몸을 이루어 사랑의 본체이신 주님을 닮아 서로 사랑하게 하시고, 세상을 따스하게 비추고 밝히는 사랑의 공동체가 되게 하소서. 주님께서 첫 기적을 베푸셨던 가나 혼인 잔치에 임한 기쁨이, 오늘 혼례의 자리에 함께한 모든 이들에게 충만하게 하소서. 예수 그리스도의 이름으로 기도합니다. 아멘.

찬송 ······················· "완전한 사랑"(604장) ······················· 다함께

성경봉독 ·· 주례자

(창 2 : 18-25 ; 시 67, 95 : 1-7a, 100, 117, 121 ; 전 4 : 9-12 ; 마 19 : 4-5 ; 막 10 : 6-9 ; 요 2 : 1-11, 15 : 1-17 ; 고전 13 : 3-7 ; 엡 5 : 28-33 ; 벧전 3 : 1-7 등을 참고한다.)

주례사 ··· 주례자

(주례자가 간단히 기독교의 결혼관 및 가정관에 대해 설명하고 참된 기독교

가정의 실현을 권면한다.)

서약 ··· 신랑과 신부

이제 두 사람은 하나님과 여기 모인 증인들 앞에서 진실한 마음으로 서약하시기 바랍니다.

(주례자를 따라 서약한다.)

신랑 : 나 ○○○는 ○○○을 하나님께서 맺어 주신 아내로 맞이하여, 한평생 길이 사랑하고 귀히 여기며, 기쁠 때나 슬플 때나 변함없이 부부의 신의를 지키며 남편 된 도리를 다할 것을 하나님과 여러 증인들 앞에서 서약합니다.

신부 : 나 ○○○는 ○○○을 하나님께서 맺어 주신 남편으로 맞이하여, 한평생 길이 사랑하고 귀히 여기며, 기쁠 때나 슬플 때나 변함없이 부부의 신의를 지키며 아내 된 도리를 다할 것을 하나님과 여러 증인들 앞에서 서약합니다.

성혼기도 ·· 주례자

(성경 위에 신랑, 신부가 손을 얹고, 그 위에 주례자가 손을 얹고 기도한다)

거룩하신 하나님, 하나님의 섭리 가운데 ○○○ 군과 ○○○ 양이 하나님과 여러 증인들 앞에서 혼인 서약을 했습니다. 이 세상의 첫 부부인 아담과 하와에게 '부모를 떠나라' 말씀하신 하나님, 이제 두 사람이 서로를 의지하며 남편과 아내라는 새로운 관계로 나아가오니, 이들에게 다함이 없는 주님의 은총과 복락을 내려 주소서. 이들이 사랑의 감정 위에 사랑의 지식과 수고를 더하게 하시고, 사랑의 서약이 영원히 변치 않도록 붙들어 주시며, 하나님과 동행하는 가운데 세월이 갈수록 더욱 아름다운 믿음의 가정을 이루게 하소서. 예수

그리스도의 이름으로 기도합니다. 아멘.

성혼선포··주례자

이제는 내가 ○○○ 군과 ○○○ 양이 부부가 된 것을 성부 성자 성령의 이름으로 선포하노라. 하나님이 짝지어 주신 것을 결코 사람이 나누지 못할지니라. 아멘.

성찬초대··· 집례자

(당사자들이 세례교인인 경우 성찬식을 거행하는 것이 권장된다. 성찬은 모든 회중보다는 결혼 당사자들에게, 그리고 세례교인인 양가 부모에게 베푸는 것이 좋다.)

이 시간 부부가 된 두 사람을 주님의 성찬으로 초대합니다. ○○○ 양과 ○○○ 군은 이제 부부로서 한 식탁에서 평생 함께 먹고 마실 것입니다. 이 성찬은 부부를 위해 주님께서 베풀어 주시는 첫 번째 식탁입니다.

성찬제정사··············고린도전서 11 : 23~26······················집례자

성찬 감사기도 ··집례자

하나님, ○○○, ○○○ 부부에게 주님의 살과 피인 거룩한 떡과 포도즙을 허락하심에 감사드립니다. 성령님 이곳에 임하시어, 이들이 부부가 되어 받는 첫 음식이 하나님께서 이 가정에 주시는 영원한 생명 양식이 되게 하소서. 이들이 장차 하나님 나라에서 주님과 함께 먹고 마실 그날까지, 하나님만 갈망하고 하나님만 모시며 하나님으로 인해 만족한 삶을 살게 하소서. 예수 그리스도의 이름으로 기도합니다. 아멘.

분병분잔 ··집례자

　집례자 : 그리스도의 몸, 생명의 양식입니다.
　신랑과 신부 : 아멘.
　집례자 : 그리스도의 보혈, 목마르지 않는 음료입니다.
　신랑과 신부 : 아멘.

성찬 후 기도 ···집례자

　아름다운 가정을 탄생시키신 하나님, 이들로 주의 식탁에 참여케 하여 주시니 감사드립니다. 생명의 영이신 하나님, 이들 부부에게 친히 첫 양식을 베풀어 주셨듯, 백년해로하며 긴 인생길 가는 동안 하늘의 만나와 일용할 양식을 풍족히 내려 주소서. 부활하신 주님께서 제자들에게 조반을 먹이신 후에 "네가 나를 사랑하느냐" 물으시고, "내 양을 먹이라" 말씀하신 것을 기억합니다. 주님의 몸과 피를 받은 이 부부가 주님을 사랑하고 또한 교회와 일터와 세상에서 생명을 살리고 나누는 자들로 살아가게 하소서. 우리 주 예수 그리스도의 이름으로 기도합니다. 아멘.

찬송 또는 축가 ········ "다 감사드리세"(66장) ····· 다함께 또는 맡은이

축도 ··· 목사

인사 ··양가대표

새 출발 ·· 신랑과 신부

　(예배당에서 부적절한 축하 행위는 삼가는 것이 좋으며, 축복송으로 축하할 수 있다. 양가 부모도 신랑 신부에 이어 퇴장할 수 있다.)

(2) 교회 밖에서

예식사 ·· 주례자

결혼식은 하나님의 사랑을 배우고 실천하는 사랑학교 입학식입니다. 오늘 우리는 하나님 안에서 사랑으로 하나 되는 두 사람을 축복하고 그들이 복된 가정을 이루도록 격려하고자 이 자리에 모였습니다. 이 시간 ○○○ 군과 ○○○ 양의 결혼식은 기독교 예식으로 진행되오니, 신성한 예식이 될 수 있도록 내빈 여러분의 협조를 바랍니다.

화촉 점화 ·· 양가 부모(어머니)

양가 부모님(어머님)들께서 나오셔서, 새롭게 탄생하는 자녀들의 가정을 축복하며 그 앞날을 환하게 밝혀 주시겠습니다.

입장 ·· 신랑과 신부

기도 ·· 주례자

온 우주 만물을 창조하시고 이 땅에 가정을 탄생시키신 하나님, 하나님의 은혜로 혼인예식을 통해 부부가 되고자 하는 ○○○ 군과 ○○○ 양이 이 자리에 섰습니다. 이 예식이 하나님께서 주관하시는 신비롭고 거룩한 혼례식이 되게 하시며, 모든 하객들과 더불어 기쁨을 누리는 아름다운 잔치가 되게 하소서. 우리 주 예수 그리스도의 이름으로 기도합니다. 아멘.

찬송 ················· "오늘 모여 찬송함은"(605장) ················· 다함께

성경봉독 ··················· 에베소서 3 : 14~21 ························ 주례자

주례사 ·· 주례자

서약 ·· 신랑과 신부

이제 하나님과 증인들 앞에서 두 사람이 진실한 마음으로 결혼 서약을 하겠습니다.

문 : 신부 ○○○ 양은 그대 곁의 ○○○ 군을 하나님께서 짝 지어 주신 남편으로 맞이하여 한평생 변함없이 사랑하고 내 몸처럼 아끼며 희로애락을 함께하고 신실하게 동행하며 하나님께서 기뻐하시는 가정을 일구는 아내가 될 것을 서약하겠습니까?

답 : 예, 서약합니다.

문 : 신랑 ○○○ 군은 그대 곁의 ○○○ 양을 하나님께서 짝 지어 주신 아내로 맞이하여 한평생 변함없이 사랑하고 내 몸처럼 아끼며 희로애락을 함께하고 신실하게 동행하며 하나님께서 기뻐하시는 가정을 일구는 남편이 될 것을 서약하겠습니까?

답 : 예, 서약합니다.

축복기도 ·· 주례자

(신랑과 신부가 서로 손을 잡거나, 성경에 손을 얹게 한 후에 기도한다.)

사랑의 하나님, ○○○ 양과 ○○○ 군이 하나님과 증인들 앞에서 사랑을 고백하고 결혼 서약을 하였습니다. 우리 주 예수 그리스도의 이름으로 축복하며 기도하오니, 두 사람 위에 참으로 하나 되는 연합의 은총이 부어지게 하소서. 하나님의 나라가 이 가정에 임하고, 하늘에서 이미 이루어진 하나님의 뜻이 이들의 삶 가운데 펼쳐지게 하소서. 주님께서 ○○○과 ○○○ 가정에 내주하시어 이들이 그리스도의 사랑의 너비와 길이와 높이와 깊이를 알고 그것을 전하는 복된 삶 살게 하소서. 이들에게 하나님의 전신갑주를 입혀 주시고, 하

나님을 거스르는 모든 유혹과 시험을 성령의 능력으로 이기게 하소서. 예수 그리스도의 이름으로 기도합니다. 아멘.

성혼선포 ··· 주례자

이제 하나님께서 ○○○ 군과 ○○○ 양 두 사람의 진실한 서약을 받으시고 이들이 부부로서 작은 하나님 나라인 가정을 이루게 하셨음을 선포합니다. 하나님께서 짝 지어 주셨으니, 그 무엇도 그 누구도 두 사람을 나누지 못할 것입니다. 아멘.

축가 ··· 맡은이

찬송 ················ "만복의 근원 하나님"(1장) ················ 다함께

축도 ·· 목사

인사와 알림 ·· 맡은이

(양가 대표가 나와 감사의 말과 이후 일정에 대해 전한다.)

인사 ···················· 부모와 하객에게 ················ 신랑과 신부

새출발 ·· 신랑과 신부

(3) 서약 중심

예식사 ·· 주례자

하나님께서는 인간을 남성과 여성으로 지으시고 사랑 안에서 한 몸이 되게 하셨습니다. 주님께서는 가나 혼인 잔치에서 물로 포도주를 만드는 첫 이적을 행하심으로 잔치의 기쁨이 끊이지 않게 하셨습니

다. 성령께서는 이 시간 혼례의 주인공들과 함께 증인인 우리 모두가 그 기쁨을 맛보길 원하십니다. 이제 신랑 신부의 입장으로 오늘의 혼인 잔치가 시작될 때 가능하시면 일어서서 이들을 축복해 주시기 바랍니다.

입장 ··· 신랑과 신부

찬송 ················· "성부님께 빕니다"(602장) ·················· 다함께

기도 ·· 맡은이

사랑의 하나님, 하나님께서 정하신 이날에 우리가 즐거워하고 기뻐합니다. 오늘의 예식이 신랑과 신부가 하나 되는 축복의 시간이 되게 하시고, 미래에 가정을 이루게 될 이들에게는 자신의 혼인을 기대하는 시간이 되게 하시며, 또한 현재 가정을 이루고 살아가는 이들에게는 그들의 거룩한 혼인 서약을 되새기는 귀한 시간이 되게 하소서. 예수 그리스도의 이름으로 기도합니다. 아멘.

성경봉독 ················ 고린도전서 13 : 1~7, 13 ······················ 주례자

주례사 ·· 주례자

서약 ··· 신랑과 신부

결혼은 거룩한 언약이며, 감정이나 본능을 뛰어넘는 의지적인 서약에 근거합니다. 결혼예식의 절정은 바로 서약 순서에 있습니다. 오늘 우리는 이 아름다운 언약의 현장을 목격하고 축복하고자 공동체로 모였습니다. 두 사람은 하나님 앞과 여러 증인 앞에서, 준비한 서약문을 진실한 마음으로 낭독하시기 바랍니다.

(일정한 기간을 주고 신랑 신부가 직접 서약문을 작성하도록 한 후, 주례자

가 미리 확인하고 부족한 부분이 있으면 수정하도록 권한다. 서약 시 신랑 신부는 가능하면 마주보거나 손을 잡도록 한다.)

나 ○○○은 ○○○을 신랑(신부)으로 맞으며 하나님과 사람 앞에서 당신에게 다음과 같이 서약합니다. 나 자신의 가능성과 한계를 알고, 하나님의 눈으로 나를 바라보며 자신을 사랑하되, 현재의 모습에 안주하지 않고 그리스도의 성품에 이르고자 늘 주님과 함께 걸으며 성숙해 가겠습니다. 또한 당신이 가진 가능성과 한계를 온전히 수용하고, 하나님의 눈으로 그대를 바라보며 당신의 존재 자체를 사랑하되, 주님 안에서 더욱 성숙해 가도록 협력하겠습니다.

이 땅에 우리를 보내시고 부부로 삼으신 하나님의 뜻을 이루어가기 위해, 언제나 하나님 앞에 엎드리겠습니다. 은혜가 주어질 때면 감사하고, 은혜가 필요할 때면 간구하며, 삼위일체 하나님을 나의 주인이요, 우리 가정의 주인으로 모시고 늘 경외하며 송축하겠습니다.

당신과 나누는 사랑이 우리 담장을 넘어 타인과 피조 세계에까지 확장되고 우리 가정이 하나님의 복을 누리는 가정, 하나님의 복을 세상 가운데 나누는 가정이 되도록 성령의 능력을 힘입어 수고하겠습니다.

나는 약속합니다. 죽음이 우리를 갈라놓을 때까지, 그리스도께서 교회를 사랑하신 그 사랑을 본받아 당신을 사랑하겠습니다. 당신을 나에게 허락하신 하나님께 감사와 영광을 돌립니다.

예물교환 ··· 신랑과 신부

(서약의 증표로서 반지 등을 교환할 수 있으며, 약혼예식에서 이미 전달한 경우는 생략한다.)

(주면서)

나 ○○○은 변치 않는 믿음과 영속적인 사랑의 표시로서, 성부와 성자와 성령의 인도하심에 따라 이 예물을 당신에게 드립니다.

(받으면서)

나 ○○○은 성부와 성자와 성령의 인도하심에 따라 이 예물을 우리의 언약의 표시로 받겠습니다.

축복기도 ·· 주례자

성혼선포 ·· 주례자

(온 회중이 일어나서 선포의 증인이 될 수 있다. 이때 신랑과 신부는 돌아서서 회중을 바라본다.)

신부 ○○○ 양과 신랑 ○○○ 군이 하나님과 여러 증인들 앞에서 서로에게 사랑의 서약을 했습니다. 그리고 언약의 증표로 반지를 주고받으며 진실한 약속을 확인했습니다. 그러므로 나는 성부와 성자와 성령의 이름으로 이제 두 사람이 부부가 되었음을 선포합니다. 하나님이 이들을 부부로 짝지어 주셨으므로 둘이 아니요 한 몸이니 사람이 저들을 나누지 못할 것입니다. 아멘.

축가 ·· 맡은이

찬송 ········· "어디든지 예수 나를 이끌면"(440장) ··········· 다함께

축도 ·· 목사

인사 ··················· 부모와 하객에게 ··············· 신랑과 신부

새 출발 ·· 신랑과 신부

3) 국제결혼

> - 다문화 사회로 이미 접어든 한국 사회에서 서로 다른 문화와 언어를 사용하는 남자와 여자가 결혼하는 국제결혼은 이미 일상화되었다.
> - 각 나라의 결혼 전통에 따른 결혼 풍습이 있다면 사전에 논의하여 그에 맞게 다듬어 사용하도록 한다.
> - 원활한 진행을 위해 영어 지문 부분은 결혼 예식 주보와 스크린을 함께 사용하여 제공하도록 한다.

Prelude(전주)·· Accompanist(반주자)

Opening Words & Introduction(예식사) ············· Pastor(주례자)

(The officiating pastor greets the people and introduces the service of Christian marriage. Even if the attendees of this service are not Christian believers, the officiant asks for their cooperation and understanding so that the ceremony goes well with the heartfelt congratulations to the bride and groom. The officiant announces that today's service will proceed in both English and Korean. 주례 목사는 하객에게 인사한 뒤, 본 결혼식이 기독교 예식임을 안내하고, 기독교 신자가 아닌 참석자들도 신랑 신부를 축하하는 마음으로 예식에 참여할 수 있도록 협조와 양해를 구하도록 한다. 또한 한국어와 영어로 동시에 진행되는 예식임을 알린다.)

Today is a blessed day. According to God's special will and plan, today is a time to establish a new family on the earth. Today's wedding ceremony for N. and N. is a Christian marriage service. We ask for your understanding and cooperation to join in a loving and gracious service.

오늘은 복된 날입니다. 하나님께서 정하신 특별한 뜻과 계획에 따라 한 가정을 이 땅에 세우는 날입니다. 오늘 ○○○ 군과 ○○○ 양의 결혼예식은 기독교 예식으로 하나님의 축복 가운데 진행됩니다. 정숙하고 은혜로운 예식이 될 수 있도록 여러분의 참여와 이해를 부탁드립니다. 이제 예식을 시작합니다.

(There would be a time to have a candle lighting by the bride's mother and groom's mother. 이때 양가 어머니가 화촉 점화를 하는 시간을 가질 수 있다.)

Entrance(입장)·························· Groom and Bride(신랑과 신부)

(Either the groom and bride process in separatedly. 신랑 신부가 따로 입장하는 경우)

Now the bride will process. Please stand and welcome her with warm applause when N. enters.

먼저 신랑 ○○○ 군의 입장이 있겠습니다. 하객 여러분께서는 신랑 ○○○ 군이 입장할 때, 뜨거운 박수로 환영해 주시면 감사하겠습니다. 신랑, 입장.

Now the bride will process. Please stand and welcome her with warm applause when N. enters.

이제 신부 ○○○ 양의 입장이 있겠습니다. 신부가 입장할 때는 모두 자리에서 일어나셔서 힘찬 박수로 맞이해 주시기 바랍니다. 신부, 입장.

(Or the groom and bride process in together. 신랑 신부가 함께 입장하는 경우)

Now it is time for the groom and bride to march together. Please stand and welcome them with warm applause when N. and N. enter.

신랑 신부의 입장이 있겠습니다. 하객 여러분께서는 신랑 신부가 입장할 때, 뜨거운 박수로 환영해 주시면 감사하겠습니다. 입장.

Prayer(기도) ··· Pastor(주례자)

Hymn(찬송) ··· Together(다함께)

Scripture Reading(성경봉독) ··· Mark(마가복음) 10 : 6~9 ···· Pastor(주례자)

The Word of God, for N. and N.
"But at the beginning of creation God 'made them male and female.' 'For this reason a man will leave his father and mother and be united to his wife, and the two will become one flesh.' So they are no longer two, but one. Therefore what God has joined together, let man not separate." Amen.

○○○ 군과 ○○○ 양에게 주시는 하나님의 말씀입니다.
"창조 때로부터 사람을 남자와 여자로 지으셨으니 이러므로 사람이 그 부모를 떠나서 그 둘이 한 몸이 될지니라 이러한즉 이제 둘이 아니요 한 몸이니 그러므로 하나님이 짝 지어 주신 것을 사람이 나누지 못할지니라". 아멘.

Sermon or Officiant's message(주례사)·············· Pastor(주례자)

(After the Scripture is read, a brief sermon may be given. 성경을 읽고 난 후, 간단히 설교한다.)

Exchange of Vows(혼인 서약)········ Groom and Bride(신랑과 신부)

Now it is the time to exchange marriage vows. Please make an oath with a sincere heart in front of God and these witnesses. Here is the Word of God concerning vows : "LORD, who may dwell in your sanctuary? Who may live on your holy hill? He whose walk is blameless and who does what is righteous, who speaks the truth from his heart. who despises a vile man but honors those who fear the LORD, who keeps his oath even when it hurts"(Psalm 15 : 1-2, 4).

이제 혼인 서약을 하겠습니다. 두 사람은 하나님과 여러 증인 앞에서 진실한 마음으로 서약하시기를 바랍니다. 여기, 서약에 관한 하나님의 말씀이 있습니다. "여호와여 주의 장막에 머무를 자 누구오며 주의 성산에 사는 자 누구오니이까 정직하게 행하며 공의를 실천하며 그의 마음에 진실을 말하며 여호와를 두려워하는 자들을 존대하며 그의 마음에 서원한 것은 해로울지라도 변하지 아니하며"(시 15 : 1-2, 4).

First, the groom N. makes an oath to the bride N. Please follow me in your vows.

먼저 신랑 ○○○ 군이 신부 ○○○ 양에게 서약합니다. 저를 따라 서약해 주시기 바랍니다.

I, N., take you, N., to be my wife ; and I promise, before God and these witnesses, to be your loving and faithful husband by walking with you in sincere faith and deep affection ; in plenty and in want ; in joy and in sorrow ; in sickness and in health ; as long as we both shall live.

나 ○○○은 ○○○ 양을 하나님께서 맺어 주신 아내로 맞이하여 한평생 사랑하고 존중하며, 진실한 믿음과 애정으로 동행하고, 기쁠 때나 슬플 때, 건강하거나 병들 때, 부요하거나 빈궁할 때도 변치 않는 부부의 신의를 지켜 남편 된 자로서의 도리를 다할 것을 하나님과 이 자리에 함께한 신앙의 증인들 앞에서 서약합니다.

Now, the bride N. makes an oath to the groom N. Please follow me in your vows.

이제 신부 ○○○ 양이 신랑 ○○○ 군에게 서약합니다.

I, N., take you, N., to be my husband ; and I promise, before God and these witnesses, to be your loving and faithful wife by walking with you in sincere faith and deep affection ; in plenty and in want ; in joy and in sorrow ; in sickness and in health ; as long as we both shall live.

나 ○○○은 ○○○ 군을 하나님께서 맺어 주신 남편으로 맞이하여 한평생 사랑하고 존중하며, 진실한 믿음과 애정으로 동행하고, 기쁠 때나 슬플 때, 건강하거나 병들 때, 부요하거나 빈궁할 때도 변치 않는 부부의 신의를 지켜 아내 된 자로서의 도리를 다할 것을 하나님과 이 자리에 함께한 신앙의 증인들 앞에서 서약합니다.

Exchange of Rings(예물교환) ········· 신랑과 신부(Groom and Bride)

(Giving, 주면서)

N. I give you this ring as a sign of our covenant, in the name of the Father, and of the Son, and of the Holy Spirit.

나 ○○○는 성부 성자 성령의 인도하심에 따라 이 예물을 우리의 언약의 표시로 드립니다.

(Receiving, 받으면서)

N. I receive this ring as a sign of our covenant, in the name of the Father, and of the Son, and of the Holy Spirit.

나 ○○○는 성부 성자 성령의 인도하심에 따라 이 예물을 우리의 언약의 표시로 받겠습니다.

Blessing of the Marriage(축복기도) ····················· Pastor(주례자)

God blessed Adam and Eve as partners to help each other. May God bless their marriage and grant them wisdom to understand their different hearts and minds, so they can live their journey of faith to become one. When a difficult time of conflict approaches, may they remember God's grace and help for them previously, and seek God's will and help first. May those who gather to celebrate this marriage pray for the new couple together, so they may experience God's grace and blessing through the new family. In the name of Jesus Christ our Lord. Amen.

아담과 하와를 서로 돕는 배필로 세우시고 축복하신 하나님, 하나님께서 이들의 결혼을 축복해 주소서. 이 두 사람의 마음과 생각을 지켜 주시어, 서로를 이해하고 하나가 되어가는 믿음의 여정을 살아가도록 도와주소서. 어렵고 갈등하는 시간이 다가올 때, 이 만남을 위해 준비하시고 지금까지 도우신 하나님의 은혜를 기억하게 하시고, 하나님의 지혜와 도움을 먼저 구하는 가정이 되게 하소서! 이들을 사랑하고 축하하기 위해 모인 우리가 함께 이 가정을 위해 기도하게 하시고, 하나님의 은혜와 복을 이 가정을 통해 경험하기를 원하오며 우리 주 예수 그리스도의 이름으로 기도합니다. 아멘.

Declaration of Marriage(성혼선포) ·················· Pastor(주례자)

Before God and in the presence of this congregation, N. and N. have professed their love for each other and accepted the vow of sacred marriage. Therefore I pronounce them to be husband and wife in the name of the Father and of the Son and of the Holy Spirit. Those whom God has joined together, let no one separate.

이제 신랑 ○○○ 군과 신부 ○○○ 양이 모든 증인들과 하나님 앞에서 서로의 사랑을 고백하고 신성한 결혼을 받아들였으니, 신랑

○○○ 군과 신부 ○○○ 양이 지금부터 부부가 된 것을 성부와 성자와 성령의 이름으로 선포합니다. 하나님께서 짝 지어 주셨으므로 그 무엇도 두 사람을 나누지 못할 것입니다.

Hymn(찬송)·· Together(다함께)

(This order can be replaced with the nuptial song. 찬송 대신 축가로 대체할 수 있다.)

Benediction(축도) ···· Numbers(민수기) 6 : 24~26 ····· Pastor(주례자)

"The LORD bless you and keep you; the LORD make his face shine upon you and be gracious to you; the LORD turn his face toward you and give you peace".

"여호와는 네게 복을 주시고 너를 지키시기를 원하며 여호와는 그의 얼굴을 네게 비추사 은혜 베푸시기를 원하며 여호와는 그 얼굴을 네게로 향하여 드사 평강 주시기를 원하노라".

Greeting and Announcement(인사와 알림)··· A representative of family(가족)

Procession(행진) ······················· 신랑과 신부(groom and bride)

Completing the wedding service in front of God and the church, the groom and the bride who have now formed a family will march together on their new journey. Please stand and join in congratulating the new couple.

이제 하나님과 교회 앞에서 거룩한 결혼예식을 마치고 가정을 이룬 신랑과 신부가 새로운 가정을 향해 출발하겠습니다. 내빈들께서는 모두 기립하셔서 새 가정을 이룬 신랑과 신부를 축하해 주시기 바랍니다.

4) 결혼기념

- 결혼기념일은 연차에 따라 지혼(紙婚, 1년), 목혼(木婚, 5년), 석혼(錫婚, 10년), 자기혼(磁器婚, 20년), 은혼(銀婚, 25년), 진주혼(眞珠婚, 30년), 벽옥혼(碧玉婚, 40년), 금혼(金婚, 50년), 회혼(回婚, 60년), 금강혼(金剛婚, 70년)으로 일컬어진다.
- 위의 특별한 결혼기념일에는 당사자들이 회중과 함께 기쁨을 나눌 수 있도록 목회적 배려가 필요하다. 기념예식을 예배의 한 부분으로 삽입할 수도 있는데, 그 경우에는 간단한 권고와 선물 증정, 축복기도의 내용으로 구성한다.
- 결혼 1주기는 부부가 주례자를 방문하여 감사 인사를 드리고 자신들의 결혼 생활을 돌아보기 좋은 시기로서 그 기념의 의미와 중요성이 크며, 은혼식으로 일컬어지는 25주년 이후에는 지인들 및 장성한 자녀가 있는 경우 그들과 함께 감사와 축하의 예식을 드릴 수 있다.

(1) 지혼

(지혼기념예식은 혼인 1주년을 맞아 부부를 하나 되게 하신 하나님께 감사드리며 혼인 서약을 갱신하는 예식으로 진행될 수 있다. 이 예식은 주례를 담당하였던 목사가 결혼기념일에 부부의 가정에 방문하여 심방예배로 드리거나, 부부끼리 가정예배 형태로 드릴 수 있다.)

예식사 ··· 목사 또는 맡은이

○○○ 님과 ○○○ 님의 결혼 1주년을 맞은 오늘, 하나님과 여러 증인들 앞에서 행했던 그날의 서약을 다시금 마음에 새기고, 이전과 같이 앞으로도 여러분의 가정 가운데 함께하실 하나님께 감사함으로 예배하고자 합니다.

찬송 ················ "주의 사랑 비칠 때에"(293장) ················ 다함께

감사기도 ··· 목사 또는 맡은이

그리스도 안에서 ○○○ 님과 ○○○ 님을 부부로 맺어 주신 사랑의 하나님, 지난 한 해, 하나님의 돌보심 가운데 이들이 가정의 복락을 누리게 하심에 감사드립니다. 오늘의 지혼기념예식을 통해 두 사람의 사랑과 헌신이 더욱 깊어지고 견고해지게 하소서. 남편과 아내가 서로를 더욱 귀히 여기고 사랑으로 서로 종노릇하며 하나님 안에서 진정한 연합과 친교를 이루게 하소서. 우리 주 예수 그리스도의 이름으로 기도합니다. 아멘.

성경봉독 ················· 아가서 7 : 10~13 ············ 목사 또는 맡은이

설교 ············· "내가 속한 사람, 내게 속한 사람" ··············· 설교자

남편 ○○○와 아내 ○○○의 결혼 1주년을 맞이한 이 특별한 날, 두 사람을 한 몸 되게 하시고 한 길 걷도록 인도하신 하나님께 감사를 드립니다. 두 사람에게 축하의 마음을 전하며, 함께해 온 날보다 함께할 시간이 더 많은 여러분을 향하여 말씀을 나눕니다.

봉독한 아가서 본문은 신랑의 사랑에 화답하는 신부의 고백을 담고 있습니다. 혼인예식을 통해 신랑과 신부는 한 몸, 곧 한 쌍의

부부가 되었습니다. 신랑 없이 신부가 있을 수 없고, 신부가 있기에 신랑이 존재합니다. 이때 아가서 본문의 표현처럼 내가 사랑하는 그대에게 '속하였다'고 인식하고 고백함으로써 부부의 연합은 더욱 강력해지고 깊어집니다. ○○○의 남편, ○○○의 아내라는 정체성은 내가 사랑하는 이가 누구인지, 내가 누구에게 속하였는지를 말해 줍니다. 이것은 여러분에게 기쁨과 자랑이며, 또한 고귀하게 지켜가야 할 사명임을 잊지 마십시오. 서운하거나 속상한 일도 있기 마련입니다만, 부디 사랑으로 갈등을 이기는 경험을 쌓아 가시길 권면 드립니다. 두 사람의 결혼 1주년을 다시금 축하드리며 하나님의 사랑 안에서 서로를 향한 사랑이 날마다 더욱 깊어지길 축복합니다.

혼인 서약 갱신 ··· **남편과 아내**

(남편과 아내가 미리 서약문을 준비한다.)

이제 결혼 1주년을 맞이하여 혼인 서약을 재확인하는 시간을 갖겠습니다. 준비한 서약 갱신문을 통해 ○○○, ○○○ 부부가 서로를 더욱 사랑하며 책임을 다할 것과, 서로에게 온전히 헌신하겠다는 약속을 하겠습니다. 두 사람은 하나님 앞에서, 갱신된 혼인 서약문을 진실한 마음으로 낭독하시기 바랍니다.

[남편]
나 ○○○은 나의 아내 ○○○에게, 그대와 함께 살아온 지난 1년에 감사드립니다. 하나님 품에 안기는 그날까지 나의 아내 ○○○만을 바라보며 아끼고 사랑하겠습니다. 아내의 몸과 영혼이 살아있는 하나님의 성전임을 알고 ○○○의 생각과 행동, 인격을 늘 존중하겠습니다. 그리스도께서 우리를 사랑하시어 자신의 목숨까지 내어 주신

것처럼 아내 ○○○을 온 몸과 마음을 다해 사랑하고 지켜주며 가정에 헌신하겠습니다. 그 누구보다도 배우자에게 인정받는 남편이 되도록 노력하겠습니다. 아내를 외롭게 하지 않는 남편, 아내의 눈빛과 말투만으로도 마음을 읽을 줄 아는 사려 깊은 남편, 아내가 신뢰할 만한 든든하고 믿음직스러운 남편이 되겠습니다. ○○○의 남편 나 ○○○은, 주님 안에서 아내 ○○○을 평생토록 사랑하고 귀히 여길 것을 하나님 앞에서 서약합니다.

[아내]

나 ○○○은 나의 남편 ○○○에게, 그대와 함께 살아온 지난 1년에 감사드립니다. 하나님께서 당신을 나의 남편으로 짝 지어 주셨음을 믿고 감사하며, 호흡이 다하는 그 순간까지 당신과의 사랑을 소중히 키워 가겠습니다. 남편 ○○○의 있는 모습 그대로를 사랑하겠습니다. 많은 것을 바라고 기대하기보다 ○○○의 존재에 날마다 기뻐하겠습니다. 거친 길을 헤쳐 나가야 할 때도 있겠지만 그럴 때에도 당신을 최고의 남편으로 지지하고 신뢰하며 함께 걷는 아내가 되겠습니다. 당신 홀로 힘겹게 삶의 무게를 감당하지 않도록, 당신의 몸과 마음을 보살피겠습니다. 우리가 함께하는 삶의 자리를 부지런히 돌보며 기도하는 지혜로운 아내가 되겠습니다. ○○○의 아내 나 ○○○은, 주님 안에서 남편 ○○○을 평생토록 사랑하고 귀히 여길 것을 하나님 앞에서 서약합니다.

(결혼 1주년 기념 선물을 준비한 경우, 전달하며 사랑을 표현한다.)

축복기도 ···목사 또는 맡은이

사랑의 하나님, 하나님의 섭리에 따라 한 몸을 이룬 두 사람이 결혼 1주년을 맞아 혼인 서약을 갱신하며 마음을 새롭게 합니다. 거룩하

신 하나님, 남편 ○○○과 아내 ○○○에게 강복하시어 더욱 아름답고 견실한 부부가 되게 하시고 하나님을 기쁘시게 하는 가정을 이루게 하소서. 서로를 보며 하나님이 짝 지어 주신 배우자임을 날마다 확신케 하시고, 사랑을 고백하고 표현하는 가운데 부부의 연합이 더욱 깊어지게 하소서. 그 영혼과 육체가 늘 강건케 하시고 하나님의 때에 생명을 허락해 주시며, 두 사람으로 인하여 그들이 속한 모든 공동체가 복되고 거룩하여지게 하소서. 우리 주 예수 그리스도의 이름으로 기도합니다. 아멘.

찬송 ····················· "완전한 사랑"(604장) ····················· 다함께

축도(주기도) ··· 목사(다함께)

(2) 은혼, 금혼, 회혼, 금강혼

예식사 ··· 목사

결혼은 하나님이 인간에게 허락하신 선물과 같은 제도이자 소명입니다. ○○년 동안 부부 된 기쁨을 나누며 하나님의 기업을 사명을 다해 사랑으로 일구어 오신 ○○○, ○○○ 님, 그리고 그의 가족들이 여기 모였습니다. 오늘의 결혼기념예식을 통해 하나님께 감사드리며 서로를 축복하는 시간이 되기를 바랍니다.

입장 또는 인사 ······································· 남편과 아내

(남편과 아내가 함께 입장하거나, 자리에서 일어나 하객들에게 인사한다.)

감사기도 ······································· 목사 또는 맡은이

두 분을 하나 되게 하시어 오늘까지 인도해 주신 하나님, 지나온 시간을 돌아보며 그 모든 것이 하나님의 은혜였음을 고백합니다. 이 시간 ○○감사예식을 통해 우리 모두가 한마음으로 하나님께 영광 돌려드리기 원합니다. 하나님의 사랑 안에서 한 가정을 이루게 하시고 이처럼 아름다운 사랑의 공동체가 되게 하심에 감사드립니다. 이 가정을 통하여 이 땅에 하나님의 사랑과 생명이 넘쳐나도록 축복하여 주소서. 우리 주 예수 그리스도의 이름으로 기도합니다. 아멘.

찬송 ············· "사철에 봄바람 불어 잇고"(559장) ············· 다함께

성경봉독·· 목사 또는 맡은이

(벧전 3:1-7 ; 렘 31:31-34 ; 계 19:5-10 ; 갈 5:22-25 ; 엡 3:14-19 ; 잠 5:18-19 등을 참고한다.)

설교 ················· "네 샘으로 복되게 하라" ················· 설교자

남편 ○○○ 님과 아내 ○○○ 님의 결혼 ○○주년을 맞이하여 지금까지 두 사람을 인도해 주신 신실하신 하나님께 감사드립니다. 하나님이 주인 되시는 가정을 이루기 위해 성심을 다해 헌신해 오신 두 분에게도 격려와 축하의 마음을 전합니다. 감격스러운 이날, 하나님께서 주시는 말씀을 들으며 서로를 향한 마음이 다시 한번 새로워지길 축복합니다.

봉독한 잠언 5장 18-19절 말씀은 부부간의 책임에 대해 말합니다. 젊어서 취한 아내, 젊어서 취한 남편을 즐거워하며 서로를 복되게 하라는 것입니다. 성경은 화목한 가정의 비결로서 부부가 서로로 인하여 즐거워하기를 권면합니다. 서로의 품에 만족하고 배우자의 사랑을 연모하라고 하면서, 어느 한때가 아니라 '항상' 그러할 것을

말씀합니다. 부부로서 첫 발을 내딛는 허니문 시기에는 서로를 향한 사랑의 감정으로 충만하지만, 샘솟는 사랑의 감정에 의지가 결합될 때에야말로 성숙한 사랑이 됩니다. ○○년간 서로에게 충실하며 성숙한 사랑을 나누어 오셨을 두 분을 축복합니다. 바라기는, 주신 말씀처럼 앞으로의 시간 역시 내 반쪽, 아니 내 전부인 배우자로 인하여 기뻐하며 살아가시길 바랍니다. 그리고 내 남편의 기쁨, 내 아내의 기쁨을 위하여 살아가시길 바랍니다. 그의 기쁨을 내 기쁨으로 여기며 그리스도 안에서 사랑으로 하나 되는 가정은 곧 하나님께 기쁨이자 영광이 될 것입니다.

감사의 나눔 ···남편과 아내

오늘 두 사람이 좋은 것은 이어가고 부족한 부분은 채우기로 다짐하는 약속의 글을 함께 나누며 선물을 교환하는 시간을 갖겠습니다.

(부부 각자가 준비한 약속의 글을 읽은 후에 준비한 선물을 교환하며 사랑을 다짐한다.)

이어서, 그동안 사랑으로 길러 주신 부모님께 감사한 마음을 담아 자녀(중 대표자)가 인사를 전하겠습니다.

(자녀가 감사의 글을 읽은 후에 준비한 선물을 드리며, 본이 되시는 부모님처럼 살겠다는 약속을 전한다.)

감사기도 ···다함께

목 사 : 사랑이 무한하신 하나님을 찬양합니다. 두 사람을 부부로 맺어 주시고 ○○년 동안 인도해 주심에 감사를 드립니다. 서로를 향한 사랑과 감사를 기쁘게 받아 주시길 원합니다.

부 부 : 지난 ○○년 동안 서로를 사랑하게 하신 하나님께 감사를

드립니다. 하나님의 사랑과 은혜 없이는 불가능한 일이었습니다. 다함없으신 하나님의 사랑을 닮아 서로에게 더욱 신실하며 자녀와 이웃에게 이를 전하는 삶을 살겠습니다.

회　중 : 두 분과 함께하시는 하나님께 찬양을 드립니다. 본이 되어 살아가시는 두 분을 통하여 우리 또한 사랑하며 살겠습니다.

다함께 : 이곳에 모인 모두에게 사랑과 은혜의 역사를 이어 가시는 하나님께 영광을 올려 드립니다. 이 가정을 하나님이 주인 되시는 거룩한 기업으로 세워 주소서. 우리 주 예수 그리스도의 이름으로 기도합니다. 아멘.

찬송 ················ "오 신실하신 주"(393장) ················ 다함께

축도 ··· 목사

인사와 교제 ··· 다함께

(축하객들에게 인사하고 함께 다과나 식사를 나눈다.)

4 생업

1) 개업 감사

> - 허례허식은 삼가야 하고, 미신적 행위는 하지 않도록 한다.
> - 가능하면 이웃과 친지 등과 함께 예배드리는 것이 좋겠다.
> - 예식을 마친 후, 간단히 자축하는 연회를 가져도 무방하다.

예식사 ·· 집례자

이제 ○○○ (성도, 직분)님의 개업 감사예식을 시작하도록 하겠습니다.

찬송 ················ "복의 근원 강림하사"(28장) ················ 다함께

기도 ·· 맡은이

생과 사 그리고 화복을 주관하시는 전능하신 하나님 아버지, 오늘 ○○○ (성도, 직분)님의 ○○ 사업을 시작하도록 인도하여 주신 은혜에 감사드립니다. 일찍이 우리에게 일할 수 있는 특권을 주시고, 그 일을 통하여 하나님의 창조하신 능력을 깨닫게 하시고, 수확의 열매로 인하여 기쁨을 주셨음을 깨닫습니다. 비록 우리는 연약하고 부족하지만, 우리 하나님께서 이 ○○ 사업 위에 함께하여 주소서.

지혜와 총명의 은혜로 함께하여 주소서. 그리하여 행하는 모든 사업마다 샘물이 솟아나는 은혜가 있게 하여 주소서. 이 기업을 통하여 많은 사람이 소망을 보게 하시고, 영원한 기업에 참여하는 축복의 통로가 되게 하여 주소서. 그뿐만 아니라, 오늘 말씀을 통하여 다시 한번 일터 사역자로서의 사명을 깨닫는 시간이 되게 하여 주소서. 예수 그리스도의 이름으로 기도합니다. 아멘.

성경봉독·················· 창세기 26 : 12~18 ························ 맡은이

설교 ··············· "하나님께서 주시는 형통의 복" ··············· 설교자

오늘 새롭게 사업을 시작하는 ○○○ (성도, 직분)님께 하나님께서 주시는 형통의 복이 함께하시길 바랍니다. 성경에 나오는 형통의 복을 누린 사람 중에 가장 대표적인 사람이 있다면, 바로 이삭입니다. 이삭은 아버지 아브라함과 어머니 사라가 늦은 나이에 얻은 언약의 자녀였습니다. 하나님께서 언약의 씨로 주셨지만, 하나님의 번제로 드리라는 명령에 번제로 드려질 뻔한 사람이기도 합니다. 이 사건을 통해서 하나님은 아브라함의 믿음을 확인하셨습니다. 그 믿음의 자녀로 태어난 이삭은 그 믿음만큼이나 온순한 성격이었던 것 같습니다. 동시에 이삭은 하나님께서 아브라함에게 주신 언약의 복을 그대로 받은 사람이었습니다. 4절을 보면, "네 자손을 하늘의 별과 같이 번성하게 하며 이 모든 땅을 네 자손에게 주리니 네 자손으로 말미암아 천하 만민이 복을 받으리라"라고 말씀하고 있습니다. 이삭은 이 복을 받은 사람이었기에 12절은 "이삭이 그 땅에서 농사하여 그 해에 백 배나 얻었고 여호와께서 복을 주시므로"라고 말씀합니다. 사실 이삭이 받은 복은 하나님께서 주신 것이었습니다. 또한 이삭은 아버지 때에 막았던 우물을 다시 팠을 때 샘의 근원을 얻기도 하였

습니다. 이렇게 이삭은 샘을 파는 곳마다 물이 나오는 역사를 경험했습니다.

이삭이 받아 누린 형통의 복을 우리 또한 받기 위해서는 무엇보다도 하나님 앞에 의로운 사람이 되어야 합니다. 하나님께서 의로 여기시는 것은 하나님의 뜻에 어떻게 순종하느냐에 달려 있습니다. 아브라함은 하나님의 뜻에 항상 순종하는 사람이었습니다. 하나님은 이러한 아브라함을 보시고 의로 여기셨습니다. 아버지의 의로움을 보시고 하나님께서 언약해 주셨고, 그 언약에 따라 이삭이 복을 받는 은혜를 얻게 되었습니다.

둘째는 하나님의 섭리를 인정할 수 있어야 합니다. 이삭은 우물을 파고 물이 솟아날 때마다, 하나님께 영광을 돌렸습니다. 어떻게 보면, 자기의 수고로 인해서 물이 솟아났다고 할 수도 있지만, 이삭은 철저하게 하나님의 은혜였음을 고백합니다. 이와 같이 우리 또한 내가 수고하고 땀을 흘린다 할지라도 열매 맺게 하시는 분은 오직 하나님이라는 믿음의 고백을 할 수 있어야 합니다.

셋째는 평화를 만들어가는 삶이 되어야 합니다. 사업을 하다 보면, 시기하고 적대적인 감정을 가지는 사람들이 많이 있을 수 있습니다. 그럼에도 불구하고 어떻게 평화를 만들어가야 할지에 대해서 고민하는 삶이 되어야 합니다. 이삭은 우물을 파고 다툼이 생겨서 비록 손해를 보는 듯 했지만, 모든 일을 평화롭게 만들어 갔습니다. 하나님은 이러한 이삭을 보시고 형통의 복을 주셨습니다. 간절히 바라기는 이삭에게 주신 복이 오늘 새롭게 사업을 시작하는 〇〇〇(성도, 직분)님의 사업 위에도 함께하시길 간절히 바랍니다.

축복기도 ··· 맡은이

복의 근원이 되시는 하나님 아버지, 오늘 주님께서 사랑하시는 ○○○ (성도, 직분)님의 사업을 시작하게 하시니 감사를 드립니다. 무엇보다도 하나님의 뜻에 순종하는 삶이 되게 하시고, 믿음으로 반응하는 삶이 되게 하여 주소서. 이 사업을 통하여 평화를 만들어가게 하시고, 많은 사람을 위로하고 영원한 기업을 바라보게 하는 축복의 통로가 되게 하여 주소서. 기도하며 하는 모든 일들이 샘물이 터져 나오듯 좋은 결과를 맺을 수 있도록 은혜 내려 주소서. 그리하여 계속해서 믿음의 기업을 이어가게 하여 주소서. 예수 그리스도의 이름으로 기도합니다. 아멘.

찬송 ············ "내 주 하나님 넓고 큰 은혜는"(302장) ············ 다함께

축도(마침기도) ·· 집례자

인사 및 알림 ·· 맡은이

2) 마무리(폐업) 감사

예식사 ··· 집례자

여기까지 인도하신 하나님의 인도하심을 기억하며 마무리 감사예식을 시작하겠습니다.

찬송 ················ "어두움 후에 빛이 오며"(487장) ················ 다함께

기도 ·· 맡은이

알파와 오메가가 되시는 하나님 아버지, 시작하게 하신 것도 하나님의 은혜요, 끝나게 하신 이도 하나님이심을 고백하며, 주님의 사랑하

는 자녀 ○○○ (성도, 직분)님의 사업을 정리하는 마무리 감사예식을 드립니다. 비록 사업을 마무리해야 하는 아쉬움이 있지만, 주님께서 예비하여 놓으신 새로운 길로 인도받는 은혜가 있게 하여 주소서. 이 시간 우리는 모두가 주님의 섭리 안에 있음을 고백합니다. 주신 이도 여호와시요, 거두신 이도 여호와이심을 분명하게 고백하게 하시고, 항상 주님의 섭리 가운데 살아가게 하여 주소서. 그리하여 이 시간이 실패와 끝이 아닌 새로운 시작의 길이 되게 하여 주소서. 오늘 전하여 주시는 말씀을 통하여 새로운 결단과 결심을 하는 은혜가 있게 하여 주소서. 예수 그리스도의 이름으로 기도합니다. 아멘.

성경봉독·················· 베드로전서 1 : 3~12 ······················맡은이

설교 ···············"고난 속에서 피어나는 소망"················설교자

사람들은 누군가의 실패나 재난을 볼 때, 그것이 어떤 죄악 때문이 아닌가 하는 생각을 하곤 합니다. 그래서 하나님 앞에 뭔가 회개할 것이 있는지 살펴보라고 말할 때가 있습니다. 그런데 그리스도인이 당하는 실패나 재난은 죄 때문이 아니라, 하나님께서 행하시는 연단입니다. 하나님께서 그리스도인을 연단하시는 이유는 믿음으로 반응하는 사람으로 새롭게 태어나게 하기 위함입니다. 예를 들면, 욥이 고난을 당한 것은 자신의 죄 때문이 아니라, 하나님께서 서로 정죄하는 사람들의 잘못을 지적하시고, 하나님만을 의지하는 믿음의 사람으로 세우시기 위함이었습니다. 이처럼 오늘 본문에서도 그리스도인이 당하는 고난에 대해서 말씀하고 있습니다. 6절을 보면, "이제 여러 가지 시험으로 말미암아 잠깐 근심하게 되지 않을 수 없으나"라고 기록하고 있습니다. 주님을 따르고, 주님의 복음을 증언하는 참된 그리스도인이라 할지라도 여러 가지 시험을 받으면서 고

난을 당할 수 있습니다. 그러나 그리스도인들이 당한 고난은 그들을 잠시 근심하게 할 수 있지만, 그들을 지배하지 못합니다. 이어지는 말씀은 분명하게 선언합니다. "오히려 크게 기뻐하는도다".

그 이유가 무엇일까요? 그것은 바로 우리에게 산 소망을 주시는 분이 계시기 때문입니다. 그리스도인의 참 소망은 썩어질 것에 있지 않습니다. 하나님께서 우리가 썩지 않고, 더럽지 않고, 쇠하지 않는 유업을 잇도록 하신다는 그 사실에 우리의 소망이 있습니다. 그리스도인은 이 사실을 분명하게 인식하고 있기 때문에 잠시 오는 환난이나 고난으로 인해서 낙망하지 않습니다. 오히려 새롭게 행하실 주님을 기대하는 마음으로 소망을 갖습니다. 이것이 바로 오늘 우리에게 주시는 주님의 위로입니다.

또한 우리가 근심하지 않고 기뻐하는 이유는 우리의 궁극적인 목표가 영혼을 구원하는 일에 있기 때문입니다. 오늘 말씀 7절을 보면, "너희 믿음의 확실함은 불로 연단하여도 없어질 금보다 더 귀하여"라고 말씀하고 있습니다. 하나님께서 우리에게 원하시는 것은 바로 금보다 더 귀한 믿음입니다. 금보다 귀한 믿음은 바로 불로 연단하는 그 연단 속에서도 흔들리지 않는 믿음입니다. 이 믿음은 결국, 영혼의 구원입니다. 하나님은 연단을 통해서 내 영혼이 구원을 받는 길에 서기를 원하십니다. 우리의 시선은 사업의 성공과 실패에 있을지 모르지만, 우리 하나님의 관심은 내 영혼이 구원을 받는 것에 있습니다. 그렇기 때문에 우리가 다른 것은 포기하더라도 결코 포기할 수 없는 것은 영혼의 구원입니다. 이것을 깨닫는 것이 바로 우리 하나님께서 우리를 위로하시는 사건입니다.

오늘 ○○○ (성도, 직분)님의 ○○ 사업을 정리하는 자리에 서 있습니다. 비록 인간적으로는 아쉽고 섭섭하지만, 우리가 분명하게 취해야 할 것이 무엇인지를 바르게 깨닫는 은혜가 있기를 바랍니다. 그리하여 하나님의 인도하심 가운데 새로운 출발을 하시길 바랍니다. 앞으로 새롭게 열어 가는 과정 가운데 하나님이 형통의 복으로 함께하시길 바랍니다.

찬송 ················ "너 근심 걱정 말아라"(382장) ················ 다함께

축도(마침기도) ·· 집례자

3) 기공 감사

- 건축 공사를 시작하게 해 주신 하나님께 감사한 마음을 갖는다.
- 건물이 완성될 때까지 하나님께서 도와주실 것을 확신하는 마음을 갖는다.
- 하나님께서 이 일에 종사하는 사람들을 지켜 주시기 바라면서 기도하는 가운데 준비한다.
- 건축 현장에 건물 투시도와 평면도를 세워 놓으면 좋다.
- 기공식에 필요한 흙과 삽, 가위, 장갑 등을 마련해 놓는다.
- 예배 후에 흙을 쌓아 둔 장소에 둘러서서 삽을 잡고 기도한 후 첫 삽을 뜬다.

예식사 ·· 집례자

지금부터 ○○○ (성도, 직분)님의 주택/건물 기공 감사예식을 시작하

겠습니다.

찬송 ················· "주의 말씀 듣고서"(204장) ················· 다함께

성경봉독 ···················· 시편 127 : 1~5 ························ 맡은이

설교 ················ "하나님께서 세우시는 집" ················· 설교자

우리는 일생 수고하며 사는 존재입니다. 인간은 죄로 인하여 수고해야 그 열매를 맺을 수 있습니다. 그렇지만 그보다 더 중요한 사실은 우리가 아무리 수고하고 노력한다고 할지라도, 우리는 우리의 능력 밖의 일이 다가올 때 어떻게 할 수 없는 나약한 존재라는 것입니다. 그래서 오늘 시인은 노래합니다. "여호와께서 집을 세우지 아니하시면 세우는 자의 수고가 헛되며"라고 말입니다. 그분만 아니라, 밤새도록 졸지 않고 성을 지키는 파수꾼의 노력에도 불구하고, 하나님께서 성을 지키지 않으시면 그 모든 수고가 헛되고 헛된 것이라고 말씀합니다. 그래서 우리는 무엇보다도 하나님께서 기초를 놓으시고 이 주택/건물을 세우셔야 한다는 사실을 인정해야 합니다. 이러한 믿음의 반응을 보일 때 우리 주님께서 주시는 은혜가 있습니다.

첫째는 평안함을 주십니다. 2절을 보면, "너희가 일찍이 일어나고 늦게 누우며 수고의 떡을 먹음이 헛되도다"라고 말씀하고 있습니다. 이 말씀은 아무리 부지런하게 일하고 노력해도 그 모든 것이 헛되다는 말씀입니다. 그 이유는 하나님께서 세우신다는 믿음을 가진 사람에게만 평안이 있기 때문입니다. 그 내용이 바로 "여호와께서 그의 사랑하시는 자에게는 잠을 주시는도다"라는 말씀입니다. 근심과 걱정에서 해방되어 하나님께서 지키시고 보호하여 주실 것이라는 믿음을 가진 사람은 평안을 누릴 수 있습니다. 오늘 기공을 하는

○○○ (성도, 직분)님, 이 건물을 지으시고 지키시는 분은 오직 하나님이라는 사실을 인정하시길 바랍니다. 그리하여 평안의 은혜가 넘치기 바랍니다.

두 번째는 든든한 은혜를 주십니다. 3절과 4절을 보면, "보라 자식들은 여호와의 기업이요 태의 열매는 그의 상급이로다 젊은 자의 자식은 장사의 수중의 화살 같으니"라고 기록하고 있습니다. 이 말씀은 당시 사회에서 장수처럼 늠름하게 장성한 자녀들이 있음으로 불이익을 당하지 않는 모습을 그리고 있습니다. 세상에서 믿을 것은 없습니다. 세상은 서로 빼앗고 죽이는 살벌한 전쟁터와 같습니다. 이러한 세상에서 우리 주님께서 지키시고 보호하여 주실 때, 장수가 지킴 같이 안전하고 든든하다는 것입니다. 그리하여 세상을 향하여 담대하게 살아갈 수 있습니다. 이것이 바로 우리 주님께서 주시는 은혜입니다.

간절히 바라기는 오늘 이 주택/건물 기공예식을 드리는 ○○○ (성도, 직분)님은 이 건물을 지으시고 세우시는 분이 바로 우리 하나님이라는 사실을 인정하시길 바랍니다. 그리하여 하나님께서 평안의 복을 주시고, 든든한 은혜를 받아 누리는 삶이 되시길 바랍니다.

건축개요 설명	맡은이
인사 및 알림	맡은이
찬송 "너 근심 걱정 말아라"(382장)	다함께
축도(마침기도)	집례자

4) 준공 감사

- 공식적인 준공 검사를 마치고, 준공 감사예식을 갖도록 해야 한다.
- 여러 가지 어려운 여건 속에서도 공사를 마칠 수 있게 하신 하나님께 감사한다.

예식사 ·· 집례자

(건물의 목적과 성격에 따라)

지금부터 ○○○ (성도, 직분)님의 ○○ 주택/건물 준공 감사예식을 시작하겠습니다.

찬송 ·················· "지금까지 지내온 것"(301장) ·················· 다함께

성경봉독 ····················· 느헤미야 4 : 1~6 ························· 맡은이

설교 ······················ "건축이 완성되기까지" ······················ 설교자

건물은 어느 한 사람의 힘으로만 완성되는 것이 아니고 많은 사람, 재료, 시간을 필요로 합니다. 이것은 이스라엘 백성들이 귀환하여 하나님의 성전을 짓고, 그들의 성을 건축한 기록에서도 볼 수 있습니다.

첫째, 건축을 하는 데는 많은 사람이 필요하였습니다. 각양각색의 사람이 적재적소에 있지 않으면 일이 지연되거나 중단됩니다. 건축을 위해 많은 사람들이 몸의 지체처럼 합력하여 일함으로써 이 건물이 완성되었습니다. 앞으로 어떠한 일도 이렇게 협력하면 이루어

질 수 있을 것입니다.

둘째, 많은 재료가 필요하였습니다. 여러 가지 재료들이 사용됨으로 이렇게 건축이 완성되었습니다. 아무리 좋은 재료라고 해도 한 가지만으로는 집을 지을 수 없습니다. 우리의 삶도 하나님의 역사 속에 어느 한 부분이 되더라도 가장 요긴하게 쓰이는 재료가 되기를 원합니다.

셋째, 하나님이 지켜 주셔서 준공된 것입니다. 하나님은 집을 세우시는 분이며 지키시는 분입니다. 그는 건축자이며 보호해 주시는 분입니다. 하나님의 도움을 항상 구하고 찬양합시다. 이스라엘 백성이 성전과 성벽을 세울 때 하나님이 놀랍게 역사하셨음을 기억합시다.

넷째, 건물이 목적에 합당하게 쓰이도록 하여야 합니다. 이 건물이 많은 사람에게 유익이 되고, 하나님의 뜻을 이루는 것이 되게 해야 하겠습니다.

경과보고 ……………………………………………………… 맡은이

감사패 증정 …………………………………………………… 맡은이

찬송 ………… "태산을 넘어 험곡에 가도"(445장) ………… 다함께

축도(마침기도) ………………………………………………… 집례자

인사 및 알림 …………………………………………………… 맡은이

5 목양

1) 가정축복심방

- 심방을 가는 목회자는 미리 준비된 기도제목과 말씀으로 심방을 가고, 심방을 맞이하는 성도들도 고넬료와 같이 준비된 마음으로 심방을 받는다.
- 심방자는 심방 중 나눈 대화나 개인의 인격에 대한 내용은 비밀로 해야 함을 필히 명심해야 한다.
- 미리 집안 사정을 파악한 구역장이나 권찰의 안내를 받으며 들어가 인사하고 그리스도의 평강을 빈다.
- 설교자가 빛이 들어오는 환한 쪽에 앉게 한다. 설교자 정면에는 심방 받는 사람을 앉히고 심방대원들이 그 주위에 둘러앉는다.
- 미리 받은 기도제목(신년 초에, 또는 사전에 구역장을 통해서)을 확인하고 또 다른 기도제목도 받아 기록해 둔다.
- 성경봉독과 설교는 가능한 이야기식으로 하는 것이 좋으며 시간은 10분 이내로 한다.
- 가정을 위한 기도는 제목에 따라 합심하여 가정을 위해 기도하고 설교자가 마무리한다.
- 예식을 간단하게 드린 후, 자유로운 대화를 나누면서 교제

> 한다. 다과와 교제 시간을 예배 전이나 후에 가질 수 있지만 각각의 장단점을 고려한다.

사도신경 ·· 다함께

찬송 ··············· "날마다 주님을 의지하는"(556장) ··············· 다함께

(그 가정이 즐겨 부르는 찬송을 하는 것도 좋다.)

성경봉독 ····················· 시편 112 : 1~10 ··························· 다함께

설교 ··················· "그의 집에 복이 있음이여" ··················· 집례자

1. 하나님을 즐거워하는 자는 복이 있습니다.
2. 그 축복은 후손(2절)에게 부와 재물이 있다고 하십니다(2-3절).
3. 베풀며 꾸어 주어 더욱 잘 되는 복을 누립니다(5절).

합심기도 ····················· 가정 기도제목 ··························· 다함께

축도 ·· 집례자

2) 출산

> - 출산 후 50일을 전후로 하여 산모가 일상으로 복귀하기 전에 드려지는 것이 좋다.
> - 산모와 미리 상의하여 예배의 주된 목적을 결정한다.

> • 아기를 어떻게 키울 것이냐 하는 윤리적 또는 권위적 지침을 전하기보다 공동체의 지지와 사랑을 보여준다.

(1) 아기와 함께

예식사 ··· 집례자

너희는 아기처럼 젖을 빨며 내 품에 안길 것이고 내 무릎 위에서 귀여움을 받을 것이다. 어머니가 자식을 위로하듯 내가 너희를 위로하겠다. 너희가 이것을 보고 기뻐할 것이며 너희의 몸과 마음이 건강해질 것이다(사 66:12b-14a).

감사기도 ·· 맡은이

새 생명을 낳게 하시는 하나님, 이 가정에 새로 태어난 아기가 안전하게 세상으로 오게 해 주셔서 감사합니다. 해산하기까지 수고한 산모와 산모를 돌보는 가족들을 지켜 주셔서 감사합니다. 앞으로 회복하는 과정 속에서 그 몸과 마음이 주님이 맡기신 ○○○을 기르기에 충분한 건강과 힘을 얻게 하여 주소서.

이 아기가 자라가면서 삶의 모든 걸음 속에서 하나님과 주변 사람들이 공급하는 지원과 사랑을 경험하기를 원합니다. ○○○이 자라갈수록 하나님을 알아가고 하나님을 사랑하는 마음이 커지기를 축복합니다. 이 아기가 평화롭게 자고 그 삶의 길에 해를 입지 않기를 원합니다. 어떤 삶의 어려움 속에서도 ○○○이 든든한 상급이자 방패가 되시는 하나님을 경험하기를 원합니다.

찬송 ················ "실로암 샘물가에 핀"(225장) ················ 다함께

성경봉독················· 민수기 6 : 24~27 ······················· 맡은이

설교 ····················· "이미, 그 이름으로" ······················· 설교자

누군가의 자녀였던 우리는 이제 새 생명의 부모로 이 자리에 있습니다. ○○○이 우리에게 처음 온 날을 기억하면 그 경이로움과 압도적인 기쁨 한편에 두려움과 걱정 그리고 막연함이 우리 안에 있음을 발견하게 됩니다. 우리는 종종 내가 이 아기를 마주할 준비가 되어 있을까 하는 의문에 쌓이기도 합니다. 혹시 우리의 연약함이, 우리의 모난 부분이, 우리의 트라우마가 아이에게 좋지 않은 영향을 끼치면 어떻게 할까 하는 등의 걱정을 합니다. 아기와 함께하면서 겪어야 하는 수면 질의 악화, 건강의 문제, 신경이 날카로워지고 늘 피곤해지는 것, 자신으로서의 삶이 점점 줄어드는 것, 포기해야 할 것들이 늘어나는 것, 특히 아기를 낳은 지 얼마 되지 않은 부모들이 겪는 고립감과 다양한 제약들을 경험합니다. 이러한 삶의 실질적인 어려움들은 우리가 분노를 조절하기 힘들게 하고 때로는 이유 없는 깊은 우울감에 빠지게도 합니다. 그럴 때 우리는 스스로 부모로서의 자격이 있나 하는 의심을 하게 되기도 합니다.

그러나 오늘 말씀과 같이 축복은 하나님으로부터 옵니다. ○○○이 누리는 사랑과 축복은 하나님의 이름이 그 아이의 삶 위에 축복으로 주어진 것입니다. 우리의 부모로서의 어떠함이 아니라 하나님의 어떠하심으로 ○○○의 축복이 되신다는 것에 우리는 안도할 수 있습니다. 이 생명을 하나님의 팔 위에 놓는다는 것은 이 생명 위에 하나님의 이름이 놓여 있음을 인정하는 것과 같습니다. 하나님의 이름은 하나님의 능력이자, 영화로움이자, 의지할 것이며, 그리고 구원입니다. 이 아기는 그 놀라운 이름의 축복 안에서 하나님의 이름이

거하실 처소로 자라가는 것입니다.

그런데 더 놀라운 것은 아이의 평생에 하나님께서 하나님의 선하심과 인자하심과 그 사랑과 자비의 풍성하심을 허락하시는 방식입니다. 하나님은 아기가 태에 있을 때부터 양육자를 통해서 하나님의 축복을 흐르게 하십니다. 그래서 아기를 맞이한다는 것은 책임이지만 또한 커다란 기쁨입니다. 하나님은 우리가 부모로서, 그리고 양육자로서 무력하기를 원하지 않으십니다. 적극적으로 아이에게 하나님의 이름의 축복을 선포하는 것을 통해 우리 역시 그분이 거하실 처소로서 복의 통로가 되기를 원하십니다. 또한 우리를 향해서 우리의 부모이신 하나님께서도 이렇게 축복해 주십니다. 우리가 이 아기를 돌보기 전에 하나님은 이미 우리를 돌보셨고 우리의 얼굴이 이 아기를 향하기 전에 하나님의 얼굴은 이미 우리를 향해 있었습니다. 우리가 이 아기를 안아 보기 전에 하나님은 이미 우리를 안고 계셨습니다. 그러므로 어려운 순간에도, 기쁜 순간에도 그 이름의 축복을 기억합시다. 그 하나님이 우리의 복이요, 안전함이요, 그리고 평강입니다.

공동기도 ·· 다함께

집례자: ○○○(산모) 씨가 그녀의 아기를 품에 안았습니다. 그녀가 어머니로서 살아가고 ○○○(아기)을 양육하는 나날 동안 하나님께서 ○○○(산모) 씨의 어머니가 되셔서, 그녀의 삶을 품에 안으시고, 그녀의 마음을 평안하게 하시고, 그녀가 아기를 양육하며 지치고 어려운 순간을 만날 때, 그녀를 품어 주소서.

다함께: 하나님 같은 이가 없습니다. 주님의 영원하신 팔이 우리 아래에 있습니다(신 33:26-27).

집례자 : ○○○(아기의 아버지 또는 아기의 조부모와 같은 공동 양육자) 씨가 새로 태어난 아기를 품에 안았습니다. ○○○(아기)의 눈과 웃음을 바라볼 때의 그 감격과 기쁨이 ○○○(아기의 아버지 또는 공동 양육자) 씨의 삶에서 떠나지 않게 하소서. ○○○(산모) 씨에게 친절하고 따뜻한 양육의 파트너로서 최선을 다하게 하시고, ○○○(산모) 씨가 육체적으로 정신적으로 산후 회복의 기간을 헤쳐 나갈 때, ○○○(아기의 아버지 또는 공동 양육자) 씨가 주님께서 우리에게 그렇게 하신 것처럼 인내와 사랑과 이해와 지지로 그녀에게 든든한 힘이 되어 줄 수 있도록 ○○○(아기의 아버지 또는 공동 양육자) 씨를 준비시켜 주십시오. 아기에게 따뜻하지만 강한 마음과 의롭고 긍휼한 마음의 본보기가 되게 하시고, 가정의 새로운 변화 속에서 가장 좋은 삶의 방식을 발견하는 눈과 지혜를 주소서.

다함께 : 하나님 같은 이가 없습니다. 주님의 영원하신 팔이 우리 아래에 있습니다.

집례자 : ○○○(아기)의 삶을 하나님께 맡겨 드립니다. ○○○의 속사람을 튼튼하게 해 주십시오. 그리스도께서 ○○○의 마음 가운데 살아 계시게 해 주십시오. 그래서 ○○○의 삶이 사랑 안에서 강해지고 또 깊게 뿌리내려 그리스도의 사랑이 얼마나 깊고 또 높은지 알게 되기를 기도합니다. 그리고 그 사랑을 ○○○의 인생 속에서 경험함으로 인하여 하나님의 충만함이 ○○○의 마음속에 가득하게 하소서(엡 3 : 16-19).

다함께 : 하나님 같은 이가 없습니다. 주님의 영원하신 팔이 우리 아래에 있습니다.

찬송 ············· "주의 친절한 팔에 안기세"(405장) ············· 다함께

축도 ··· 집례자

(2) 고통 속에 있는 산모와 가족을 위해

- 이 예식은 산후우울증 및 정신적인 돌봄이 필요한 산모들을 위한 예식이다.
- 이 예식은 경우에 따라 유산과 사산 또는 불가피한 낙태를 경험한 산모들을 위해 활용될 수 있다. 추가적인 기도문은 본서 9장, 삶의 정황별 기도의 고난과 소망 부분을 참고할 수 있다.
- 이 예식의 설교 부분은 산모의 마음을 돌보고 위로하는 것을 우선으로 해야 한다.
- 세족예식을 포함하고자 한다면 예식이 시작되기 전에 세족례가 행해질 자리를 마련하고 그릇, 수건 등의 물품 준비를 모두 마쳐야 한다.

예식사 ·· 집례자

우리는 오늘 몹시 상한 마음 가운데 모였습니다. 우리로 고통 안에서 우리와 함께 계신 하나님을 보게 하시고 슬픔 안에서 하나님으로 인해 위로를 찾게 하시고 죽음 안에서 부활을 보게 하소서.

찬송 ················ "당신이 힘들다는 걸 알아요" ················ 다함께

성경봉독 ················ 예레미야애가 2 : 11~13 ················ 맡은이

설교 ···················· "누가 너를 위로할까" ···················· 설교자

[산후우울증 및 돌봄이 필요한 산모를 위하여]
하나님께서는 우리 삶의 혼란을 꾸짖지 않으십니다. 오히려 하나님은 그 혼란 속에 임재하십니다. 우리는 우리의 자녀에게 좋은 것을 주고 싶습니다. 신앙의 사람으로 성장할 수 있도록 우리가 할 수 있는 것들을 하고 싶습니다. 그러나 아기가 사랑스럽고 아기의 웃음으로 모든 어려움이 다 사라질 것 같다가도, 잠을 잘 수 없고, 피곤함에 지치고, 많은 인간관계로부터 단절되고, 외롭고, 우리 스스로의 감정을 조절할 수 없을 때 스스로를 자책하고 때로는 우울해지기도 합니다.

하나님은 그러한 우리의 연약함을 아십니다. 하나님은 그분의 몸에서 우리의 상실을 느끼십니다. 그리고 우리의 슬픔과 분노에 함께하십니다. 하나님은 산파이십니다. 그분의 손은 땀과 피로 뒤덮여 있고 그분의 치유와 도움의 여부는 우리와 아기의 삶과 죽음의 차이를 만들어 냅니다. 하나님은 구원자이심과 동시에 우리가 인내하고 또 즐거워하도록 우리와 함께하시고 우리를 도우시는 분이십니다.

[아기를 잃은 산모를 위하여]
누가 찢어지는 어미의 마음을 위로할 수 있겠으며 무엇으로 그 부서짐에 비교할 수 있겠으며 어떻게 그 처절함을 위로할 수 있겠습니까. 그 아픔이 바다와 같이 크니 누가 그 아픔을 고쳐줄 수 있겠습니까. 우리의 두 눈으로 어미의 살과 피를 나눈 아기가 어미의 태 안에서 그 생명이 사그라졌음을 목격합니다. 아기를 그 품에 안은 이들의 행복한 웃음이 우리에게는 슬픔이요, 눈물이 됩니다.

우리는 하나님께 찢어지는 가슴으로 부르짖습니다. 우리의 눈물은 밤낮으로 흐르고 강물처럼 흐릅니다. 우리의 눈동자는 쉴 틈이 없습니다. 우리는 자식을 잃은 예루살렘의 어미들처럼 머리에 재를 뒤집어쓰고 몸에 베옷을 입고 머리를 땅에 숙입니다. 물을 쏟아내듯 우리의 마음을 하나님께 쏟아 놓읍시다. 우리는 오늘 아기를 그 품에 안지 못한 이의 괴로움을 기억해 달라고 호소할 수 있습니다.

그러나 우리는 또 기억할 수 있습니다. 우리와 슬픔을 그 품에 안으시고, 우리와 눈이 짓무르도록 함께 우시는 하나님은 우리의 눈이 눈물로 상하고, 우리의 간과 심장이 녹는 듯한 고통을 아십니다. 우리의 가슴이 부서지기 전에 그분의 가슴이 먼저 부서지셨습니다. 왜냐하면 하나님이 그렇게 예수를 품으셨고, 그 예수가 우리를 위하여 그 품에서 사그라지셨기 때문입니다. 왜냐하면 하나님이 그렇게 우리를 품으셨고, 그 예수가 우리의 아기를 위하여 그 품에서 사그라지셨기 때문입니다.

공동기도 ·· 다함께

[산후우울증 및 돌봄이 필요한 산모를 위하여]
집례자 : 세상의 모든 아기들의 창조자이신 하나님, ○○○ 씨의 아기가 건강하게 우리에게 온 것을 감사드립니다. 하지만 아기를 얻은 감사에도 불구하고, 때때로 아기를 돌보는 과정에서 찾아오는 어려움과 우리의 생각과 감사를 마비시킬 만큼 복잡하고 어려운 감정들을 우리는 스스로 해결할 수가 없습니다. 하나님, 우리를 도우소서.
다함께 : 우리의 눈물이 그치지 않고 쉼 없이 흐릅니다(애 3 : 49).
집례자 : 우리의 슬픔의 시간에 고통당하신 그리스도께서 우리와 함

께하심을 믿습니다. ○○○ 씨의 낮아지고 부서진 마음을 불쌍히 여겨 주소서. 그녀의 견고한 절망과 도움 없는 눈물에 주님의 위로의 손길을 더하소서. 이 가족의 슬픔과 우리의 슬픔에 우리의 부모이신 하나님의 따스한 보살핌이 필요합니다. 주여! 주님의 위로를 상한 영혼의 삶과 고통 위에 물과 같이 부으소서.

다함께: 여호와께서 하늘에서 살피시고 돌아보시기를 기다립니다(애 3:50).

[아기를 잃은 산모를 위하여]

집례자: 세상의 모든 아기들의 창조자이신 하나님, 오늘 우리는 하나님 품에 우리가 품어 보지 못한 우리의 아기를 올려 드립니다. 우리는 ○○○ 아기가 너무 빨리 우리의 곁을 떠난 슬픔 속에 있습니다. 때때로 우리의 삶에 찾아오는 고통은 우리가 견딜 수 없을 만큼 아프고 우리를 집어삼킬 만큼 커다랗습니다.

다함께: 우리의 눈물이 그치지 않고 쉼 없이 흐릅니다(애 3:49).

집례자: 우리의 슬픔의 시간에 고통당하신 그리스도께서 우리와 함께하심을 믿습니다. ○○○ 아기의 어머니를 오래도록 당신의 품에 품으소서. 그녀가 죄책감, 좌절, 실망, 그리고 헤아릴 수 없는 고통 속에 있음을 기억하소서. 당신의 한이 없는 치료와 회복의 힘을 사랑하는 아기를 품에서 떠나보낸 ○○○ 씨와 그녀의 가족에게 부어 주시고, 이들이 서로를 비난하지 않고 서로의 아픔을 보듬고 서로의 외로움을 이해하고 함께 울고 함께 위로하고 함께 살아가게 도우소서.

다함께: 여호와께서 하늘에서 살피시고 돌아보시기를 기다립니다 (애 3:50).

세족례로의 부름 ··· 집례자

(세족식은 그 자격에 개방적일 수 있다. 반드시 목사에 의해 수행될 필요가 없고, 세례를 받은 사람만을 위한 것도 아니다. 여성으로서의 아픔을 위한 예식이므로 여성 목사나 여성 장로 또는 여성 리더십들을 통해 집례되는 것이 권장된다.)

그리스도는 그가 십자가의 고난을 받기 위해 잡히시기 전날 밤에 수건을 허리에 두르시고 제자들의 발을 씻기셨습니다(요 13:1-20). 그 사랑과 헌신은 주의 사람들을 끝까지 사랑하시겠다는 확언이자 그리스도의 십자가의 사랑과 맞닿아 있습니다. 그리스도는 우리의 고난을 보시고 들으시고 자기를 내어 주심으로 응답하셨으며, 우리가 서로 발을 씻기며 서로의 고난에 참여하고 서로의 삶을 사랑으로 섬기기를 원하셨습니다. 제자들의 발을 씻겨 주신 그리스도는 오늘 우리의 발을 씻기시길 원하십니다. 우리의 고통을 그리스도와 함께하는 그 밤으로 가져갑시다.

세족례로의 초대 ··· 맡은이

이제 저는 여러분들을 세족의 밤으로 초청합니다. 다른 사람의 발을 씻기는 것은 일반적이지 않으며 때로는 불편한 감정이 들 수도 있습니다. 그러나 우리가 오늘 하고자 하는 것은 단순히 발을 씻기는 것이 아니라 우리 안에 그리스도가 행하신 사랑과 환대, 그리고 받아들여짐을 경험하기 위해서입니다. 오늘 우리는 제자들이 앉았던 자리에 앉습니다. 그리고 우리의 발을 그리스도 앞에 내려놓습니다. 그리고 고백할 수 있습니다. "주여, 내 발뿐만이 아니라 내 마음의 무

거운 짐과 슬픔과 분노도 씻어 주소서."

주님, 우리는 우리의 발을 기억합니다. 출산의 고통과 우리의 무너진 자궁에서 흘러나오는 피가 발끝까지 흘러 내렸습니다. 밤낮으로 계속되는 슬픔이 우리의 발을 묶어 둡니다. 상실감, 고립감, 슬픔, 나약함, 죄책감이 눈물로 넘쳐흐르다가 마침내 발끝까지 내려옵니다. 주님, 우리의 발은 상처와 눈물과 슬픔으로 얼룩져 있습니다.

세족례를 위한 기도 ·· 집례자

허리를 굽혀 우리에게 오시는 주님, 그 사랑에 기대어 간구합니다. 발을 씻을 때 우리의 고통도 씻겨지기를 원하고, 우리의 복잡하고 어지러운 부정적인 감정들이 주의 사랑 안에서 주님에게, 그리고 우리가 속한 공동체 안에 완전히 포용 되기를 원합니다. 발을 씻을 때 그리스도의 사랑으로 우리가 나음을 얻고 주님과 연결됨으로 절망에서 해방되게 하소서.

특별히, ○○○ 씨와 그녀의 가족들이 이 커다란 슬픔에 압도되지 않도록 당신의 사랑 가운데 돌봄 받게 하소서. 그리고 다가올 날들을 맞이할 수 있는 용기를 주소서. 가족, 친구, 사회의 도움 속에서 진정한 환대와 위로와 사랑을 경험하게 하소서.

(이때, 참여자들이 한 마디씩 간구의 기도를 자발적으로 드릴 수 있도록 초청할 수 있다.)

사랑과 위로의 입맞춤 ·· 참여자

(세족례 준비를 하는 동안 동참한 이들이 침묵 속에서 산모의 어깨를 두드려 주거나, 손을 잡아 주거나, 친분이 있는 사이라면 포옹해 준다. 말이 의도치 않게 산모의 마음을 상하게 할 수 있으니, 말을 자제하고 그녀의 슬픔을 안아 주는 방식으로 진행한다. 특별히 예식에 참여한 가족이 먼저 산모를

안아 줄 수 있도록 배려한다.)

하나님께서 위로를 부어 주시기를 바랍니다.

(완전히 침묵으로 진행하고자 하는 경우 생략 가능하다.)

세족례 ·· 집례자

회복을 위한 기도·· 집례자

발에 닿는 물의 감각은 발에서 머리끝까지 올라와 어머니의 자궁처럼 우리를 감쌉니다. 우리는 그리스도의 변함없고 자신을 내어 주는 환대에서 안전함을 느낍니다. 주님, 매일 우리의 삶에서 우리의 발을 씻어 주시고 우리를 환영해 주소서. 앞으로 나아가기 위해 서 있는 당신이 사랑하는 이들의 마음에 힘을 더하소서.

찬송 ················ "눈을 들어 산을 보니"(383장) ················ 다함께

축도 ··· 집례자

3) 고난

- 고난은 여러 가지 이유가 얽혀 있으며 매우 복잡하기 때문에 그 원인과 결과를 이해하거나 받아들이기 어렵다. 예식의 참여자들은 이미 그들의 고난의 과중함으로 인해 지치고 상처받은 상태이다. 따라서 신학적인 판단 또는 고난의 이유를 찾고 해결책을 제시하려는 시도는 극도로 지양되어야 한다.

- 목회적으로 고난을 다룰 때 성급한 희망의 선언은 반드시 피해야 한다. 고난에 대한 충분한 애통과 공감의 시간을 가진 후 희망, 치료, 화해, 정의 등이 선포되어야 한다.
- 고난에 대한 다양한 유형들의 기도문은 『예배·예식서』 9장, 삶의 정황별 기도를 참고할 수 있다.

예식사 ·· 집례자

여호와께서 말씀하셨습니다. "너희는 잘 생각해 보고 곡하는 부녀를 불러오며 또 사람을 보내 지혜로운 부녀를 불러오되 부녀들이여 여호와의 말씀을 들으라 너희 귀에 그 입의 말씀을 받으라 너희 딸들에게 애곡하게 하고 각기 이웃에게 슬픈 노래를 가르치라"(렘 9:17b, 20).

찬송 ············· "너 예수께 조용히 나가" (539장) ··············· 다함께

공동기도 ··· 집례자

집례자: 하나님, 두려움과 불안이 우리의 마음을 점점 압도합니다. 내 마음이 심하게 흔들리며 하나님에게 집중할 수 없으며 파괴적인 생각들이 우리의 마음을 뒤덮습니다. 내 영혼은 거친 바다와 같습니다. 주님, 우리의 신음에 응답하시고 우리의 아픔에 개입하소서. 주님, 우리의 마음과 우리가 사랑하는 이들의 마음을 돌아보소서. 우리 안에 있는 모든 소란을 속히 그치게 하소서. 하나님, 강박적인 사고의 악순환에 빠지지 않게 하소서. 고통으로 인해 어그러진 생각들을 회복

시키소서.

다함께 : 우리의 마음에는 기쁨이 그쳤고 우리의 춤은 변하여 슬픔이 되었습니다.

집례자 : 우리의 몸이 견뎌낸 육체적 고통이 또다시 반복될 것이라는 두려움이 우리 안에 자라납니다. 그 두려움은 우리의 삶을 예민하게 만들고 삶을 온전히 살아갈 수 없게 만듭니다. 육체의 연약함은 우리의 영혼까지 무겁게 짓누릅니다. 우리의 지속되는 고통은 우리의 눈물을 마르게 하고, 우리의 삶을 사막과 같이 만듭니다. 우리가 고통 가운데 부르짖을 때, 놋문을 부수고, 쇠빗장을 깨뜨려 우리를 어둠 속에서 이끌어 내시고 우리의 아픔을 끊어 내소서.

다함께 : 이 일이 하나님에게 상관이 없습니까? 주님, 오셔서 우리의 고통을 보십시오. 우리를 위로해 줄 사람이 없고 우리에게 다시 힘을 북돋아 줄 사람이 없습니다.

집례자 : 하나님, 우리가 사랑하는 사람들은 우리의 고통에 기꺼이 참여합니다. 하나님, 고통받는 이들을 돌보는 사랑하는 이들이 다양한 상실, 실망, 절망을 헤쳐 나갈 수 있도록 도우소서. 사랑하는 이들의 삶이 고통으로 인해 부서지지 않도록 주께서 지키소서. 슬픔이 끝이 아니라는 것을 기억하게 하소서. 비극 속에서도 하나님의 선하심을 발견하게 하소서. 우리가 사랑하는 이들을 하나님의 팔로 붙들어 매소서.

다함께 : 여호와여, 제발 멀리 떠나가지 마소서. 오 우리의 힘이시여, 어서 오셔서 우리를 도우소서.

성경봉독 ················ 예레미야애가 5 : 20~22 ················ 맡은이

설교 ……………………"아주 버리셨나이까"…………………… 집례자

삶의 혼돈에 휘말리고 우리가 어둠 속으로 가라앉기 시작할 때 희망을 잃는 것은 너무나 쉬운 일입니다. 어느 것도 우리에게 명료함을 주지 않고, 문제는 더욱 두드러지게 우리에게 다가옵니다. 우리의 간절한 간구에도 불구하고 변하지 않는 상황은 하나님에 대한 신뢰를 상실하게 하기도 하고 하나님을 의심하게 하기도 합니다. 건강하고 또 잘되는 이들을 보면서 시기와 질투 그리고 자기 비하에 빠지기도 합니다. 그렇게 우리의 영혼과 마음과 몸은 건조해지고 위로받기를 거부하여 절망 속으로 빠져 들어갑니다.

예상치 못한 우리 삶의 변화들, 특별히 우리의 삶에 갑자기 닥쳐오는 고통들은 우리의 삶 전체에 걸쳐서 우리에게 고통을 가져다 주기도 하고, 아픔의 기억과 경험들은 우리에게 희망, 치유, 그리고 평화가 절실하게 필요함을 깨닫게 합니다.

그래서 많은 성서의 기자들도 하나님께 부르짖었습니다. 주님, 어느 때까지입니까? 어느 때까지 잠잠하실 겁니까? 주님, 나의 고통을 보소서! 하나님이여, 우리의 고난과 우리의 괴로움을 기억하소서. 우리를 위로할 자가 없습니다. 이러한 처절한 고통의 목소리들은 오늘 우리의 삶에서 공명합니다. 우리의 삶은 하나님의 약속과 같지 않아 보이고, 우리의 하나님은 강하고 모든 것이 가능하고 또 치료하는 하나님과는 멀어 보이기 때문입니다. 우리의 하나님은 정의와 사랑과 자비를 위해 움직이지 않는 것처럼 보이기 때문입니다. 그래서 우리는 예레미야애가 공동체처럼 부르짖습니다. 하나님이여 우리를 아주 버리셨나이까(애 5:22).

그런데 우리는 이 아픔의 고백 앞에서 또 하나의 공명하는 목소리를 만납니다. 그 목소리는 질고를 아는 자, 슬픔을 아는 자, 그 모

든 질고와 슬픔을 품으시는 자, 그리고 그 아픔을 지고 홀로 죄인으로서 죽는 자, "내 하나님이여 내 하나님이여 어찌 나를 버리셨나이까"(시 22:1)라고 슬피 우는 자, 사람들의 조롱, 수치, 모욕, 핍박, 침 뱉음, 온갖 멸시와 무시, 고통을 당한 우리들의 신, 가장 비참한 그리스도, 우리의 연약한 하나님입니다. 구원은 그 연약한 하나님으로부터 시작되었습니다. 구원은 우리가 전혀 예상하지 못하는 곳에서 시작되었습니다. 그 죽음 안에서 죽을 수밖에 없는 운명을 가진 인간과 거룩하신 하나님과의 완전한 연대가 일어났습니다. 그 죽음 안에서 인간의 탄식과 하나님의 탄식이 만났습니다. 그 죽음 안에서 삶이 연결되어 있습니다. 그 하나님은 우리의 어두움으로 들어오시기 위해 그분의 모든 빛을 버리셨습니다. 그래서 인간의 눈물이 흐르는 모든 길에서, 인간의 고통이 흐르는 곳곳이 그리스도의 눈물과 합쳐질 수 있는 것입니다. 우리는 그 주님을 만납니다. 그 주님은 고통당하시는 주, 우시는 주, 연약한 주, 그리고 생명의 주, 부활의 주이십니다.

합심기도 ··· 다함께

"우리가 일어나 벧엘로 올라가자 내 환난 날에 내게 응답하시며 내가 가는 길에서 나와 함께 하신 하나님께 내가 거기서 제단을 쌓으려 하노라"(창 35:3). 우리의 고통을 그 삶과 생명에 품으신 우리의 구원자 하나님, 우리의 삶을 돌아볼 때 우리의 환난의 때에 하나님은 응답하셨고 우리와 함께하셨습니다. 여전히 우리의 환경은 변한 것이 없어 보이고 여전히 우리의 고통은 우리 삶 안에 지속되고 있지만, 우리는 우리의 고통을 품으시고 우리의 모든 슬픔을 품으시는 주님을 알기에, 고난 중에도 주님의 팔에 의지하고 그 품 안에

서 숨 쉴 수 있습니다. 주님의 공급하심과 선하심의 증인이 될 수 있도록 우리의 삶을 인도하시고 우리에게 담대히 이겨 나갈 힘과 사랑함으로 버틸 용기를 주소서. ○○○ 씨가 하나님의 소유이고, ○○○ 씨의 첫 숨부터 마지막 숨까지 일어나는 모든 일들이 하나님의 손에 있음을 믿습니다. ○○○ 씨와 ○○○ 씨를 돌보는 가족들이 하나님의 사랑에 휩싸이게 하소서. 모든 이해를 뛰어넘는 위로와 평화를 주소서.

[수술을 앞두고 있는 경우]
하나님, 우리는 당신을 신뢰합니다. 하나님은 우리가 도와 달라고 하나님을 찾았을 때, 무덤에서 들어올리시고 구덩이 속으로 내려가지 않게 하셨습니다. ○○○ 씨를 수술할 의사와 의료진을 축복하여 주십시오. 그들의 손길이 하나님의 치유를 확장할 수 있게 그들을 준비시켜 주십시오. 진통제와 마취제가 주는 두려움 속에 함께해 주십시오. 우리가 자고 깰 때 하나님의 임재를 느끼게 하시고 우리와 항상 함께하시는 신실하신 하나님을 보게 해 주십시오.

(정신적 외상이나, 마음의 어려움이 있는 경우, 자녀의 질병이나 성폭력과 같은 고통에 대해서는 『예배·예식서』 9장, 삶의 정황별 기도를 참고할 수 있다.)

사랑과 위로의 입맞춤 ···참여자

(동참한 이들이 침묵 속에서 또는 간단한 위로의 말과 함께 참석자를 안아 주거나 그들의 개인적인 이야기를 듣고 함께 기도하는 방식으로 진행한다.)

(서로를 향해)

하나님께서 다함없는 위로와 견딜 수 있는 힘을 날마다 넘치도록 부

어 주시기를 바랍니다.

찬송 ·············· "내 모든 시험 무거운 짐을" (337장) ············· 다함께

축도 ·· 집례자

4) 구직

- 이 예식은 구직에 어려움을 겪고 있는 이들을 위한 것이다.
- 실직을 경험하거나 계속되는 거절을 경험한 이들이 대부분이므로 모호한 희망을 말하는 것보다 위로와 공동체적 지지를 보여주는 것을 목표로 하는 것이 좋다.
- 끊임없는 자기 평가, 재정적 악화, 미래의 불확실성에 대한 극도의 스트레스와 불안에 놓여 있기 때문에 그 절망감을 신앙 안에서 다루는 방식으로 예식을 구성하는 것이 좋다.
- 구직의 실패와 신앙을 연결 지어 예식을 구성하는 것을 피하고 하나님의 위로하심, 도우심, 그리고 힘 주심을 중심으로 예식을 구성할 수 있다.

예식사 ·· 집례자

"나는 가난하고 궁핍하오니 하나님이여 속히 내게 임하소서 주는 나의 도움이시요 나를 건지시는 이시오니 여호와여 지체하지 마소서"(시 70:5).

기도 ·· 집례자

하나님, 오늘 우리는 우리의 마음의 가난함과 갈급함을 가지고 모였습니다. 우리의 삶의 상황이 주는 불안함과 두려움이 우리의 마음을 무겁게 합니다. 우리 스스로를 바라볼 때 만족스럽지 못하고 작게만 느껴집니다. 하나님, 우리의 마음이 미래에 대한 불확실성에 압도당할 때, 우리의 상황에 낙담할 때, 기회가 희박해 보일 때, 우리가 할 일은 우리의 주권자이신 예수 그리스도의 발 앞에 우리의 모든 스트레스와 낙담과 조급함을 내려놓는 것임을 고백합니다. 하나님은 우리의 아픔에 공감하시며 우리의 힘든 순간에 우리의 말을 듣고 계시는 분이심에 감사합니다. 우리가 하나님을 신뢰함으로 앞으로 나아가게 하소서.

하나님, 오는 어떤 날들 안에서든지 하나님께서 베푸시는 강함과 용기로 가득 차게 하시고, 새로운 시작에 대한 두려움보다 성취되지 않은 잠재력에 대해 생각하게 하소서. 새로운 날을 자신 있게 바라보게 하소서. 하나님의 빛과 사랑이 ○○○ 씨의 삶에서 빛나고, 하나님의 지혜가 ○○○ 씨의 마음을 인도하고, 하나님의 평화가 ○○○ 씨를 평화로 채우고, 하나님의 힘이 ○○○ 씨의 삶을 인도하고 있다는 것을 누리며 살게 하소서.

찬송 ················ "오 놀라운 구세주"(391장) ················ 다함께

성경봉독 ········· 시편 17 : 6~7 ; 이사야 40 : 26~31 ············· 맡은이

설교 ··············· "피곤하며, 곤비하며, 쓰러지되" ············· 집례자

우리는 우리의 상황이 경제적으로 연약해지고 충분한 지원을 우리 자신의 삶과 우리의 가족들에게 공급할 수 없을 때, 좌절에 빠집니

다. 우리가 열심히 살아가고 있음에도 불구하고 과소평가되고 있다는 느낌이 들 때도 그렇습니다. 때때로 우리는 다른 이들의 성취를 보면서 질투를 느낍니다. 때때로 희박해 보이는 기회 때문에 다 포기해 버리고 싶기도 합니다. 원하는 결과가 오랫동안 나오지 않을 때 낙담이 됩니다. 조급함, 성공에 대한 갈망, 사랑하는 사람들을 넉넉하게 지원하고자 하는 열망 등이 우리를 더욱 힘들게 만듭니다. 무엇보다 우리를 더 힘들게 만드는 것은 우리 삶에 변화를 가져 오시기는커녕 아무것도 하시지 않는 것 같은 하나님을 만날 때입니다.

성서에서 말하는 도우시는 하나님, 길을 만드시는 하나님, 신실하게 인도하시는 하나님은 우리가 정말 필요할 때 없어 보입니다. 그럼에도 불구하고 그분을 신뢰해야 한다는 그 사실이 우리를 더 절망하게 할 수 있습니다. 그러나 우리는 우리의 삶이 사막에서 물을 찾는 것과 같은 갈급함을 가지고 있을 때 하나님밖에 우리의 도움이 없음을 발견합니다. 새로운 기회의 문이 열리기를 원할 때, 우리가 한걸음 더 나아가기 위해 필요한 지식, 기술, 그리고 지혜가 필요할 때, 이력서를 작성하고 지원서를 제출할 때, 그리고 우리가 일할 새로운 장소를 찾고 잠재적 동료들과 고용주들을 만날 때, 이 모든 순간마다 하나님을 의지할 수밖에 없습니다. 우리에게 하나님밖에 다른 도움이 없기 때문입니다. 하나님이 주시는 용기와 자신감과 겸손은 그 누구도 줄 수 없는 귀한 것이기 때문입니다. 그리고 그분은 우리의 필요를 가장 잘 아시기 때문입니다.

우리는 하나님께서 우리가 우리의 상황을 보는 방식과 간구하는 방식을 변화시키신다는 것을 경험해 왔습니다. 우리가 기도의 언어를 찾지 못하고 힘들어할 때마다 그분의 영이 우리의 마음을 아시고, 우리를 위해 기도하고 계시다는 것을 경험해 왔습니다. 그러기에 우리는 다시 우리의 상황을 말씀 앞으로 가져올 수 있습니다. 그리고 그 말씀이 우리의 삶을 휘감으며 우리를 다시 일어서서 걸어가게 할 것임을 고백할 수 있습니다. 우리의 길과 송사는 여호와 앞에 숨김이 없으며, 여호와는 피곤한 자에게 능력을 주시고 무능한 자에게 힘을 더하는 분이십니다. 우리의 상황과 삶이 지치고, 피곤하고, 넘어지며, 쓰러질지라도, 지치지도 피곤하지도 않으신 하나님이 우리에게 지혜와 새 힘을 주십니다.

공동기도 ·· 다함께

> 집례자: 하나님의 인도하심을 간구합니다. 우리가 하나님의 인도하심을 바라볼 때 선한 목자이신 하나님을 경험하게 하소서. 우리의 삶이 어떤 분에게 붙들려 있는가를 기억하게 하소서. 우리가 목적을 향해 나아갈 때, 우리의 크고 작은 결정에 지혜를 허락해 주소서. 우리 자신이 모든 상황을 조정할 수 있다는 조급함과 오만함을 내려놓고 주님의 지혜가 우리를 좋은 곳으로 인도할 것임을 기억하게 하소서. 우리의 의지가 하나님의 마음과 생각과 뜻에 합당하게 하소서.
>
> 다함께: 하나님은 우리보다 높으시고, 하나님의 계획은 우리보다 크며, 하나님에게는 불가능한 것이 없습니다.
>
> 집례자: 하나님, 우리는 삶의 불확실성 속에서 고통받고 있습니다. 하나님, 우리를 강하게 하여 주소서. 우리가 어려운 선택과 상황에 직면할 때 우리의 두려움을 하나님께 맡기게 하시고 그 상황을 헤쳐나갈 수 있는 힘을 허락하소서. 우리가 당신의 강한 팔에 붙들려서 우리의 상황과 관계없이 매일의 삶에서 쉼과 평화를 누리게 하소서.

다함께 : 하나님, 우리의 마음이 방황하지 않게 하시고 하나님이 주시는 안정과 자유를 누리게 하소서.

집례자 : 하나님, 주의 길을 우리에게 보이시고 주님의 길을 우리에게 가르쳐 주소서. 주님의 진리로 우리를 인도하시고 우리를 가르쳐 주소서(시 25:4-5). 우리가 부의 축적, 권력, 승진 등을 우리의 행복으로 삼지 않게 하시고 우리의 삶이 세상의 작은 구석에서, 우리의 재능과 기술을 개발하고, 하나님의 말씀의 진리를 부지런히 추구하고, 하나님의 사랑으로 다른 이들을 축복하고 섬기는 삶이 되게 하소서. 주를 신뢰하는 가운데 비교와 실패와 좌절을 다룰 수 있게 하소서.

다함께 : 주는 우리의 구원의 하나님이시니 우리의 소망이 종일 주께 있습니다. 우리는 그 안에서 그를 믿음으로 말미암아 담대함과 확신을 가지고 하나님께 나아갑니다.

사랑과 위로의 입맞춤 ··· 참여자

(동참한 이들이 침묵 속에서 또는 간단한 위로의 말과 함께 참석자를 안아 주거나 그들의 개인적 이야기를 듣고 함께 기도하는 방식으로 진행한다.)

(서로를 향해)

하나님께서 다함없는 위로와 힘을 날마다 부어 주시기를 바랍니다.

찬송 ············· "주 예수님 내 맘에 오사"(286장) ············· 다함께

축도 ·· 집례자

5) 이사

> - 가족이 거하게 될 새로운 장소와 새로운 날들을 축복하고 하나님의 지속적인 도우심을 바라는 방식으로 예식을 구성한다.
> - 아이들이 예식에 함께하고 있다면 아이들의 연령을 고려하여 예식의 내용과 순서를 세심하게 조정할 필요가 있다. 아이들을 예식에서 배제시키지 않아야 한다.

예식사 ·· 집례자

하나님 여호와의 말씀을 청종하면 모든 복이 우리에게 찾아올 것입니다. 우리의 자녀와 땅의 열매가 복을 받고, 우리의 짐승의 새끼도 복을 받아 소와 양이 늘어날 것이고, 우리의 광주리와 반죽 그릇이 복을 받을 것입니다. 우리는 들어가거나 나가거나 어디를 가든지 복을 받을 것입니다(신 28:1-6).

기도 ·· 집례자

가정을 세우시고 이끌어 가시는 하나님, 오늘 한 가정이 새로운 장소에서 새로운 날을 맞이합니다. 우리는 하나님이 우리의 모든 전환과 변화에서 함께하심을 믿습니다. 삶의 그림자 속에서도 우리에게 열심을 다해 살아가게 하셨음에 감사드립니다. 이 가정의 새날들 속에, 그리고 오는 어떤 날들에서든지 하나님께서 베풀어 주시는 강함과 용기로 가득차게 하시고, 내일이라는 새로운 날을 자신 있게 바

라보게 하소서.

[자녀가 있는 경우]
이 가정의 자녀들을 위해 특별히 기도합니다. 하나님의 따뜻한 사랑의 손에 자녀들을 올려놓습니다. 자녀들의 속사람이 강건하게 하시고 넘치는 그리스도의 사랑을 알고 경험하며 살아갈 수 있게 축복하여 주소서. 자녀들이 그 사랑을 경험함으로 인해서 하나님의 충만함이 그들의 마음 안에 가득 채워지게 하소서.

찬송 ·················· "예수님의 사랑은"(561장) ················· 다함께

성경봉독 ················ 창세기 48 : 15~16 ······················ 맡은이

설교 ······················ "빈 집의 기억" ······················· 집례자

이사를 떠나기 전, 이삿짐이 다 나간 뒤 비어 있는 집을 돌아보면 아쉬움이 남고 힘들었던 기억도 떠오릅니다. 그러나 그곳에서 우리의 삶 속에 있었던 하나님의 신실하심과 돌보심 또한 발견할 수 있습니다. 그 집에는 우리의 눈물과 웃음이 있었고, 성공과 실패가 있었고, 다툼과 사랑이 있었지만 우리는 그 어떤 상황에서도 주님은 우리와 함께 계셨다는 것을 고백할 수밖에 없습니다. 하나님이 함께하신 그 기억들은 우리가 새로운 삶의 자리에서 앞으로 나아갈 때, 우리가 우리 가족뿐만 아니라 이 가정을 거쳐 가는 모든 사람들에게 하나님이 주시는 사랑과 은혜를 확장하는 데 헌신하도록 해 줍니다. 주님께서 우리에게 주시는 안전함과 환대 안에서 우리는 외로운 사람들, 아픈 사람들, 정의에 목마른 사람들을 섬길 수 있습니다. 그리고 우리의 가족 공동체는 보다 크고 넓은 것임을 기억하고 그들과 함께 더불어 살아갈 수 있게 됩니다.

하나님께서는 아브라함과 이삭과 야곱의 집을 축복하실 때 그들의 혈연 공동체만을 축복하신 것이 아니라 그들과 그들의 자손을 통하여 천하 만민이 복을 받게 될 것이라는 뜻을 드러내셨습니다. 하나님은 이 가정을 향해서도 그러한 뜻을 가지고 계십니다. 이 새로운 터전은 복의 통로가 될 것이며 하나님은 이 집의 구석구석을 그분의 사랑으로 덮으시고 이 가정의 사람들을 보호하실 것입니다.

이제 이 가정은 새로운 터전에서 하나님과 함께 새로운 땅으로 걸어가게 될 것입니다. 하나님은 믿음의 조상들에게 그렇게 하셨던 것처럼 우리가 취약하고 연약할 때 우리를 보호하시고 우리의 모든 걸음에 함께하십니다. 오늘 본문은 야곱이 자신의 마지막 때에 자신의 아버지의 날들과 자신의 지난날들을 기억하면서 아들 요셉과 손자들을 축복하는 말씀입니다. 야곱은 그와 그의 조상들에게 주셨던 하나님의 약속과 신앙의 고백들이 자신의 자손들에게도 유업으로 이어지기를 기원합니다. 이러한 야곱의 기원은 요셉이 낯선 장소인 애굽으로 팔려가 불안하고 굴곡진 삶을 살았음에도 불구하고 하나님이 분명히 요셉이 들어오고 나갈 때 그와 함께 하시고, 그의 터전에 함께 하셨다는 고백에서 비롯된 것입니다.

하나님께서는 아브라함의 자손들이 겪은 모든 어려움들을 바꾸셔서 축복의 근원이 되게 하셨습니다. 또한 우리가 옛집에서 경험한 복잡한 문제들을 강력하게 감싸고 섬세하게 매만지셔서 그 모든 것이 축복의 근원이 되도록 하셨습니다. 그러니 이제 이곳에서 만날 새로운 기억, 새로운 공간, 새로운 사람들, 그리고 새로운 소명을 기대합시다. 앞으로 우리는 우리의 거할 곳을 몇 번이고 옮길 수 있지만, 어쩌면 그 상황들이 모두 긍정적이지는 않을 것이지만, 우리는 하나님이 여전히 우리를 인도하시고 우리 앞에 길을 여시는 분임을 신뢰할 수 있습니다. 우리의 옛집의 기억이 그리고 오는 영원한 집에 대한 갈망이 우리를 그 평화와 희망의 약속으로 인도하기 때문입니다.

공동기도 ···다함께

> 집례자 : 하나님, 지난 시간 동안 이 가정에게 주신 은혜의 선물들을 기억합니다. 불확실한 삶 속에서도 하나님께서 이 가정을 위한 좋은 계획들을 가지고 계시다는 것을 알고 감사합니다. 이 가정이 내딛는 모든 삶의 단계를 인도해 주시고, 이 가정이 하나님의 공급과 보호를 알게 되기를 기도합니다. 이 가정이 부드러움과 인내와 존중과 사랑으로 서로를 마주보게 하여 주소서. 이 가정이 함께 기꺼이 웃고, 춤추고, 꿈을 꾸고, 감사함으로 다가올 풍성한 날들을 고대하면서, 기쁜 마음으로 새 장소에서의 시간을 마주하게 하여 주소서.
>
> 다함께 : 우리를 둘러싼 모든 것이 변할지라도, 주님은 한결같고, 신실하시고, 진실하십니다.
>
> 집례자 : 하나님, 이 가정이 거할 곳을 주셔서 감사합니다. 우리가 가정 안에서 쉼을 얻는다는 것에 감사드립니다. 화재, 홍수, 바람, 침입, 도난 등으로부터 이 가정을 보호해 주시고, 이 가정이 하나님이 주시는 복의 유산을 이어가는 가정 될 수 있게 하소서.
>
> 다함께 : 이 가정을 하나님께 드립니다. 하나님의 영광과 찬양을 위해 이 집을 사용하소서.
>
> 집례자 : 하나님, 이 가정이 환영의 장소가 되게 하소서. 이 가정을 통해 하나님의 사랑과 축복이 흘러가게 하시고, 변함없는 축복의 손길이 머물게 하여 주소서. 상실한 마음들이 있다면

회복할 수 있는 장소가 되게 해 주소서.

다함께: 하나님의 은혜와 사랑, 그리고 완전한 평화가 이곳에 머무는 모든 이들에게 위안이 되게 하소서.

찬송 ················· "우리 주님 모신 가정"(555장) ················· 다함께

축도 ·· 집례자

6) 군 입대

- 본 예배는 군 입대자와 회중이 함께 드리는 예배이다. 예배자들은 본 예배를 통하여 하나님 앞에 나아가 하나님의 말씀을 듣고 이에 응답하는 시간을 갖는다. 특별히 군 입대자가 하나님의 계획하심을 기억하고, 하나님의 인도하심을 굳게 의지하며, 그 믿음의 소망과 비전으로 가득할 수 있도록 공동체 지체들은 다 함께 한마음으로 예배한다.
- 본 예배에서 먼저 군대 생활을 경험한 사람의 신앙 간증 순서를 가질 수 있으며, 성도들이 합심하여 군 입대자를 위하여 기도하는 순서를 가질 수 있다.
- 온 회중은 예배의 마지막 부분에 축복송을 부르며 군 입대자를 축복한다.

예식사 ···················· 요한복음 14 : 18 ···················· 집례자

(수 1:9 ; 딤후 2:3를 참고할 수 있다.)

이 시간 군 입대를 하는 ○○○ 형제/자매와 함께, 하나님께 예배를 드리겠습니다.

신앙고백·····························사도신경 ······························다함께

찬송················ "빛의 사자들이여"(502장) ·················다함께

기도 ··맡은이

살아 계신 하나님 아버지, 언제나 우리와 함께하시고 우리를 푸른 초장으로 인도하시는 주님의 손길에 감사드립니다. 영접하는 자, 그 이름 예수 그리스도를 믿는 자에게 하나님의 자녀가 되는 권세를 주셨으니, 우리가 이 믿음 변치 않고 늘 하나님 아버지의 인도하심을 받으며 평안히 거하게 하여 주소서. 이 시간 ○○○이 군 입대를 앞두고 하나님께 예배드립니다. 우리가 어디에 있든지 하나님께서는 우리를 고아와 같이 버려두지 않으시고 늘 우리 곁에 계심을 믿습니다. 이처럼 우리에게 늘 찾아오시는 주님께서 ○○○에게 오시고 그 주님을 늘 의지하는 복된 믿음을 ○○○에게 굳건히 세워 주소서. 군대에서 어떤 상황에 처하더라도 주님 의지하는 그 믿음으로 늘 승리하도록 ○○○을 붙잡아 주소서. ○○○이 군에서 만나는 모든 사람들 가운데 있을 때, 예수 그리스도와 함께 있는 그 빛 가운데 거하게 하시고, 하나님의 자녀로서 소금과 빛이 되어 선한 영향력을 끼치게 하여 주소서. 늘 하나님께서 눈동자 같이 지켜 주셔서 하나님께서 언제나 곁에서 보호하시고 역사하여 주심을 믿음으로 고백하며 경험하는 군 생활이 되도록 성령 하나님 아버지, 주장하여 주소서. 우리를 구원하여 주신 예수 그리스도의 이름으로 기도합니다. 아멘.

신앙간증 ···맡은이

(군대에 다녀온 경험자가 군대에서 만난 하나님, 군대에서 역사하신 하나님에 대해서 간증하는 시간을 갖는다.)

성경봉독·························· 로마서 8 : 28 ····························맡은이

(요 14 : 1 ; 시 18 : 1-3을 참고할 수 있다.)

설교 ·············· "모든 것을 합력케 하시는 하나님" ·············집례자

이스라엘 백성들이 광야생활을 할 때 하나님께서 아무것도 없는 광야에 만나를 내려 주셨습니다. 고기가 먹고 싶을 때는 메추라기를 주셨습니다. 광야의 밤은 매우 춥습니다. 이 추위를 불 기둥으로 막아 주시고, 낮의 뜨거운 더위는 구름 기둥으로 피하게 하셨습니다. 광야에서 아말렉과 전쟁이 나서 싸워야 했을 때는 모세를 통하여 기도의 능력이 무엇인지 보여 주셔서, 기도로써 그 전쟁에서 승리하게 하셨습니다. 기도하는 모세의 손이 떨어지지 않도록 양 옆에서 도운 아론과 훌은 협력기도의 능력을 우리에게 잘 보여 줍니다(출 17 : 10-16).

하나님은 우리를 위하여 준비하고 계십니다. 아무것도 없는 것 같은 곳에서도 미리 우리를 위하여 대비하고 계십니다. 하나님께서는 때가 되면 준비된 것을 보내 주시고, 우리가 불평하고 불안해하는 순간에도 준비하고 대비하고 계십니다. 이 같은 주님을 의지하기 바랍니다. 하나님은 우리 곁에 늘 계십니다. 그리고 모든 상황의 주관자가 되어 주십니다. 사람은 어렵고 힘겨울 때 불평할 수 있으나, 그 모든 상황을 조율하셔서 합력하여 선을 이루어 주시는 분은 하나님이십니다. 군 입대를 앞두고 마음속에 염려가 있다면 그 모든 것을 주님께 맡기고 우리 주님을 의지하기 바랍니다. "너희는 마음

에 근심하지 말라 하나님을 믿으니 또 나를 믿으라"(요 14:1). 하나님께서 불 기둥과 구름 기둥으로 지켜주시고 모든 군 생활을 통하여 늘 함께하시며, 모든 것이 합력하여 선을 이루게 하실 것입니다. 광야 한 가운데 있을 때는 외롭게 느껴지고, 언제 이 생활이 끝나나 하는 염려가 앞설지 모르지만, 우리가 믿음 위에 굳게 서 있을 때, 우리는 고백하게 될 것입니다. '주님께서 이루셨다! 여러 가지 난관과 고난들이 있었지만, 주님께서 함께하셔서 모든 것이 합력하여 선을 이루었다!'고 감사 찬송하게 될 것입니다.

그렇습니다. 우리의 모든 시간들, 기쁜 날, 슬픈 날, 고난의 날, 인내의 날 가운데 주님은 우리를 떠나지 않으시고 우리 곁에 늘 함께 계십니다. 그 주님을 믿음으로 의지하고, 모든 시간들을 통해, 모든 것을 합력해 선을 이루어 주시는 하나님을 언제나 고백하는 복된 군 생활이 되기를 바랍니다.

찬송 ············· "믿는 사람들은 주의 군사니"(351장) ············· 다함께

합심기도 ··· 다함께

(모든 회중은 군 입대자를 위하여 하나님께 간절히 합심하여 기도한다. 때에 따라서 군 입대자의 몸에 손을 얹고 기도할 수 있다.)

축복송 ······· "때로는 너의 앞에 어려움과 아픔 있지만" ········· 다함께

(군 입대자를 향하여 손을 펴서 축복송을 부른다.)

축도(주기도) ··· 집례자(다함께)

7) 독거노인

> - 본 예배는 신앙공동체가 독거노인과 함께 "임마누엘"의 하나님을 기억하면서 하나님께 나아가는 시간이다.
> - 본 예배를 통해서 하나님께 예배드림과 동시에 독거노인을 위로하고, 신앙 공동체는 독거노인의 가족임을 재확인하는 시간을 가진다.
> - 예배 중 독거노인을 위한 합심기도 순서를 가진다. 독거노인의 기도제목을 미리 받을 수도 있고, 예배 중 간단히 기도제목을 듣고 함께 기도하는 시간을 갖는다.

예식사 ·················· 시편 23 : 1~6 ·················· 집례자

(시 34 : 18을 참고할 수 있다.)

신앙고백 ·················· 사도신경 ·················· 다함께

찬송 ·················· "주 없이 살 수 없네"(292장) ·················· 다함께

기도 ·················· 맡은이

살아 계신 하나님 아버지, 우리에게 주님의 은혜와 사랑을 베풀어 주셔서 날마다 살아갈 수 있는 힘을 허락하여 주시고, 늘 성령의 은혜로 하나님 나라 소망을 가지고 살게 하시니 감사합니다. 모든 근심과 걱정을 홀로 감당하지 않게 하시고 우리의 무거운 짐과 염려를 주님께서 감당하여 주시니 하나님께 감사 찬송 드립니다. "너희 염

려를 다 주께 맡기라 이는 그가 너희를 돌보심이라"(벧전 5:7). 주님께서 우리 곁에 계시고 주님의 날개 그늘 아래 우리를 지켜 주시니, 그 은혜 잊지 않고 살아가도록 우리에게 주님의 은혜를 더하여 주소서. 주님께서 우리의 친구가 되어 주신다고 말씀하셨사오니, 우리가 그 말씀 의지하여 날마다 찬송하고 기도하면서 하늘로부터 오는 위로와 주님께서 베푸시는 그 끝없는 사랑으로 날마다 승리하는 삶을 살아가도록 인도하여 주소서. 언제나 임마누엘의 주님으로 우리와 늘 함께하시고, 우리의 위로자요, 보호자로 우리 곁에 계시는 하나님을 높여드리며, 우리를 모든 죄에서 구원하여 주신 우리 주 예수 그리스도의 이름으로 기도합니다. 아멘.

성경봉독················ 고린도후서 1:2~4 ······················ 맡은이

(시 6:1-10 ; 사 41:10 ; 롬 8:35-39, 11:33-36을 참고할 수 있다.)

설교 ············· "위로하시고 함께하시는 하나님" ············· 집례자

예수님은 하나님의 아들이십니다. 예수님이 하나님의 아들이시라는 것은 우리와 같이 육신을 입으신 하나님에 대한 믿음의 고백입니다. 예수님은 이 세상을 창조하신 높은 분이지만 우리를 고치시고 위로하기 위해 '임마누엘' 하나님으로 우리에게 오셨습니다. 예수님은 언제나 우리와 함께하시는 '임마누엘' 하나님으로 우리 곁에 계십니다. 예수님을 마음에 영접한 사람은 하나님의 자녀가 됩니다(요 1:12). 하나님의 자녀는 하나님께서 가만히 두지 않으십니다. 하나님은 그의 자녀를 늘 지켜 주시기 때문에 우리에게 든든한 힘이 됩니다. "나의 힘이신 여호와여 내가 주를 사랑하나이다"(시 18:1). 그렇습니다. 하나님은 우리 곁에서 우리의 힘이 되어 주십니다. 하나님은 그의 자

녀를 홀로 두지 않으십니다(요 14:8). 하나님은 우리를 모든 환난 중에서 위로하시고 우리가 하나님께 받은 위로로 모든 환난 중에 있는 다른 지체들을 위로하게 하십니다(고후 1:4).

우리는 일상생활을 하면서 우리에게 생명의 호흡을 허락하여 주신 하나님께 감사합니다. 하나님은 우리가 "항상 기뻐하라 쉬지 말고 기도하라 범사에 감사하라"(살전 5:16-18a) 하신 주님의 뜻대로 살아가라 말씀하십니다. 우리가 우리 주님을 믿는 신앙 안에서 감사하는 은혜와 평강의 삶을 살아간다면 평강의 하나님이 우리를 지켜 주시고 늘 가까이에서 우리의 보호자로, 우리의 목자가 되어 주실 것입니다. "아무 것도 염려하지 말고 다만 모든 일에 기도와 간구로, 너희 구할 것을 감사함으로 하나님께 아뢰라 그리하면 모든 지각에 뛰어난 하나님의 평강이 그리스도 예수 안에서 너희 마음과 생각을 지키시리라"(빌 4:6-7). 우리의 마음을 주님께 드립시다. 우리의 믿음을 통하여서 우리의 육신과 혼과 영이 '임마누엘' 주님 안에서 온전하게 될 것입니다(살전 5:23). 우리 주님 안에서 참 소망과 마음 속 깊은 평강이 늘 충만하기를 주님의 이름으로 축복합니다.

기도제목 나눔 및 소망의 기도 ……………………………… 맡은이

(이 기도는 대표자, 또는 함께 예배드리는 공동체가 합심으로 드릴 수 있다.)

찬송 ………… "내가 늘 의지하는 예수"(86장) …………… 다함께

축도(주기도, 마침기도) ……………………………… 집례자(맡은이)

8) 환자돌봄

- 본 예식은 병원이나 집, 또는 요양원 등에서 치료를 받고 있어서 교회의 주일예배에 정상적으로 참여할 수 없는 세례교인들이 성찬 예전을 비롯한 목회적 돌봄을 받을 수 있도록 구성된 예식이다.
- 이 예식은 성찬 예전에 참여한 교우들과 목회자가 환자를 방문하여 성찬을 함께 나누었던 초기 교회의 공동체적 돌봄의 실천을 따른다.
- 환자돌봄예식에서의 성찬은 임종을 앞둔 사람이나 선교지에서의 응급 상황 또는 전염병의 창궐과 같은 특수한 상황과는 구별되어, 가능한 교회 공동체의 대표 몇 명이 함께 환자를 위한 성찬에 참여하는 것이 좋다.
- 환자에게 손을 얹는 행위와 기름을 바르는 행위를 포함하여 환자를 위해 기도하는 것은 초기 교회에서부터 치료를 위해서 널리 사용되던 방식이다(약 5:14-16).

예식사 ··· 집례자

"수고하고 무거운 짐 진 자들아 다 내게로 오라 내가 너희를 쉬게 하리라 나는 마음이 온유하고 겸손하니 나의 멍에를 메고 내게 배우라 그리하면 너희 마음이 쉼을 얻으리니 이는 내 멍에는 쉽고 내 짐은 가벼움이라"(마 11:28-30).

기원 ·· 집례자

하나님, 상한 것에서 온전한 것으로, 썩어질 것에서 영원히 썩지 않는 것으로, 부정한 것에서 정한 것으로, 불의한 것에서 의로운 것으로, 영원한 슬픔에서 영원한 안식으로 우리를 놀랍게 사랑하심을 봅니다. 하나님은 우리의 약함과 실수를 비난하거나 꾸짖거나 부끄럽게 하지 않으십니다. 하나님은 숨이 턱까지 차오른 우리의 삶에 숨을 쉬게 하시고, 우리가 멈추어 서 있다가도 다시 뛸 수 있도록 힘을 돋우어 주십니다. 하나님, 이 예배를 통해 우리 불쌍한 영혼들을 품으시고 우리의 불균형과 불확실과 불가능한 삶에 하나님의 역사를 보여 주소서. 예수 그리스도의 이름으로 기도합니다. 아멘.

애통의 기도 ·· 다함께

집례자: 하나님, 우리는 병들고 고통에 지쳤습니다. 우리는 오늘 당신의 옷에 손을 댄 여인의 간절함으로 당신 앞에 나아옵니다. 오늘 우리는 우리의 고통, 나약함, 슬픔을 가지고 옵니다. 하나님, 우리는 건강해지고 싶습니다. 비록 우리는 무력하고 연약하지만, 주님은 이 상황 속에서 우리의 기도를 들으시고 우리를 낫게 하실 수 있음을 믿습니다. 주님, 우리의 마음과 영혼에 휴식을 주시고 상처를 싸매소서. 우리 안에서, 그리고 우리를 통해 주님의 일을 행하소서. 우리를 온전하게 하소서. 우리의 능력을 넘어 당신을 신뢰하게 하소서. 우리의 삶에서 당신의 부르심을 볼 수 있도록 도우소서.

다함께: 고통당하는 자가 마음이 상하여 여호와께 근심을 털어 놓습니다. 여호와여 우리의 기도를 들어주소서. 도와 달라는 우리의 부르짖음이 주께 이르게 해 주소서. 우리가 고통스러워하고 있을 때 주의 얼굴을 우리에게서 숨기지 마소서.

우리에게 귀를 기울여 주소서. 우리가 부르짖을 때에 어서 빨리 대답해 주소서(시 102:1-2).

찬송 ················· "너 근심 걱정 말아라"(382장) ················ 다함께

성경봉독 ················· 예레미야 8:21~22 ····················· 집례자

권면과 위로 ··· 집례자

    우리는 우리의 육체의 연약함을 만날 때, 우리가 예상하지 못했던 고통에 처할 때, 그리고 사랑하는 사람의 아픔을 오래도록 바라볼 때 종종 의문에 사로잡힙니다. 하나님이 우리의 기도를 듣고 계시는 것인지, 하나님은 왜 침묵하시는 것인지, 그리고 이 고통은 무엇 때문인지에 대한 것들입니다. 우리는 이 싸움이 길어지면 길어질수록 더 깊은 슬픔과 의문과 아픔 속에서 고립되어 지쳐 갑니다. 하나님께서 이 슬픔을 우리에게 허락하신 것인지, 아니면 우리의 어떤 죄악으로 말미암은 것인지 우리는 알 수 없는 죄책감과 두려움에 사로잡히기도 합니다. 우리의 근심은 어딘가로 위로를 찾아 헤매게 합니다. 우리의 주변에서는 우리의 고통을 가볍게 여기며 말하기를 평강하다, 평강하다 하나 평강이 없습니다(렘 8:11). 우리는 평강을 바라나 좋은 것은 하나도 오지 않았으며 우리를 고쳐주실 때를 기다렸으나 찾아온 것은 슬픔뿐이었습니다(렘 8:15).

    그러나 하나님은 치유와 회복에 대한 약속을 말하고 계시고 그 치유를 계속해서 행하고 계십니다. 그리고 우리는 그 치유가 우리에게 임하기까지 함께 서로를 돌볼 수 있습니다. 서로의 아픔을 바라보고 그 아픔에 마음 다해 함께할 수 있습니다. 우리는 공동체이기에 한 사람이 아파함으로 우리도 아파하고 슬퍼하며 놀랍니다(렘

8:21). 서로 의지하고, 서로 돌보고, 치유하시는 하나님의 손길과 은총이 그분의 때에 임하기를 기다리면서, 우리는 하나님이 끊임없이, 강력하게, 완전히 일하고 계심을 기억할 수 있습니다. 우리는 하나님의 일하심을 완전히 보거나 완전히 이해할 수 없지만, 우리는 그분의 존재로 인해 자유할 수 있습니다. 우리가 상상했던 것보다 훨씬 더 많은 일을 할 수 있습니다. 그리고 고백할 수 있습니다. '예, 길르앗에는 유향이 있습니다.'

찬송 ············· "내 맘의 주여 소망 되소서"(484장) ············· 다함께

성찬초대 ·· 집례자

여기 예수 그리스도께서 우리를 위해 베푸시는 사랑과 생명의 식탁이 준비되어 있습니다. 하나님께서 그 자녀들을 이 식탁으로 부르십니다. 이 식탁은 주님께서 친히 베푸시고 명하신 것입니다.

성찬제정사 ··· 집례자

주 예수께서 잡히시던 날 밤, 떡을 가지사 축사하시고 떼어 주시면서 "이것은 너희를 위하는 내 몸이니 이것을 행하여 나를 기념하라"고 하셨습니다. 또한 주님께서는 이후에 잔을 드시고 축사하신 후 "이 잔은 내 피로 세운 새 언약이니 이것을 행하여 마실 때마다 나를 기념하라"고 하셨습니다.

(이때 집례자는 떡과 잔을 들어 환자가 볼 수 있도록 한다.)

성찬 감사기도 ·· 집례자

우리의 아픔을 위해 매 맞고 고통당하신 하나님, 거룩한 주님의 식탁을 통해 그 사랑을 기억하게 하시고 무너진 우리의 삶과 영혼을

위로하여 주시니 감사합니다. 간청하오니 주님의 식탁 위에 거룩한 성령을 보내시어 우리가 떼는 이 떡과 나누는 이 잔을 통해 우리의 몸과 영혼과 마음이 하나님의 사랑 안에 온전해지고 서로의 사랑 안에 굳건해지게 하소서. 병든 사람들, 고통당하는 사람들, 연약한 사람들에게 주님의 평화를 내려 주시고 매인 자들에게 자유를 허락하소서. 특별히 이 시간 ○○○ 씨와 그를 돌보는 손길들에게 긍휼함과 위로를 허락하시고 주님을 신뢰하는 가운데 위로와 강건함을 얻게 하소서.

주기도 ·· 다함께

분병분잔 ··· 다함께

(집례자는 미리 준비한 떡과 잔을 제일 먼저 환자에게 나누어 주고, 이어서 환자의 가족들과 참석자들에게 나누어 준다. 그리고 마지막에 집례자가 받는다. 이러한 순서는 가장 힘들고 어려운 사람들을 먼저 배려하는 의미가 있다. 만약에 환자가 스스로 떡과 잔을 받을 수 없는 경우라면 집례자가 떡을 포도즙에 적신 후에 환자의 입에 대어 주도록 한다. 떡과 잔을 나누어 주면서 집례자는 다음과 같이 말한다.)

집례자 : 그리스도의 몸, 생명의 떡입니다.
세례교인 : 주님, 감사합니다.
집례자 : 그리스도의 피, 언약의 피입니다.
세례교인 : 주님, 감사합니다.

치유를 위한 기도 ·· 집례자

(성찬을 나눈 후에 목회자는 환자를 위해 다음의 말을 하며 안수기도를 할 수 있다. 이때 기름을 이마 또는 가능한 곳에 바르며 기도할 수도 있다.)

힘을 내고 용기를 가져라. 두려워하지 마라. 네가 가는 곳마다 네 하나님 여호와가 너와 함께할 것이다(수 1:9).

이스라엘아 내가 너를 만들었다. 내가 너를 구원하였으니 두려워하지 마라. 내가 너희 이름을 불렀으니 너희는 내 것이다(사 43:1).

예수께서 모든 병과 모든 약한 것을 고치십니다(마 4:23).

여호와께서 상심한 자들을 고치시며 그들의 상처를 싸매십니다(시 147:3).

여호와여 저를 고치소서. 그리하면 제가 나을 것입니다(렘 17:14).

여호와여 제가 수척하였사오니 저에게 은혜를 베푸소서. 여호와여 저의 뼈가 떨리오니 저를 고치소서(시 6:2).

확신과 평안을 위한 기도 ·· 집례자

(이 기도는 임종이 가까워 왔을 때, 또는 호스피스 병동에서 치유를 위한 안수기도 대신 사용할 수 있다.)

하늘에 있는 영원한 집이 우리에게 있는 줄 압니다(고후 5:1). 이 생이 끝이 아니라는 확신과 ○○○ 씨가 천국에서 당신과 함께 영원을 소유하게 될 것이라는 약속이 우리에게 주어졌음에 감사합니다. 다만, ○○○ 씨와 가족들에게 남은 고통을 견뎌낼 수 있는 힘을 허락하시고 ○○○ 씨와 가족들의 마음을 안심시켜 주시고 그 고통 속에 함께해 주소서. ○○○ 씨가 천국이 그의 영원한 집이라는 진리를 잊지 않고 기억하게 하소서. ○○○ 씨가 마침내 그의 눈에서 모든 눈물을 닦으실 그리스도를 보게 하소서. ○○○ 씨의 삶의 남은 순간들을 지탱해 주셔서 그가 당신의 신실하심 안에서 흔들리지 않게 하소서.

응답의 기도 ··· 다함께

하나님, 우리에게 주님의 마음과 우리를 위한 주님의 행동을 알게 하시니 감사합니다. 우리의 모든 고통, 모든 짐, 모든 분노, 모든 걱정을 십자가 앞에 내려놓습니다. 우리에게 우리 스스로를 포기하지 않는 끈기와 당신께서 하시는 일들을 바라볼 수 있는 눈을 주소서. 예수 그리스도의 이름으로 기도합니다. 아멘.

찬송 ············· "귀하신 주여 날 붙드사"(433장) ············· 다함께

파송과 위탁의 말씀 ········ 데살로니가전서 5 : 23~24 ········· 집례자

우리의 첫 숨부터 마지막 숨까지 하나님의 손에 있습니다. 하나님이 선을 위해 일하시는 것을 신뢰합시다. 우리와 함께하시고, 우리가 상처와 좌절, 그리고 우리를 약하게 만드는 것에서 벗어나 강하고 자유롭게 치료의 과정에 임할 수 있게 도우시는 하나님을 바라봅시다.

축도 ··· 집례자

6 상례

1) 임종

> - 불의의 사고나 급병에 의한 죽음이 아닌 경우, 목회자와 가족들은 임종 전 당사자가 애창하던 찬송이나 원하는 성구를 준비하도록 한다.
> - 임종 장소가 집이 아니고 병원일 경우, 간호사나 관련 직원들에게 양해를 구하고 예식을 진행하도록 한다.
> - 위중한 상황에 있는 임종자의 경우 집례자는 임종자의 귀에 입을 가까이 대고 예식을 진행하도록 한다.
> - 불신자의 경우 신앙고백을 유도하기보다는 위로와 평안 가운데 죽음을 맞이하도록 돕는다.

(1) 임종 전

예식사 ··· 집례자

(임종자의 상황에 따라 예식사를 생략하고 곧바로 기원의 말씀으로 시작할 수도 있다.)

우리 주 예수 그리스도의 위로가 이곳에 모인 여러분에게 함께하시기를 바랍니다. 지금부터 하나님의 부르심 앞에 있는 ○○○ 씨(성도, 직분)의 임종예식을 드리겠습니다.

기원 ………………………………………………………………… 집례자

"수고하고 무거운 짐 진 자들아 다 내게로 오라 내가 너희를 쉬게 하리라 나는 마음이 온유하고 겸손하니 나의 멍에를 메고 내게 배우라 그리하면 너희 마음이 쉼을 얻으리니 이는 내 멍에는 쉽고 내 짐은 가벼움이라 하시니라"(마 11:28-30).

"평안을 너희에게 끼치노니 곧 나의 평안을 너희에게 주노라 내가 너희에게 주는 것은 세상이 주는 것과 같지 아니하니라 너희는 마음에 근심하지도 말고 두려워하지도 말라"(요 14:27).

[신자의 경우]
생명의 근원이신 하나님! 이 땅에서 수고하고 애쓴 우리를 향하여, 참 쉼을 약속하신 우리 주님, 그 말씀대로 주님을 따라 이 땅에서 열심히 살아온 ○○○ 씨(성도, 직분)의 임종예식을 주님께 드립니다. 이 시간 우리의 참 목자 되신 주님 앞에 모든 인생의 수고를 내려놓고, 주님과 함께 믿음의 여정을 떠나기 위해 준비하는 ○○○ 씨(성도, 직분)에게 주님의 안식을 허락하여 주소서. 남겨질 가족들의 애통함을 위로하시고, 주님이 약속하신 영원한 나라를 함께 소망하는 시간이 되도록 모든 예식 가운데 우리 주님이 함께하여 주소서. 우리 주 예수 그리스도의 이름으로 기도합니다. 아멘.

[불신자의 경우]
은혜의 하나님! 이 땅에서 수고하고 애쓴 우리 모두를 향하여, 쉼을 약속하신 우리 주님, 이 땅에서 열심히 살아온 ○○○ 씨의 임종예식을 주님께 드립니다. 하나님께서 약속하시는 평안이 ○○○ 씨와 이 예식을 드리는 우리 가운데 임하기를 원하오며, 이 모든 예식 순서

가 잘 진행될 수 있도록 주님께서 인도하여 주소서. 우리 주 예수 그리스도의 이름으로 기도합니다. 아멘.

찬송 ················ "내 영혼이 은총 입어"(438장) ················ 다함께

["내 주를 가까이 하게 함은"(338장), "나 가나안 땅 귀한 성에"(246장)]

(인도와 보호, 천국, 믿음과 확신에 관련된 찬송을 부르도록 한다. 미리 가족과 상의된 경우 임종자가 즐겨 부르던 찬송을 부를 수 있고 상황에 따라 찬송을 생략할 수 있다.)

1. 내 영혼이 은총 입어 중한 죄 짐 벗고 보니
    슬픔 많은 이 세상도 천국으로 화하도다
2. 주의 얼굴 뵙기 전에 멀리 뵈던 하늘나라
    내 맘 속에 이뤄지니 날로날로 가깝도다
3. 높은 산이 거친 들이 초막이나 궁궐이나
    내 주 예수 모신 곳이 그 어디나 하늘나라

[후렴] 할렐루야 찬양하세 내 모든 죄 사함 받고
    주 예수와 동행하니 그 어디나 하늘나라

성경봉독 ··· 다함께

(불신자의 경우 시편 23편을 사용하도록 한다. 미리 가족과 의논한 경우 임종자가 평소 좋아했던 성경 구절을 함께 읽도록 한다.)

권면과 위로 ·· 집례자

(성경말씀에 근거하여 간단히 권면과 위로의 말씀을 전하도록 하고, 상황에 따라 성경 구절만 읽고 생략할 수 있다.)

기도 ··· 집례자

(시편 23편을 읽은 경우, [기도1]을, 요한복음 14장을 읽은 경우는 [기도 2]를 사용하도록 한다. 불신자에 경우 아래 불신자를 위한 기도문을 사용하도록 한다.)

[기도 1]

생명의 주인 되시고 참 목자 되신 하나님, 하나님의 사랑 가운데 살아온 ○○○ 씨(성도, 직분)를 지금까지 인도하심 같이 이 땅에서의 삶의 마지막 시간에도 함께해 주시기를 간구합니다. ○○○ 씨(성도, 직분)의 믿음의 수고와 주님을 의지하여 살아온 삶을 아시오니, 참 목자 되신 주께서 이제 그의 슬픈 눈물을 친히 닦아 주시고, 그 영혼을 쉴 만한 물가로 인도하여 주소서. 남겨질 가족의 삶을 염려하는 그 마음을 아시오니, 하나님께서 가족들을 돌보아 주소서. 또한 이 땅에서의 삶이 끝이 아니고 부활의 소망이 있음을 우리가 믿사오니 그의 연약해진 육신과 마음을 하나님 나라를 소망하는 마음으로 평안케 하시고, 다시 하나님 나라에서 만날 날을 기대하는 참 소망이 가족들 가운데 있기를 간구합니다. 우리의 목자 되시고, 삶의 주관자 되신 예수 그리스도의 이름으로 기도합니다. 아멘.

[기도 2]

참 생명의 길과 진리 되신 하나님, 하나님의 은혜 가운데 살아온 ○○○ 씨(성도, 직분)의 믿음의 여정을 기억해 주소서. 그가 이 땅에서 한 수고와 애씀을 아시는 주님, 그의 이름을 기억해 주시고, 그에게 영원한 하나님 나라를 허락해 주소서. 친히 우리가 거할 곳을 예비하신다는 주님의 말씀을 의지하오니 그의 연약해진 육신과 마음을 평안하게 하시고, 부활의 소망을 가지게 하소서. 사랑하는 이들을 두고 떠나야 하는 그의 마음의 어려움과 걱정을 아시오니 주님께서 남겨질 가족들을 지켜 주소서. 또한 사랑하는 ○○○ 씨(성도, 직분)를 이제 주님께 맡기는 가족의 마음을 위로하여 주소서. 많은 시간을 함께 하지 못한 아쉬움과 미안함으로 인해 애통해하는 그들의 마음 가운데 참 생명 되신 예수 그리스도의 이름을 더욱 의지하는 믿음을 주소서. 그리하여 하나님 나라에서 다시 만날 날을 기대하게 하소서. 우리 주 예수 그리스도의 이름으로 기도합니다. 아멘.

(기도를 마친 뒤, 임종자의 머리맡에 성경책을 놓고 임종자의 이마에 손을 얹거나, 손을 잡아 주거나, 또는 가까이에 가서 다음의 성경 말씀을 읽어 주며 부활과 영원한 생명의 약속을 누리게 될 것임을 말해 준다.)

"예수께서 이르시되 나는 부활이요 생명이니 나를 믿는 자는 죽어도 살겠고 무릇 살아서 나를 믿는 자는 영원히 죽지 아니하리니"(요 11:25-26). 우리 주님께서 약속하신 말씀을 붙잡고 부활의 새 생명의 길로 나아가려는 ○○○ 씨의 손을 주님께서 굳게 잡아 주소서. 주님이 주시는 평안이 있기를 간구하며, 이 시간 부활의 첫 열매 되시고 우리 소망 되신 예수 그리스도의 이름으로 기도합니다. 아멘.

[불신자의 경우]
생명의 주인 되신 하나님, ○○○ 씨를 이 땅에서 함께 알게 하시고, 사랑할 수 있는 시간을 허락해 주셔서 감사합니다. 이 시간 지쳐 있는 그의 육신과 걱정하는 마음을 우리 주님께서 위로해 주소서. 남겨질 가족을 걱정하는 ○○○ 씨의 마음을 아시오니, 우리 주님께서 이들을 돌보아 주소서. 남겨질 가족들의 애통함을 위로하시고, 우리 주님이 약속하신 영원한 쉼을 ○○○ 씨에게도 허락해 주소서. 우리의 참 목자 되시는 예수 그리스도의 이름으로 기도합니다. 아멘.

(신앙고백을 원하지 않는 불신자의 경우에도 기도 이후 다음의 성경 구절을

읽어 주어 임종자가 편히 죽음을 맞이하도록 한다.)

"낮의 해가 너를 상하게 하지 아니하며 밤의 달도 너를 해치지 아니하리로다 여호와께서 너를 지켜 모든 환난을 면하게 하시며 또 네 영혼을 지키시리로다"(시 121:6-7). 이 약속의 말씀이 ○○○ 씨 가운데 함께하기를 간구드리며, 우리 주 예수 그리스도의 이름으로 기도합니다. 아멘.

[신앙고백을 할 경우]

우리의 참 목자 되신 여호와 하나님, 이 시간 주님을 믿고 따르기로 작정한 ○○○ 씨의 기도를 들어 주시고, 함께 이 고백의 기도를 드릴 때 그의 연약해져 있는 마음과 육신 가운데 우리 주님이 주시는 구원의 기쁨과 평안이 이 시간 임하기를 간구드립니다.

(다음 아래의 영접기도문을 임종자와 함께 읽도록 한다. 임종자가 함께 읽지 못하는 경우 임종자의 귀에 가까이 다가가 영접기도문을 읽도록 하고, 입으로 의사표현이 어려운 경우라면 눈을 깜빡이는 등의 몸짓을 사용하여 임종자의 신앙고백을 돕도록 한다.)

나의 주 되신 하나님, 지금까지 주님을 모른 채 제 인생의 주인으로 살아온 저의 잘못을 고백합니다. 긍휼이 많으시고, 은혜로우시며 노하기를 더디 하시는 우리 주 하나님의 부름 앞에 이제야 나오는 저를 불쌍히 여겨 주소서. 이제 제 마음의 문을 열고 우리 주 예수 그리스도를 나의 삶의 주인 되신 주님으로 고백하오니 저의 모든 잘못을 용서하시고 영원한 하나님 나라에 우리 주님과 함께 거하도록 해 주소서. 나의 생명 되신 예수 그리스도의 이름으로 기도합니다. 아멘.

(영접기도가 끝난 뒤 함께 모인 사람들과 사도신경으로 신앙을 함께 고백하도록 한다.)

찬송 ············· "내 영혼의 그윽히 깊은 데서"(412장) ············· 다함께

1. 내 영혼의 그윽히 깊은 데서 맑은 가락이 울려 나네
   하늘 곡조가 언제나 흘러나와 내 영혼을 고이 싸네
2. 내 맘 속에 솟아난 이 평화는 깊이 묻히인 보배로다
   나의 보화를 캐내어 가져갈 자 그 아무도 없으리라
3. 내 영혼에 평화가 넘쳐남은 주의 큰 복을 받음이라
   내가 주야로 주님과 함께 있어 내 영혼이 편히 쉬네
4. 이 땅 위의 험한 길 가는 동안 참된 평화가 어디 있나
   우리 모두 다 예수를 친구 삼아 참 평화를 누리겠네
   [후렴] 평화 평화로다 하늘 위에서 내려오네
   그 사랑의 물결이 영원토록 내 영혼을 덮으소서

축도 ·· 집례자

(2) 임종 후

- 유족들의 마음을 안정시키고 예식을 시작한다.
- 임종 장소가 집이 아닌 병원일 경우, 간호사나 관련 직원들에게 양해를 구하고 예식을 진행하도록 한다.
- 목회자와 유족들이 미리 고인의 죽음을 준비하고 있었다면, 평소 고인이 애창하던 찬송이나 원하는 성구를 준비하여 예식에 사용하도록 한다.

예식사 ·· 집례자

(임종자의 상황에 따라 예식사를 생략하고 곧바로 기원의 말씀으로 시작할 수 있다.)

우리 주 예수 그리스도의 위로가 이곳에 모인 여러분에게 함께하기를 바랍니다. 지금부터 하나님의 부르심을 받은 ○○○ 씨(성도, 직분)의 임종예식을 드리겠습니다.

기원 ··· 집례자

"모든 눈물을 그 눈에서 닦아 주시니 다시는 사망이 없고 애통하는 것이나 곡하는 것이나 아픈 것이 다시 있지 아니하리니 처음 것들이 다 지나갔음이러라"(계 21:4).

[신자의 경우]
위로의 하나님, 사랑하는 이를 갑자기 떠나보내고 슬픔에 잠긴 유족들에게 하늘의 위로와 도움을 구합니다. 나사로의 죽음 앞에 우는 자들과 함께 눈물을 흘리셨던 주님, 애통하는 유족들과 함께하여 주소서. 고인과 미처 함께하지 못한 시간 때문에 마음 아파하는 이들을 위로하시고, 믿음의 여정을 떠난 ○○○ 씨(직분, 성도)가 지금 하나님 나라에 주님과 함께 있음을 믿사오니, 남은 이들의 눈물을 닦아 주시고, 주님 안에 다시 만날 날을 소망하는 시간이 되도록 이 모든 예식 가운데 함께하여 주소서. 우리 주 예수 그리스도의 이름으로 기도합니다. 아멘.

[불신자의 경우]
우는 자들 가운데 함께 계시는 하나님! 사랑하는 이를 갑자기 떠나보내고 슬픔에 잠긴 유족들에게 하늘의 위로와 도움을 구합니다. 은혜의 하나님께서 오늘 세상을 떠난 ○○○ 씨를 불쌍히 여기시고 우

리 주님이 약속하신 영원한 쉼을 ○○○ 씨에게도 허락해 주소서. 슬퍼하는 자들을 위로하시고, 이 모든 예식 가운데 주님의 인도하심이 함께하기를 우리 주 예수 그리스도의 이름으로 기도합니다. 아멘.

찬송 ················· "저 높은 곳을 향하여"(491장) ················· 다함께

(미리 가족과 상의된 경우 임종자가 평소 즐겨 불렀던 찬송을 부르도록 한다. 상황에 따라 찬송을 생략할 수 있다.)

1. 저 높은 곳을 향하여 날마다 나아갑니다
   내 뜻과 정성 모아서 날마다 기도합니다
2. 괴롬과 죄가 있는 곳 나 비록 여기 살아도
   빛나고 높은 저곳을 날마다 바라봅니다
3. 의심의 안개 걷히고 근심의 구름 없는 곳
   기쁘고 참된 평화가 거기만 있사옵니다
4. 험하고 높은 이 길을 싸우며 나아갑니다
   다시금 기도하오니 내 주여 인도하소서
5. 내 주를 따라 올라가 저 높은 곳에 우뚝 서
   영원한 복락 누리며 즐거운 노래 부르리
[후렴] 내 주여 내 맘 붙드사 그곳에 있게 하소서
   그곳은 빛과 사랑이 언제나 넘치옵니다

성경봉독 ·· 다함께

(미리 가족과 의논한 경우 임종자가 평소 좋아하던 성경 구절을 함께 읽도록 한다.)

권면과 위로 ·· 집례자

(성경말씀에 근거하여 간단히 권면과 위로의 말씀을 전할 수 있고, 상황에

따라 성경 구절만 읽고 생략할 수 있다.)

기도 ···집례자

[신자를 위해]

우리의 창조자이시며, 구원자 되신 하나님, ○○○ 씨(성도, 직분)를 이 땅에서 함께 알게 하시고, 사랑할 수 있는 시간을 허락해 주셔서 감사합니다. 남겨진 가족들의 슬픔을 주님께서 잘 아시오니, 우리 주님께서 이들의 목자가 되어 주소서. 사랑하는 이와 더 많은 시간을 보내지 못하고 이제는 정말 그의 손을 놓아 주어야 하는 이들의 섭섭함을 우리 주님께서 위로하여 주소서.

(기도 이후 임종자의 머리맡에 성경책을 놓고 임종자의 이마에 손을 얹거나, 또는 가까이에 서서, 가족들에게 다음의 성경의 말씀을 읽어 주며, 임종자가 지금 주님께서 약속하신 영원한 생명의 삶을 누리고 있음을 말하며 위로하도록 한다.)

"예수께서 이르시되 나는 부활이요 생명이니 나를 믿는 자는 죽어도 살겠고 무릇 살아서 나를 믿는 자는 영원히 죽지 아니하리니"(요 11:25-26). 우리 주님께서 약속하신 말씀을 붙잡고 주님을 섬기며 살았던 ○○○ 씨(성도, 직분)가 주님의 부르심을 받아 이 세상을 떠났습니다. 그의 손을 주님께서 지금 굳게 잡고 계심을 우리는 믿습니다. 오늘 우리 가운데도 이 평안과 위로가 임하기를 간구하며, 부활의 첫 열매 되시고 우리 소망 되신 예수 그리스도의 이름으로 기도합니다. 아멘.

[불신자를 위해]

긍휼이 많으신 하나님, 사랑하는 이의 갑작스러운 죽음 앞에 황망해하고 있는 이들의 마음을 위로하여 주소서. 아직도 체온이 남겨져

있는 그 손을 잡고 싶고, 더 많은 말들을 함께 나누지 못해 섭섭하고 그리워하는 이들의 마음을 잘 아시오니 하늘이 주시는 위로로 이들의 애통해하는 마음을 위로해 주시기를 우리 주 예수 그리스도의 이름으로 기도합니다. 아멘.

찬송 ················"우리 다시 만날 때까지"(222장)················다함께

  1. 우리 다시 만날 때까지 하나님이 함께 계셔
     훈계로써 인도하며 도와주시기를 바라네
  2. 우리 다시 만날 때까지 하나님이 함께 계셔
     간 데마다 보호하며 양식 주시기를 바라네
  3. 우리 다시 만날 때까지 하나님이 함께 계셔
     위태한 일 면케 하고 품어 주시기를 바라네
  4. 우리 다시 만날 때까지 하나님이 함께 계셔
     사망 권세 이기도록 지켜 주시기를 바라네
  [후렴] 다시 만날 때 다시 만날 때 예수 앞에 만날 때
        다시 만날 때 다시 만날 때 그때까지 계심 바라네

축도 ·· 집례자

2) 입관

예식사 ·· 집례자

지금부터 고 ○○○ 씨(성도, 직분)의 몸에 새 옷을 입히고, 관에 고이 모시는 입관예식을 거행하겠습니다.

신앙고백························사도신경 ····························다함께

찬송 ·················· "천국에서 만나보자"(480장) ·················· 다함께

1. 천국에서 만나보자 그날 아침 거기서
  순례자여 예비하라 늦어지지 않도록
2. 너의 등불 밝혀 있나 기다린다 신랑이
  천국 문에 이를 때에 그가 반겨 맞으리
3. 기다리던 성도들과 그 문에서 만날 때
  참 즐거운 우리 모임 그 얼마나 기쁘랴
[후렴] 만나보자 만나보자 저기 뵈는 저 천국 문에서
  만나보자 만나보자 그날 아침 그 문에서 만나자

기도 ··· 맡은이

자비로우신 하나님, 주님의 섭리에 순종하여 엄숙히 머리를 숙였습니다. 모든 인생은 풀과 같고, 그 영광은 풀의 꽃과 같아서 시들고 말라 버리고 말 존재임을 알지만, 막상 그 생명이 떠난 유해 앞에 서니 슬픔을 금할 수 없나이다. 영원하신 하나님, 우리는 고인의 시신을 장사하기 위하여 이 관을 모시오니 그의 영혼을 주의 품속에 고이 품어 주소서. 위로의 하나님이시여, 슬퍼하는 유족들과 여기 모인 무리를 위로해 주시고, 긍휼과 자비를 베풀어 주소서. 예수님의 이름으로 기도합니다. 아멘.

성경봉독 ·················· 고린도후서 5 : 1~9 ·················· 집례자

"만일 땅에 있는 우리의 장막 집이 무너지면 하나님께서 지으신 집 곧 손으로 지은 것이 아니요 하늘에 있는 영원한 집이 우리에게 있는 줄 아느니라 참으로 우리가 여기 있어 탄식하며 하늘로부터 오는 우리 처소로 덧입기를 간절히 사모하노라 이렇게 입음은 우리가 벗은 자들로 발견되지 않으려 함이라 참으로 이 장막에 있는 우리

가 짐진 것 같이 탄식하는 것은 벗고자 함이 아니요 오히려 덧입고자 함이니 죽을 것이 생명에 삼킨 바 되게 하려 함이라 곧 이것을 우리에게 이루게 하시고 보증으로 성령을 우리에게 주신 이는 하나님이시니라 그러므로 우리가 항상 담대하여 몸으로 있을 때에는 주와 따로 있는 줄을 아노니 이는 우리가 믿음으로 행하고 보는 것으로 행하지 아니함이로라 우리가 담대하여 원하는 바는 차라리 몸을 떠나 주와 함께 있는 그것이라 그런즉 우리는 몸으로 있든지 떠나든지 주를 기쁘시게 하는 자가 되기를 힘쓰노라".

설교 ························· "영원한 집" ························· 집례자

우리 육체의 장막이 무너질 때 하나님이 예비하신 영원한 집이 예비되어 있습니다. 첫째, 영원한 집은 하나님이 예비하신 집입니다. 예수님도 이 집을 예비하고 계십니다(요 14:2-3). 둘째, 영원한 집은 소망 중에 바라던 집입니다. 하늘에 있는 집이 우리에게 있는 줄 압니다(고후 5:1). 셋째, 영원한 집은 믿음으로 가는 집입니다(히 11:13-14). 영원한 집은 예수를 통해서만 갈 수 있고, 그를 믿음으로써만 갈 수 있습니다. 우리도 머지않아 고인을 따라 주님이 예비하신 영원한 집에 갈 것입니다.

기도 ·· 집례자

사랑의 하나님, 우리는 죄의 사죄와 몸의 부활과 영원한 삶을 믿으면서 고 ○○○ 씨(성도, 직분)의 몸을 이 관에 고이 모십니다. 육신의 장막이 무너질 때 하나님께서 지으신 하늘의 영원한 집에 들어갈 것을 믿습니다. 이제 우리가 고 ○○○ 씨(성도, 직분)의 얼굴을 마지막으로 대하오니 영원한 나라에서 다시 상면할 소망을 갖게 하소서. 우리 모두에게 하늘의 위로를 내려 주시고, 특별히 그 유족들에게

큰 위로를 허락하여 주사 마음의 아픈 상처를 어루만져 주시고, 그 눈에서 눈물을 씻어 주소서. 예수님의 이름으로 기도합니다. 아멘.

(관 뚜껑을 덮기 전에 유족들이 한 줄로 서서 관두 쪽으로 와 마지막으로 고인의 얼굴을 보게 한다. 관 뚜껑을 덮고 못을 친다. 예배 후에 해도 무방하다.)

찬송 ················ "하늘 가는 밝은 길이"(493장) ················ 다함께

1. 하늘 가는 밝은 길이 내 앞에 있으니
   슬픈 일을 많이 보고 늘 고생하여도
   하늘 영광 밝음이 어둔 그늘 헤치니
   예수 공로 의지하여 항상 빛을 보도다
2. 내가 염려하는 일이 세상에 많은 중
   속에 근심 밖에 걱정 늘 시험하여도
   예수 보배로운 피 모든 것을 이기니
   예수 공로 의지하여 항상 이기리로다
3. 내가 천성 바라보고 가까이 왔으니
   아버지의 영광 집에 나 쉬고 싶도다
   나는 부족하여도 영접하실 터이니
   영광 나라 계신 임금 우리 구주 예수라

축도 ··· 집례자

3) 장례(발인)

- 장례 또는 발인예식은 고인을 하나님의 품으로 떠나보내는 예식이다. '영원히 보지 못한다'라는 의미의 '영결식'이

라는 용어는 사용하지 않는다.
- 장례는 3일장을 원칙으로 하고, 장례일이 주일이 되지 않게 2일장 또는 4일장으로 조절할 수 있다.
- 장례식장은 형편이 허락하면 예배당이 좋으나 가정이나 병원도 무방하다. 특별히 목회자나 직분자의 장례일 경우 교회에서 행하는 것이 바람직하다.
- 예배당에서 장례예식을 행하는 경우, 성찬대의 위치에 구를 모시도록 준비한다. 구가 교회 밖에 오면 목사가 구를 맞이하여, 그 구를 모실 자리까지 인도한다. 구가 교회 안으로 들어올 때 조문객들은 정중히 일어나 맞이한다. 또는 영정이 구를 대신할 수도 있다.
- 구를 정한 자리에 모시고, 구 옆에 장례 순서를 맡은 이와 유가족의 자리를 정해야 한다. 형편에 따라 호상, 운구 위원, 찬양대, 조문객의 위치를 적절히 배치한다.
- 장례예식 순서를 맡은 이들은 미리 정해서 알리고, 가급적 순서지를 작성해서 조문객에게 나누어 주는 것이 좋다.
- 장례예식은 정중하고 엄숙해야 한다.
- 검정 리본을 준비해서 조문객에게 부착하도록 한다.
- 운구 위원들은 가급적 교인으로 하고, 운구 행렬은 사진(영정), 집례자, 영구, 상제, 친족, 조문객 순으로 구성한다.
- 운상 시 운구 위원 외의 교인들은 가급적 운구 행렬의 양쪽에 서서 찬송을 부르며 고인을 보낸다.

• 상여를 사용할 때에는 간결하게 꽃으로 장식한다.

(1) 신자-1

예식사 ··· 집례자

지금부터 고 ○○○ 씨(성도, 직분)의 장례예식을 거행하겠습니다. 조객 여러분은 정중한 조의와 엄숙한 마음으로 이 식에 임해 주시기 바랍니다.

기원 ··· 집례자

생명의 근원이 되신 하나님, 우리의 형제 고 ○○○ 씨(성도, 직분)의 장례예식을 위해 이 자리에 모였사오니 부활의 주님께서 임재하시어 우리를 위로해 주소서. 오늘 이 자리의 장례예식이 하늘나라로 이어지는 출발식이 되게 하시고, 영원과 이어지는 순간이 되게 하소서. 그리하여 여기 모인 우리 모두에게 넘치는 위로와 희망과 용기를 주소서. 예수님의 이름으로 기도합니다. 아멘.

찬송 ············· "고생과 수고가 다 지난 후"(610장) ············· 다함께

1. 고생과 수고가 다 지난 후 광명한 천국에 편히 쉴 때
주님을 모시고 나 살리니 영원히 빛나는 영광일세
2. 주님의 한없는 은혜로써 예비한 그 집에 나 이르러
거기서 주님을 뵈옵는 것 영원히 빛나는 영광일세
3. 앞서간 친구를 만나 볼 때 기쁨이 내 맘에 차려니와
주께서 날 맞아 주시리니 영원히 빛나는 영광일세

[후렴] 영광일세 영광일세 내가 누릴 영광일세

　　은혜로 주 얼굴 뵈옵나니 지극한 영광 내 영광일세 아멘

성경봉독············· 요한계시록 21 : 1~4, 23~27 ················· 집례자

"또 내가 새 하늘과 새 땅을 보니 처음 하늘과 처음 땅이 없어졌고 바다도 다시 있지 않더라 또 내가 보매 거룩한 성 새 예루살렘이 하나님께로부터 하늘에서 내려오니 그 준비한 것이 신부가 남편을 위하여 단장한 것 같더라 내가 들으니 보좌에서 큰 음성이 나서 이르되 보라 하나님의 장막이 사람들과 함께 있으매 하나님이 그들과 함께 계시리니 그들은 하나님의 백성이 되고 하나님은 친히 그들과 함께 계셔서 모든 눈물을 그 눈에서 닦아 주시니 다시는 사망이 없고 애통하는 것이나 곡하는 것이나 아픈 것이 다시 있지 아니하리니 처음 것들이 다 지나갔음이러라 그 성은 해나 달의 비침이 쓸 데 없으니 이는 하나님의 영광이 비치고 어린 양이 그 등불이 되심이라 만국이 그 빛 가운데로 다니고 땅의 왕들이 자기 영광을 가지고 그리로 들어가리라 낮에 성문들을 도무지 닫지 아니하리니 거기에는 밤이 없음이라 사람들이 만국의 영광과 존귀를 가지고 그리로 들어가겠고 무엇이든지 속된 것이나 가증한 일 또는 거짓말하는 자는 결코 그리로 들어가지 못하되 오직 어린 양의 생명책에 기록된 자들만 들어가리라".

설교 ·· 집례자

죽음은 삶의 종말입니다. 사랑이 넘친 삶이든, 삭막한 삶이든 죽음으로써 종지부를 찍습니다. 사람은 태어나서 언젠가는 반드시 죽게 마련입니다. 죽음은 어느 날 갑자기 젊은 목숨을 잔인하게 빼앗아 가는가 하면 천수를 다 누린 늙은이를 평안하게 그 품속으로 받아

들이기도 합니다. 죽음이란 생리적으로 볼 때 호흡이 그치고, 동공이 벌어지고, 맥박이 멎고, 심장이 고동을 멈추는 상태를 말합니다. 하지만 '나에게 있어서 죽음이란 무엇인가?'라는 물음은 결국 살아 있는 나에게 있어서 죽음은 무엇을 의미하는가를 묻는 것입니다. 결국 죽음에 대한 물음은 곧 삶에 대한 물음인 것입니다. 현대문명은 오락, 취미, 물질에 대한 욕구 등을 총동원하여 되도록 죽음을 잊어버리라고 가르치고 있으나 현대인들은 중세 수도사들의 표어처럼 '죽음을 기억하라'는 말을 더욱 가치있게 기억해야 합니다. 다윗은 죽음에 임박해서 그의 아들 솔로몬에게 세상 모든 사람이 가는 길로 나도 간다고 증언했습니다(왕상 2:2). 우리가 영원을 준비하고, 죽음 저 건너편에서 주님을 만날 준비를 하고, 하늘나라에 대한 확신과 위대한 소망을 간직할 수 있다면, 죽음은 그리스도인들에게 있어서 가장 위대한 소망이 됩니다.

빌립보서 1장 22-23절에서 사도 바울은 "그러나 만일 육신으로 사는 이것이 내 일의 열매일진대 무엇을 택해야 할는지 나는 알지 못하노라 내가 그 둘 사이(삶과 죽음)에 끼었으니 차라리 세상을 떠나서 그리스도와 함께 있는 것이 훨씬 더 좋은 일이라 그렇게 하고 싶으나"라고 말했습니다. 바울은 죽음이란 육체를 버리고 나를 구원하신 주님께로 가는 것, 즉 예수 그리스도를 만나게 해 주는 사건인 것을 알았습니다. 죽음은 내가 찬양하는 그 주님 앞에 얼굴을 맞대고 영광스럽게 서게 되는 만남입니다. 그래서 죽음은 마침표가 아니라 다른 존재 양식입니다.

기도 ··· 집례자

사랑의 하나님, 하나님은 우리의 힘이시며 우리의 피난처이십니다.

하나님은 어려운 고비마다 항상 우리를 구해 주셨습니다. 은혜의 주님, 주는 우리의 대제사장이십니다. 우리에게 은혜를 베푸시어 고 ○○○ 씨(성도, 직분)와 우리로 하여금 주의 은혜의 보좌 앞에 담대히 서게 하소서. 영원한 인도자이신 성령이시여, 변함없는 희망으로 이끄사 우리에게 헤아릴 수 없는 위로를 베풀어 주시며, 특별히 유족들의 앞날을 인도하여 주소서. 예수님의 이름으로 기도합니다. 아멘.

고인약력 소개 ·· 맡은이

조사 ·· 맡은이

인사 ·· 호상

찬송 ············ "해보다 더 밝은 저 천국"(606장) ············ 다함께

  1. 해보다 더 밝은 저 천국 믿음만 가지고 가겠네
     믿는 자 위하여 있을 곳 우리 주 예비해 두셨네
  2. 찬란한 주의 빛 있으니 거기는 어두움 없도다
     우리들 거기서 만날 때 기쁜 낯 서로가 대하리
  3. 이 세상 작별한 성도들 하늘에 올라가 만날 때
     인간의 괴롬이 끝나고 이별의 눈물이 없겠네
  4. 광명한 하늘에 계신 주 우리도 모시고 살겠네
     성도들 즐거운 노래로 영광을 주 앞에 돌리리
  [후렴] 며칠 후 며칠 후 요단강 건너가 만나리
     며칠 후 며칠 후 요단강 건너가 만나리 아멘

축도 ·· 집례자

(2) 신자-2

예식사 ·· 집례자

지금부터 고 ○○○ 씨(성도, 직분)의 장례예식을 거행하겠습니다. 조객 여러분은 정중한 조의와 엄숙한 마음으로 식에 참여해 주시기 바랍니다.

기원 ·· 집례자

[예문1]

사망의 음침한 골짜기에서도 우리의 삶을 돌보시며 밝은 곳으로 인도하신 하나님을 찬양합니다. 사랑하는 고 ○○○ 씨(성도, 직분)의 장례예식을 위해 이 자리에 모인 우리가 생명에 대한 섭리가 하나님에게 있음을 깨닫게 하시고, 이 예식이 슬픔이 위로가 되며, 절망이 소망이 되는 시간이 되게 하소서. 예수 그리스도의 구원의 사건이 고인뿐만 아니라 우리 모두에게도 온전히 회복되는 시간이 되게 하소서. 성령의 인도하심을 통해 이 자리가 끝이 아닌, 영생의 새로운 시작이 되게 하소서. 예수 그리스도의 이름으로 기도합니다. 아멘.

[예문2]

나는 부활이요 생명이니 나를 믿는 자는 죽어도 살겠고 무릇 살아서 나를 믿는 자는 영원히 죽지 아니하리라 말씀하신 주님, 주님만이 우리의 부활과 생명 되심을 믿고 찬양합니다. 외아들을 통해 구원의 사건을 이루신 하나님, 그동안 생명의 매 순간들을 사랑과 은혜로 보살펴 주심에 감사드립니다. 이 시간, 죽음 앞에서 낙망한 사람들에게 소망을 주시고, 죽음 앞에서 당황한 사람들에게 평안을 허락하시며, 죽음 앞에서 슬픔을 가누지 못하는 사람들을 위로해

주소서. 이 예식이 죽은 예배가 아니라 성령의 인도하심으로 하나님이 기뻐하실 거룩한 산 예배가 되게 하소서. 예수 그리스도의 이름으로 기도합니다. 아멘.

찬송 ··················· "내 본향 가는 길"(607장) ··················· 다함께

   1. 내 본향 가는 길 보이도다 인생의 갈 길을 다 달리고
      땅 위의 수고를 그치라 하시니 내 앞에 남은 일 오직 저 길
   2. 주 예수 예비한 저 새 집은 영원히 영원히 빛나는 집
      거기서 성도들 즐거운 노래로 사랑의 구주를 길이 찬송
   3. 평생에 행한 일 돌아보니 못다 한 일 많아 부끄럽네
      아버지 사랑이 날 용납하시고 생명의 면류관 주시리라 아멘

기도 ··· 맡은이

성경봉독 ··· 맡은이

   (욥 14 : 1-2 ; 사 40 : 6-8 ; 전 1 : 2, 8 : 8 ; 요 11 : 21-26 ; 살전 4 : 13-14 등
   을 참고한다.)

설교 ··· 집례자

찬송 ··· 다함께

   (장례와 관련된 찬송 또는 고인이 즐겨 부르던 찬송으로 한다.)

고인약력 소개 ·· 맡은이

   (세상적인 내용보다는 신앙생활과 교회에서의 섬김에 대해 기록 또는 영상
   을 통해 소개한다.)

조사 ·· 맡은이

(먼저, 맡은 이가 고인에 대한 기억들을 추려서 전달한다. 상황이 허락된다면, 자유롭게 일어서서 고인에 대한 의미 있는 기억들을 나눌 수 있다.)

찬송 ················ "저 좋은 낙원 이르니"(245장) ················ 다함께

1. 저 좋은 낙원 이르니 내 기쁨 한이 없도다
   그 어둔 밤이 지나고 화창한 아침 되도다
2. 이곳과 저곳 멀잖다 주 예수 건너오셔서
   내 손을 잡고 가는 것 내 평생 소원이로다
3. 저 묘한 화초 향기는 바람에 불려 오는데
   생명수 강가 초목은 언제나 청청하도다
4. 청아한 음악 소리는 내 귀에 들려오는데
   흰 옷을 입은 무리들 천사와 노래하도다
[후렴] 영화롭다 낙원이여 이 산 위에서 보오니
   먼 바다 건너 있는 집 주 예비하신 곳일세
   그 화려하게 지은 것 영원한 내 집이로다

축도 ·· 집례자

(축도 전에 하나님께 고인을 맡기는 간단한 기도를 올릴 수 있다.)

인사 ·· 맡은이

(호상 또는 유가족의 대표가 나와서 감사 인사를 하고, 남은 절차에 대해 광고한다.)

(3) 불신자

- 불신자 장례예식을 진행하면서 구원에 대한 신학적 판단이나 확신을 언급하지 않는다.
- 유족과의 만남을 통해 고인의 삶에 대한 기억을 듣는 것은 세심하게 예식의 언어를 준비하는 데 도움을 준다.

예식사 ·· 집례자

하나님은 모든 것을 제때에 아름답게 지으셨고 사람의 마음에 영원에 대한 감각을 주셨지만 사람은 하나님께서 처음부터 마지막까지 행하실 일을 다 깨달을 수 없습니다. 하나님께서 무엇을 하시든지 그것은 영원합니다. 그것에 아무것도 더하거나 뺄 수가 없으니 하나님께서 그렇게 하신 것은 사람이 그분을 경외하도록 하기 위함입니다(전 3:11-14).

기원 ·· 집례자

모든 만물을 지으시고 때를 따라 아름답게 하시는 하나님, 오늘 이 시간 우리는 고 ○○○ 씨의 장례예식을 위해서 이 자리에 모였습니다. 이 세상을 운행하시는 하나님의 영의 도우심을 간절히 바라며 모였습니다. 사랑하는 가족을 떠나보내는 애통함이 여기에 있습니다. 슬픔에 잠겨 주님의 위로를 구하는 영혼들이 있습니다. 주님, 위로하여 주소서.

생명의 주관자이신 하나님, 우리의 생명을 주신 분이 주님이시기에 거두어 가시는 분도 주님이심을 고백합니다. 한 생명이 이 땅에

왔다가 떠나는 모든 일들이 하나님의 긍휼 안에서 이뤄짐을 믿습니다. 이 자리에 모인 모든 이들이 모든 상황 속에서 우리에게 베풀어 주시는 주님의 긍휼에 의지할 수 있게 하소서.

시간의 주관자이신 하나님, 하나님께서 우리에게 때를 주셨음을 고백합니다. 태어날 때와 죽을 때가 있고, 울 때와 웃을 때가 있고, 사랑할 때와 미워할 때가 있다는 하나님의 말씀을 기억합니다. 이 시간 하나님의 때를 맞아 울고 있는 우리의 마음을 위로해 주시고 모든 절차 속에 함께해 주소서. 이 예배를 통해 모두가 하나님의 은혜를 경험하게 하소서.

찬송 ················ "나의 갈 길 다 가도록"(384장) ················ 다함께

1. 나의 갈 길 다 가도록 예수 인도하시니
   내 주 안에 있는 긍휼 어찌 의심하리요
   믿음으로 사는 자는 하늘 위로 받겠네
   무슨 일을 만나든지 만사형통하리라
   무슨 일을 만나든지 만사형통하리라

2. 나의 갈 길 다 가도록 예수 인도하시니
   어려운 일 당한 때도 족한 은혜 주시네
   나는 심히 고단하고 영혼 매우 갈하나
   나의 앞에 반석에서 샘물 나게 하시네
   나의 앞에 반석에서 샘물 나게 하시네

3. 나의 갈 길 다 가도록 예수 인도하시니
   그의 사랑 어찌 큰지 말로 할 수 없도다
   성령 감화 받은 영혼 하늘나라 갈 때에
   영영 부를 나의 찬송 예수 인도하셨네
   영영 부를 나의 찬송 예수 인도하셨네 아멘

성경봉독 ················· 누가복음 19 : 41 ······················ 맡은이

"가까이 오사 성을 보시고 우시며".

권면과 위로 ············· "임재 안의 부재" ······················ 집례자

우리는 오늘 고 ○○○ 씨의 삶과 죽음 앞에 있습니다. 우리는 우리가 사랑하는 사람들의 숨을 하나님께서 거두어 가실 때 그리고 그로 인한 마음의 아픔으로 극심하게 고통받을 때, 하나님께 질문하게 됩니다. 왜 이런 일들을 일어나게 하셨습니까? 왜 이런 일들을 겪어야 합니까? 왜 우리 기도에 응답하지 않으십니까? 더 안타까운 것은 우리는 이 처절하고 치열한 질문 속에 하나님의 침묵을 맞이하게 된다는 것입니다. 상황이 호전되기를, 주님을 영접하기를, 가족들이 평안을 얻게 되기를 간구하지만 하나님은 침묵 속에 계시는 것 같습니다. 수많은 이들을 고치시고 수많은 이들을 하나님께로 인도하신 그 주님을 우리는 기대하고 바랐기에 그 상실감은 더 커다랗고 아프게 다가옵니다.

그러나 우리는 여기에서 하나님의 침묵이 정말로 우리의 고통에 대한 외면이나 거절이나 또는 무시인지 생각해 볼 필요가 있습니다. 성전이 무너지고 이스라엘의 많은 백성들이 포로로 잡혀가게 되었을 때, 불타고 부서진 예루살렘에 남은 자들은 잿더미 위에 앉아 하나님께 부르짖습니다. 그들의 하루는 자녀를 먹어야 할 만큼 비참하기 그지없는 상황이었습니다. 그러나 이때 하나님의 침묵은 하나님의 눈물이었습니다. 하나님은 우는 자들과 함께 앉아 그들의 고통을 온몸과 영혼으로 받아들이시며 울고 계셨습니다. 그 우는 하나님은 오늘 우리의 고통과 고 ○○○ 씨의 삶 속에 계신 하나님이십니다.

고인을 이 땅에 보내시고 민족과 사회에 중요한 한몫을 담당케 하

신 것을 하나님께 감사드립니다. 고인이 이 땅에서 최선을 다해 이웃을 섬기고 보람되고 유익한 삶으로 모두를 풍요롭게 했던 모든 일들을 생각하며 감사를 드립니다. 특별히 가족 간의 우애와 뜨거운 사랑으로 모두를 감동시켰던 일들은 내내 잊지 못할 것입니다. 고 ○○○ 씨가 이 땅에 남긴 아름다운 업적과 유산들이 남아 있는 가족과 그의 이웃과 이 사회에 큰 열매로 맺어지게 하여 주십시오.

(가족들과의 사전 만남을 통해 고인의 삶에 대한 이야기를 짧게 포함할 수 있다.)

고인의 지난 삶을 돌아볼 때, 하나님의 크고 넓으신 품 안에 그리고 한없는 자비와 긍휼의 팔 안에 우리가 고 ○○○ 씨를 올려 드리는 것을 하나님은 반대하지 않으실 것입니다. 우리 모두는 그분의 긍휼과 인내와 사랑에 기대야 하는 연약한 사람들이기 때문입니다. 그 하나님은 지금 울고 계시기에 침묵하시고, 우리의 고통을 들으시고, 종국에 우리에게 평강을 가져다 주실 것입니다. 우리의 힘을 돋우어 주셔서 그 어떤 상황에서도 하나님을 붙들게 하십니다. 당장 마음이 아프고 힘들어 아무것도 할 수 없을 때, 조심스럽고 연약한 마음 그대로 하나님 말씀하신 바를 행합시다. 하나님 앞에 우리의 마음을 토해 놓읍시다. 하나님의 평강이 상하고 무너진 우리의 삶과 영혼을 주장하실 것입니다. 고통당하는 그리스도의 공감과 위로를 경험할 수 있을 것입니다. 세상의 모든 것은 변하나 삼위 하나님의 정의와 사랑의 정점에서 우리는 죽기까지 우리를 사랑하시고 우리를 위해, 그리고 우리와 함께 우시는 하나님의 신실하심을 볼 수 있습니다.

기억의 나눔 ·· 맡은이

(고인에 대한 사소한 기억부터 본받아야 할 행위 등을 다양하게 나눈 후, 상황이 허락된다면 참석자들이 고인에 대한 의미 있는 기억들을 자유롭게 일어서서 나눌 수 있도록 초대할 수 있다.)

찬송 ············· "내 구주 예수를 더욱 사랑"(314장) ············· 다함께

1. 내 구주 예수를 더욱 사랑 엎드려 비는 말 들으소서
   내 진정 소원이 내 구주 예수를 더욱 사랑 더욱 사랑
2. 이전엔 세상 낙 기뻤어도 지금 내 기쁨은 오직 예수
   다만 내 비는 말 내 구주 예수를 더욱 사랑 더욱 사랑
3. 이 세상 떠날 때 찬양하고 숨질 때 하는 말 이것일세
   다만 내 비는 말 내 구주 예수를 더욱 사랑 더욱 사랑 아멘

축도 ··· 집례자

(4) 자살자

- 자살자의 나이나 직분에 따라 예식의 내용이 달라질 수 있다. 본 예식은 십대를 비롯하여 비교적 이른 나이에 생을 마감한(부모보다 먼저 삶을 마감한) 사람들을 고려하여 제시되었다.
- 목회자의 지식을 넘어서는 대답은 피하고 목회적 신중함을 가지고 죄책감과 슬픔에 고통당하는 유가족들을 보살핌에 집중하여 예식을 진행하기를 권고한다.

예식사 ··· 집례자

오, 하나님의 지혜와 지식의 부유함은 참으로 깊습니다! 하나님의 판단은 헤아릴 수 없으며, 그분의 길은 아무도 찾을 수가 없습니다. 이는 모든 것이 하나님께로부터 나왔고, 하나님의 보살핌으로 보존되며, 하나님의 영광을 위해 존재하기 때문입니다(롬 11:33-36).

기원 ·· 집례자

하나님의 지혜와 지식의 풍성함은 우리가 감히 측량할 수 없습니다. 우리는 하나님께서 온 세상의 주관자이시며 온 역사를 운행하시는 분이라는 것을 믿으며, 하나님의 섭리를 고백합니다. 우리가 감히 이해할 수 없지만, 하나님의 뜻이 있다는 것을 믿기 때문입니다. 그것은 바로 십자가 위에서 드러난, 우리를 향하신 무한한 하나님의 사랑과 자비입니다. 우리가 의지해야 할 것은 이 사랑과 자비밖에 없습니다. 예수 그리스도의 이름으로 기도합니다. 아멘.

옷을 찢음 ·· 집례자

(성서적 전통에 따라 <삼하 1:11; 욥 1:20 참고> 집례자는 블라우스, 간단한 의복, 넥타이, 스카프, 또는 애도자의 의복에 있는 검은 리본 등을 준비하여 적어도 한 손 너비 정도를 칼로 절개하고 애도하는 이들은 이것을 심장에 가장 가까운 쪽에 상징적으로 단다.)

"눈을 들어 멀리 보매 그가 욥인 줄 알기 어렵게 되었으므로 그들이 일제히 소리 질러 울며 각각 자기의 겉옷을 찢고 하늘을 향하여 티끌을 날려 자기 머리에 뿌리고 밤낮 칠 일 동안 그와 함께 땅에 앉았으나 욥의 고통이 심함을 보므로 그에게 한마디도 말하는 자가 없었더라"(욥 2:12-13).

공동기도 ··· 다함께

집례자: 우리의 마음이 찢기기 전에 하나님의 마음이 가장 먼저 찢기셨습니다. 우리는 마음을 찢고 옷을 찢으며 하늘을 향해 함께 기도합니다.
다함께: 이 세상의 모든 슬픔을 아시고 모든 고통을 품으시는 하나님, 우리는 여기 헤아릴 수 없는 슬픔을 가지고 나아왔습니다. 도저히 감당할 수 없는 아픔이기에 창자가 끊어지는 마음으로 여기 있습니다. 우리 눈에 흐르는 눈물이 그치지 않고 쉬지 않습니다. 여호와께서 하늘에서 살피시고 돌아보실 때까지 그러할 것입니다(애 3:49-50).
집례자: 이제 침묵함으로 이 고통 안에 함께 머무릅시다.

애도와 침묵 ·· 다함께

(욜 2:13 참고)

찬송 ················· "나의 맘에 근심 구름"(83장) ················· 다함께

1. 나의 맘에 근심 구름 가득하게 덮이고 슬픈 눈물 하염없이 흐를 때
   인자하고 부드러운 음성으로 부르사 나를 위로할 이 누가 있을까
2. 무거운 짐 등에 지고 인생길을 가는 자 힘이 없어 쓰러지려 할 때에
   능력 있는 팔을 펴서 나의 손을 붙들어 나를 구해줄 이 누가 있을까
3. 지은 죄를 돌아보니 부끄럽고 괴로워 자나깨나 맘에 평안 없을 때
   추한 죄인 용납하사 품에 안아 주시고 깨끗하게 하실 이가 누굴까
4. 요단 강을 건너가서 시온 성을 향할 때 나와 항상 동행할 이 누굴까
   두려움의 검은 구름 모두 헤쳐 버리고 나의 갈 길 인도할 이 누굴까
[후렴] 주 예수 주 예수 주 예수밖에 누가 있으랴

슬퍼 낙심될 때에 내 친구 되시는 구주 예수밖에 다시 없도다

성경봉독·····················시편 139 : 8~10··························맡은이

"내가 하늘에 올라갈지라도 거기 계시며 스올에 내 자리를 펼지라도 거기 계시니이다 내가 새벽 날개를 치며 바다 끝에 가서 거주할지라도 거기서도 주의 손이 나를 인도하시며 주의 오른손이 나를 붙드시리이다".

권면과 위로············· "거기서도 주의 손이" ····················· 집례자

우리가 오늘 만난 슬픔은 결코 빨리 사라지지 않을 것입니다. 아니, 우리는 그 슬픔을 빨리 사라지게 두지 않을 것입니다. 성경은 때때로 우리에게 소망이 있기 때문에 슬퍼하지 말라고 말합니다. 그러나 사랑하는 이를 갑작스럽게 잃어버린 우리의 슬픔은 그 어떤 기쁨으로도 덮을 수 없습니다. 오직 세상의 모든 슬픔을 품으신 예수 그리스도 안에서 나타난 삼위 하나님의 끝나지 않는 사랑만이 우리의 슬픔을 매만질 수 있습니다.

하나님은 사랑하시는 사람들을 위해 끊임없이, 강력하게, 그리고 완전하게 일하고 계십니다. 하나님의 은혜는 매우 넓고 우리가 측량할 수 없습니다. 하나님께서는 우리가 완전히 이해할 수 없는 것을 아시고, 보지 못하는 곳을 보십니다. 하나님께서는 우리가 짊어진 고통의 거대한 중력을 느끼고 계십니다. 그리고 우리가 그것으로부터 자유로워지기를 원하십니다. 하지만 자유롭기 전에 우리가 충분히 그 슬픔 안에서 슬퍼하시는 주와 함께 머물기를 원하십니다.

오늘 본문은 그저 어디에나 거하시는 하나님에 대한 이야기가 아닙니다. 이 말씀은 우리가 어디에 있든지, 주의 영을 떠나서 스올에 있든지, 하늘에 있든지 바다 끝에 있든지, 주의 손이 우리와 그리고

우리가 사랑하는 사람들과 함께하실 것이라는 변함없고, 끈질기고, 절대 포기하지 않으시는 하나님의 놀라운 사랑에 대한 이야기입니다. 시편 기자가 시편 139편 6절에서 언급하듯이 이 놀라움이 너무 기이하여 우리는 이것을 알지 못합니다. 우리가 다만 볼 수 있는 것은 모든 부서진 곳을 덮으시는 십자가의 사랑입니다. 모든 상처, 모든 고통, 우리가 상상할 수도 없는 수많은 것들을 품으시는 사랑을 보는 것입니다. 그 십자가에서 하나님은 사랑하시는 피조물들에게 필요한 모든 것을 행하셨습니다. 오늘 우리는 그 사랑으로 우리를 덮으시고 우리의 슬픔과 함께 앉아 계시는 피 묻고 찢기고 고통당한 그리스도를 봅니다. 가져지지 않는 소망과 희망을 억지로 받아들이려 하지 않아도 괜찮습니다. 왜냐하면 사랑이자 소망이자 평안 그 자체이신 그리스도의 영이 우리와 우리가 사랑하는 이들이 그 어디에 자리를 펼지라도 함께하시기 때문입니다.

기도 ·· 집례자

인간의 생과 사뿐만 아니라 영원한 존재의 전체를 품으시는 하나님, 유한한 우리는 하나님의 생각을 짐작할 수 없습니다. 하나님의 절대적인 주권과 하나님의 실패 없는 사랑의 깊이와 너비를 측량할 수 없습니다. 그러니, 우리의 할 일은 그 크신 주님의 품 안에 오늘 사랑하는 이의 영혼을 내려놓는 것뿐입니다.

[자살이 외부에 알려진 경우]
우리의 시간은 너무나 덧없지만, 예수님에 대한 믿음은 영원합니다. 주님이 마지막에 주실 날들은 고통이 없고 평화로 가득 차 있습니다. 우리가 오늘 슬픔과 불안전함과 죄책감 그리고 낙심에 가득 차 있을지라도, 이 상실 안에서 우리가 겪는, 모든 과정에서 결코 쉽지 않은

우리의 마음과 영혼의 고통에도 불구하고, 평화를 목격하게 하시고 그것이 당신에게서 오는 것임을 모두가 보아 알게 하소서. 특별히 주님이 사랑하시는 유가족들을 위로하시고, 이들이 ○○○ 씨에게 최선의 사랑을 주었고, 이들의 사랑의 손에 맡겨졌던 것이 이제 하나님의 사랑의 손으로 옮겨졌으니 죄책감이나 우울함이 이들을 너무 많이, 그리고 너무 오래도록 아프게 하지 않도록 지켜 주소서.

[자살이 외부에 알려지지 않은 경우]
갑작스러운 죽음 앞에 모든 장기가 녹아내리는 듯한 고통을 주님 앞에 가져왔습니다. 우리에게 평화를 주실 수 있는 분은 오직 주님뿐이십니다. 삶의 매순간 상실의 슬픔이 우리를 해일과 같이 덮쳐 올 때마다 우리와 함께 슬퍼하시는 주님의 위로의 손이 우리와 우리가 사랑하는 사람들의 삶과 죽음 위에 있기를 기도합니다.

하나님, 우리가 깊은 상실 속에서 하나님의 신비를 찾게 하소서. 지금, 하나님의 영원이 우리의 상실 안에 경험되어지게 하소서. 하나님의 침묵은 하나님의 눈물임을, 하나님의 임재임을 우리가 경험하게 하소서. 예수 그리스도의 이름으로 기도합니다. 아멘.

기억의 나눔 ··· 맡은이

(고인에 대한 사소한 기억부터 본받아야 할 행위 등을 다양하게 나눈 후, 상황이 허락된다면 참석자들이 고인에 대한 의미 있는 기억들을 자유롭게 일어서서 나눌 수 있도록 초대할 수 있다.)

찬송 ············ "내 구주 예수를 더욱 사랑"(314장) ············ 다함께

1. 내 구주 예수를 더욱 사랑 엎드려 비는 말 들으소서
   내 진정 소원이 내 구주 예수를 더욱 사랑 더욱 사랑

2. 이전엔 세상 날 기뻤어도 지금 내 기쁨은 오직 예수
  다만 내 비는 말 내 구주 예수를 더욱 사랑 더욱 사랑
3. 이 세상 떠날 때 찬양하고 숨질 때 하는 말 이것일세
  다만 내 비는 말 내 구주 예수를 더욱 사랑 더욱 사랑 아멘

축도 ·· 집례자

인사 ·· 맡은이

(호상 또는 유가족의 대표가 나와서 감사 인사를 하고 남은 절차에 대해 광고를 한다.)

(5) 어린이

예식사 ·· 집례자

하나님께서 우리가 사랑하는 ○○○ 어린이를 하나님 나라로 부르셨습니다. 이제 ○○○ 어린이의 육신을 위한 장례예식을 진행하겠습니다.

찬송 ············ "외롭게 사는 이 그 누군가"(291장) ············ 다함께

1. 외롭게 사는 이 그 누군가 맘 아파 헤매는 그대로다
  십자가 형틀에 너 위해 상하신 하나님 독생자 왜 잊었나
2. 외로워 우는 이 그 누군가 친구를 잃은 이 그대로다
  모두 널 버려도 네 죄를 속하신 주 예수 참 친구 왜 잊었나
3. 사망을 이기신 능력의 주 네 곁에 늘 계심 왜 모르나
  주 말씀 따라서 사는 이 누구나 외롭지 않으며 즐거우리
  [후렴] 오직 주 예수님 널 돌보신다 오직 주 예수님 널 사랑해

손잡아 네 길 인도하시는 사랑의 주 예수 오 하나님

기도 ··· 맡은이

사랑이 많으신 하나님 아버지, 우리는 지금 이해할 수 없고 이해되지도 않는 현장에 있습니다. 누구보다도 밝게 믿음 안에서 자라야 할 귀한 생명이, 창창한 앞날을 앞에 두고 세상을 떠나 장례를 치르고 있습니다. 무엇보다도 자식을 먼저 보내는 어머니와 아버지의 마음에 하늘의 위로와 소망으로 함께하여 주소서. 비록 우리는 알 수 없어도 하나님이 선하게 인도하실 줄 믿고 기도하오니 이제 남은 가족들 모두가 더욱더 서로 사랑하고 하늘의 위로로, 하늘의 소망으로 살게 하소서. 우리의 영원한 소망이신 예수님의 이름으로 기도합니다. 아멘.

성경봉독 ················ 사무엘하 12 : 22~23 ···················· 맡은이

"이르되 아이가 살았을 때에 내가 금식하고 운 것은 혹시 여호와께서 나를 불쌍히 여기사 아이를 살려 주실는지 누가 알까 생각함이거니와 지금은 죽었으니 내가 어찌 금식하랴 내가 다시 돌아오게 할 수 있느냐 나는 그에게로 가려니와 그는 내게로 돌아오지 아니하리라 하니라".

설교 ·· 집례자

찬송 ············· "우리 다시 만날 때까지"(222장) ············· 다함께

1. 우리 다시 만날 때까지 하나님이 함께 계셔
   훈계로써 인도하며 도와주시기를 바라네
2. 우리 다시 만날 때까지 하나님이 함께 계셔
   간 데마다 보호하며 양식 주시기를 바라네

3. 우리 다시 만날 때까지 하나님이 함께 계셔
　　위태한 일 면케 하고 품어 주시기를 바라네
4. 우리 다시 만날 때까지 하나님이 함께 계셔
　　사망 권세 이기도록 지켜 주시기를 바라네
[후렴] 다시 만날 때 다시 만날 때 예수 앞에 만날 때
　　다시 만날 때 다시 만날 때 그때까지 계심 바라네

축도 ··· 집례자

4) 하관

예식사 ··· 집례자

이제 고 ○○○ 씨(성도, 직분)의 하관예식을 거행하겠습니다.

찬송 ············ "만세 반석 열리니"(494장) ············ 다함께

1. 만세 반석 열리니 내가 들어갑니다
　　창에 허리 상하여 물과 피를 흘린 것
　　내게 효험 되어서 정결하게 하소서
2. 내가 공을 세우나 은혜 갚지 못하네
　　쉼이 없이 힘쓰고 눈물 근심 많으나
　　구속 못할 죄인을 예수 홀로 속하네
3. 빈손 들고 앞에 가 십자가를 붙드네
　　의가 없는 자라도 도와주심 바라고
　　생명 샘에 나가니 나를 씻어 주소서
4. 살아생전 숨 쉬고 죽어 세상 떠나서

거룩하신 주 앞에 끝날 심판 당할 때

만세 반석 열리니 내가 들어갑니다 아멘

기도 ··· 집례자

사랑이 풍성하신 하나님, 우리가 지금 고 ○○○ 씨(성도, 직분)의 하관예식을 거행합니다. 그는 일찍이 세상에 와서 하나님을 믿고 자기의 본분을 다하다가 하나님께로 돌아갔습니다. 사람이 세상에 왔다가 세상을 떠나가는 것을 누가 피할 수 있겠습니까? 그의 시신을 땅에 장사하는 지금, 육신의 섭섭함을 금할 수 없으나 그의 영은 하나님께로 간 것을 믿고 위로받습니다. 흙은 흙으로 돌아가고, 영은 하나님 앞에 가는 것을 다시 기억하게 하여 주소서. 이 시간에 둘러서 있는 고인의 유족들에게 함께하시고, 위로하시고, 소망을 주소서. 고인이 살았을 때보다 더욱 마음과 뜻과 힘을 합하여 하나님을 공경하며, 모범적 가정이 되며, 믿음과 소망과 사랑으로 사는 가정이 되게 하시고, 이 자리에 있는 우리들도 예수님이 재림하실 때에 부활할 것을 믿게 하여 주소서. 예수님의 이름으로 기도합니다. 아멘.

성경봉독 ················ 요한복음 5 : 24~29 ······················· 집례자

"내가 진실로 진실로 너희에게 이르노니 내 말을 듣고 또 나 보내신 이를 믿는 자는 영생을 얻었고 심판에 이르지 아니하나니 사망에서 생명으로 옮겼느니라 진실로 진실로 너희에게 이르노니 죽은 자들이 하나님의 아들의 음성을 들을 때가 오나니 곧 이 때라 듣는 자는 살아나리라 아버지께서 자기 속에 생명이 있음 같이 아들에게도 생명을 주어 그 속에 있게 하셨고 또 인자됨으로 말미암아 심판하는 권한을 주셨느니라 이를 놀랍게 여기지 말라 무덤 속에 있는 자가 다 그의 음성을 들을 때가 오나니 선한 일을 행한 자는 생명의 부활

로, 악한 일을 행한 자는 심판의 부활로 나오리라".

권면과 위로 ··· 집례자

사람은 세상에 왔다가 떠나가게 됩니다. 세상에서 오래 살기를 원하지만 자기 생명을 자기 마음대로 하지 못합니다. 높은 사람도 가고 낮은 사람도 갑니다. 부유한 사람도 가고 가난한 사람도 갑니다. 다 세상을 떠나갑니다. 세상을 떠난 이는 땅에 장사됩니다. 우리는 장사한 그를 세상에서 다시 만나지 못합니다. 세상 사람들은 이것을 '영결'이라고 합니다. 영원한 작별이라는 뜻입니다. 그러나 예수님이 재림하시게 되면 죽었던 사람이 다시 살아난다고 성경은 우리에게 가르쳐 주셨습니다.

다시 사는 사람의 길은 두 가지입니다. 하나는 생명의 부활입니다. 다른 하나는 심판의 부활입니다. 믿는 사람은 생명의 부활을 하게 됩니다. 여러분에게 이 신앙이 있습니까? 하나님을 믿다가 하나님의 뜻대로 생명의 부활에 참여합시다. 이제 우리가 성도의 관을 땅에 내려놓았습니다. 우리는 그의 죽음을 섭섭히 여겨 슬픈 얼굴로 서 있습니다. 그러나 우리도 얼마 후에는 이와 같이 죽음을 맞이하게 될 것입니다. 이미 가신 이가 믿음을 지키고 달려갈 길을 다 갔으므로 하나님께로 돌아간 것을 생각하며, 여러분도 하나님의 뜻대로 살도록 힘쓰시기 바랍니다. 하나님께서 그의 유족들과 함께하시기를 빕니다.

취토 ·· 집례자와 유족 및 친지

(횡대를 다 덮은 후 주례자, 상주, 또는 장례식에 참여한 친지가 흙을 조금씩 횡대 위에 던진다. 그 후 주례자가 다음과 같이 말한다.)

전능하신 하나님께서 사랑하는 형제(자매)의 영혼을 부르사 하나님

께로 돌아가게 하셨으므로 우리가 그 시체를 땅 속에 안장합니다. 흙은 흙으로 돌아가고 영은 하나님께로 돌아갑니다. 성경말씀대로 예수님께서 재림하실 때에 모든 사람들이 죽음의 자리에서 부활하게 될 것입니다. 우리는 이제 장사지낸 형제(자매)가 영화로운 몸으로 부활할 것을 확신합니다. 아멘.

기도 ·· 집례자

자비로우신 하나님, 고 ○○○ 씨(성도, 직분)를 장사하고 돌아가고자 합니다. 우리가 다시는 세상에서 사랑하는 고인의 얼굴을 보지 못하게 됩니다. 사람의 정으로는 섭섭함을 감출 길이 없습니다. 그러나 믿음으로 위로를 받습니다. 이후 부활할 것을 믿습니다. 그의 몸을 땅에 장례하고 돌아가오니 그의 유족들의 눈에서 눈물을 거두어 주시고, 이 자리에 서 있는 모든 사람의 마음에 위로를 내려 주소서. 예수님의 이름으로 기도합니다. 아멘.

찬송 ················· "이 천지간 만물들아"(5장) ················· 다함께

이 천지간 만물들아 복 주시는 주 여호와
전능 성부 성자 성령 찬송하고 찬송하세 아멘

축도 ·· 집례자

(취토 때 집례자만 흙을 횡대 위에 덮고, 축도 후에 유족과 친지 또는 참여한 사람들이 흙을 덮어도 무방하다. 취토가 끝난 다음에 일꾼들이 성분한다.)

5) 화장

> - 화장은 현대 사회에서 가장 많이 이용되는 장례 방식이다. 다만 화장장 상황이 개별적으로 달라 화장예식을 행하기 어려운 경우가 종종 있다.
> - 상황에 맞추어서 화장예식을 진행하되, 화장 후 납골을 하거나 수목장이나 매장으로 이어지는 경우가 많으므로 상황에 잘 맞추어 이루어져야 한다.
> - 화장장에 들어가면서 고인의 시신을 향해 절을 하지 않는다.

예식사 ·· 집례자

하나님께서 우리가 사랑하는 ○○○ 씨(성도, 직분)를 하나님 나라로 부르셨습니다. 이제 ○○○ 씨(성도, 직분)의 육신을 위한 화장예식을 진행하겠습니다.

찬송 ················· "구름 같은 이 세상"(483장) ················· 다함께

1. 구름 같은 이 세상 모든 부귀영화 나는 분토와 같이 내어 버리고서
   오직 천국의 복을 사모하며 사니 구원받은 내 이름 기억하옵소서
2. 주여 보배 피로써 모든 죄 씻으사 나의 부정한 것을 씻어 맑히소서
   흰 눈보다 더 희게 죄를 씻었으니 구원받은 내 이름 기록하옵소서
3. 죄가 하나도 없고 아무 병도 없는 영화롭고도 밝은 천국 올라가서
   주와 함께 그곳에 길이 살겠으니 이런 소망의 삶은 참된 행복이라

[후렴] 주가 나의 이름 보좌 앞에 놓인 어린 양 생명책에 기록하옵소서

기도 ·· 맡은이

은혜로우신 하나님, 하나님이 생명을 주셔서 이 세상에 왔다가 그 생명과 수를 다하고 이제 육신의 마지막 장례 순서에 와 있습니다. 생명이 있으면 무엇보다 귀한 존재이지만 생명이 떠난 존재는 본래 흙으로 돌아감을 깨닫게 하소서. 인간의 창조 목적이 무엇인지 알게 하시고 우리가 돌아갈 모습 또한 기억하게 하소서. 유가족들 위에 한없는 위로와 소망으로 함께하시고 생각날 때마다, 보고 싶을 때마다, 만나보고 싶을 때마다 더욱더 가족이 하나 되게 하소서. 예수 그리스도의 이름으로 기도합니다. 아멘.

성경봉독 ···················· 창세기 3 : 19 ···························· 맡은이

"네가 흙으로 돌아갈 때까지 얼굴에 땀을 흘려야 먹을 것을 먹으리니 네가 그것에서 취함을 입었음이라 너는 흙이니 흙으로 돌아갈 것이니라 하시니라".

(욥 14 : 1-2 ; 사 40 : 6-8 ; 전 1 : 2, 8 : 8 ; 요 11 : 21-26 ; 살전 4 : 13-14 등을 참고한다.)

설교 ·· 집례자

찬송 ················ "후일에 생명 그칠 때"(608장) ················ 다함께

1. 후일에 생명 그칠 때 여전히 찬송 못하나
   성부의 집에 깰 때에 내 기쁨 한량 없겠네
2. 후일에 장막 같은 몸 무너질 때는 모르나
   정녕히 내가 알기는 주 예비하신 집 있네
3. 후일에 석양 가까워 서산에 해가 질 때에
   주께서 쉬라 하리니 영원한 안식 얻겠네

4. 그날을 예비하면서 내 등불 밝게 켰다가
　　주께서 문을 여실 때 이 영혼 들어가겠네
　[후렴] 내 주 예수 뵈올 때에 그 은혜 찬송하겠네
　　내 주 예수 뵈올 때에 그 은혜 찬송하겠네 아멘

축도 ··· 집례자

6) 시신 기증

> 시신 기증예식은 고인이 생전에 시신 기증 서약서를 작성하여 이미 시신 기증 등록증을 가지고 있는 경우에 행한다. 다만 고인이 시신 기증을 서약한 경우에도 고인 사후에 가족 동의가 없으면 이루어지지 못하는 경우가 많으므로 목회자는 이를 미리 살펴서 준비하여야 한다.

예식사 ·· 집례자

하나님께서 우리가 사랑하는 ○○○ 씨(성도, 직분)를 하나님 나라로 부르셨습니다. 고인이 살아생전 시신을 기증하기로 하였기에 이제 시신 기증예식을 진행하겠습니다.

찬송 ··············· "나의 생명 드리니"(213장) ··············· 다함께

　1. 나의 생명 드리니 주여 받아 주셔서
　　세상 살아갈 동안 찬송하게 하소서
　2. 손과 발을 드리니 주여 받아 주셔서

주의 일을 위하여 민첩하게 하소서
  3. 나의 음성 드리니 주여 받아 주셔서
   주의 진리 말씀만 전파하게 하소서
  4. 나의 보화 드리니 주여 받아 주셔서
   하늘나라 위하여 주 뜻대로 쓰소서
  5. 나의 시간 드리니 주여 받아 주셔서
   평생토록 주 위해 봉사하게 하소서 아멘

기도 ·· 집례자

자비로우신 하나님, 죽음이라는 위대한 사건 앞에서 이 시간 우리는 또 다른 생명의 사건을 접하고 있습니다. 생명을 살리는 의학의 발전을 위해 자신의 시신을 기증한 고인의 뜻을 기억합니다. 자신은 죽지만 타인에게 도움을 주고, 어려운 병을 극복할 밑거름이 되고자 한 고인의 뜻을 잘 받들어 나아가도록 도와주소서. 그리하여 고인의 희생이 여러 생명을 구하는 밑거름이 되게 하소서. 예수님의 이름으로 기도합니다. 아멘.

성경봉독 ··············· 데살로니가전서 4 : 16~17 ···················· 맡은이

"주께서 호령과 천사장의 소리와 하나님의 나팔 소리로 친히 하늘로부터 강림하시리니 그리스도 안에서 죽은 자들이 먼저 일어나고 그 후에 우리 살아 남은 자들도 그들과 함께 구름 속으로 끌어 올려 공중에서 주를 영접하게 하시리니 그리하여 우리가 항상 주와 함께 있으리라".

(롬 5 : 17-21 ; 요일 4 : 7-11 등을 참고한다.)

설교 ·· 집례자

시신 기증 ·· 유족 대표

   (유족의 대표가 먼저 고인의 유지를 간단하게 설명한 후, 기증서를 낭독하고 기관 인수자에게 전달한다.)

찬송 ··············"네 맘과 정성을 다하여서"(218장) ··············다함께

   1. 네 맘과 정성을 다하여서 주 너의 하나님을 사랑하라
      네 몸을 아끼고 사랑하듯 형제와 이웃을 사랑하라
      주께서 우리게 명하시니 그 명령 따라서 살아가리
   2. 널 미워 해치는 원수라도 언제나 너그럽게 사랑하라
      널 핍박하는 자 위해서도 신실한 맘으로 복을 빌라
      주께서 우리게 명하시니 그 명령 따라서 살아가리
   3. 나 항상 주님을 멀리하고 형제를 사랑하지 못하였다
      이러한 죄인을 사랑하사 주께서 몸 버려 죽으셨다
      속죄의 큰 사랑 받은 이 몸 내 생명 다 바쳐 충성하리 아멘

축도 ·· 집례자

7) 유해 안치

> - 유해 안치예식은 화장이나 이장 후 이루어지는데 선산이 있거나 매장지가 있는 경우에는 하관예식에 근거하면 된다.
> - 유족의 입장에서 실제적인 마지막 장례 순서이므로 고인과의 헤어짐에 대한 위로와 부활에 대한 소망을 함께 전할 수 있어야 한다.

- 취토는 집례자와 참여한 교역자들이 먼저 하고, 이후 가족들은 항렬 순으로 한다. 취토 전 빈소에서 가져온 꽃을 먼저 뿌린다면 더욱 아름다울 것이다.

예식사 ··· 집례자

하나님께서 우리가 사랑하는 ○○○ 씨(성도, 직분)를 하나님 나라로 부르시어 이제 고인의 유해를 안치하는 예식을 진행하겠습니다.

기도 ··· 집례자

소망이신 하나님, 이제 인생의 마지막 단계인 죽음 앞에서 이 시간 흙에서 취함을 받은 몸이 흙으로 돌아가는 예식을 거행합니다. 비록 우리의 육신은 흙으로 돌아갈지라도 우리의 생명은 하나님께 있으니 다시 만날 소망을 굳건하게 하여 주소서. 고인이 우리에게 남겨준 소중한 유산을 잘 이어가게 하시고 가족이 이 일로 더욱더 하나 되게 하시며 고인이 일생 주님께 기도한 것을 기억하사 이제부터 그 기도가 다 이루어지게 하소서. 우리 모두가 주님 오시는 날 부활하여 다시 만날 소망을 주시고, 그때 우리가 기쁜 얼굴로 서로 대하게 하소서. 예수님의 이름으로 기도합니다. 아멘.

찬송 ················ "주 예수 넓은 품에"(417장) ················ 다함께

1. 주 예수 넓은 품에 나 편히 안겨서
   그 크신 사랑 안에 나 편히 쉬겠네
   영광의 들을 지나 저 푸른 바다 건너
   천사의 노랫소리 내 귀에 들리네

2. 주 예수 넓은 품에 나 편히 안기니
　　이 세상 악한 세력 날 해치 못하네
　　슬픔과 근심 걱정 이후에 없으리니
　　시험이 닥쳐와도 나 염려 없겠네
3. 주 예수 죄인 위해 십자가 졌으니
　　이 만세 반석 위에 나 굳게 서겠네
　　밤 지나가기까지 나 참고 기다리며
　　새 아침 동터올 때 주 만나 뵙겠네
[후렴] 주 예수 넓은 품에 나 편히 안겨서
　　그 크신 사랑 안에 나 편히 쉬겠네

성경봉독 ················· 창세기 3 : 17~19 ···················· 맡은이

"아담에게 이르시되 네가 네 아내의 말을 듣고 내가 네게 먹지 말라 한 나무의 열매를 먹었은즉 땅은 너로 말미암아 저주를 받고 너는 네 평생에 수고하여야 그 소산을 먹으리라 땅이 네게 가시덤불과 엉겅퀴를 낼 것이라 네가 먹을 것은 밭의 채소인즉 네가 흙으로 돌아갈 때까지 얼굴에 땀을 흘려야 먹을 것을 먹으리니 네가 그것에서 취함을 입었음이라 너는 흙이니 흙으로 돌아갈 것이니라 하시니라".

(창 50 : 24-26 ; 시 146 : 1-5 등을 참고한다.)

설교 ··· 집례자

찬송 ············· "나의 갈 길 다 가도록"(384장) ············· 다함께

1. 나의 갈 길 다 가도록 예수 인도하시니
　　내 주 안에 있는 긍휼 어찌 의심하리요
　　믿음으로 사는 자는 하늘 위로 받겠네

무슨 일을 만나든지 만사형통하리라
　　　무슨 일을 만나든지 만사형통하리라
2. 나의 갈 길 다 가도록 예수 인도하시니
　　　어려운 일 당한 때도 족한 은혜 주시네
　　　나는 심히 고단하고 영혼 매우 갈하나
　　　나의 앞에 반석에서 샘물 나게 하시네
　　　나의 앞에 반석에서 샘물 나게 하시네
3. 나의 갈 길 다 가도록 예수 인도하시니
　　　그의 사랑 어찌 큰지 말로 할 수 없도다
　　　성령 감화 받은 영혼 하늘나라 갈 때에
　　　영영 부를 나의 찬송 예수 인도하셨네
　　　영영 부를 나의 찬송 예수 인도하셨네 아멘

축도 ·· 집례자

8) 수목장

- 수목장은 인간이 흙에서 비롯되어 흙으로 돌아가 하나님의 창조의 일부가 됨을 보여 준다. 더불어 전통적인 무덤 양식에서 벗어나 자연의 일부로 돌아가는 재창조의 과정과 생명을 보여 주는 예식이다.
- 유골을 담은 함이 도자기일 경우에는 반드시 풀어서 유골을 산골(散骨)하여 땅에 흩음으로써 흙으로 돌아감을 분명히 하고, 도자기는 그 옆에 묻거나 수목 앞에 둔다.

예식사 ··· 집례자

하나님께서 우리가 사랑하는 ○○○ 씨(성도, 직분)를 하나님 나라로 부르시어 이제 고인의 유해를 안치하는 예식을 진행하겠습니다. 특별히 고인의 뜻에 따라 흙에서 온 우리가 흙으로 돌아가 새 생명으로 이어지는 수목장예식을 시작하겠습니다.

기도 ··· 집례자

사랑의 하나님, 이제 ○○○ 씨(성도, 직분)의 육신은 흙으로 돌아가지만 이 흙의 양분을 접한 나무는 새로운 생명으로 잘 자라날 것입니다. 이제 ○○○ 씨(성도, 직분)의 육신은 산골하여 다 흩어지지만 또다시 이 자연의 일부가 되어 새로운 생명으로 태어날 것입니다. 주님, 주님만이 생명의 주인이시며, 생명의 주관자 되심을 믿고 오늘 수목장을 하는 이 가정에 다시 한번 생명으로 역사해 주소서. 예수님의 이름으로 기도합니다. 아멘.

찬송 ············ "주 날개 밑 내가 편안히 쉬네"(419장) ············ 다함께

1. 주 날개 밑 내가 편안히 쉬네 밤 깊고 비바람 불어쳐도
   아버지께서 날 지켜 주시니 거기서 편안히 쉬리로다
2. 주 날개 밑 나의 피난처 되니 거기서 쉬기를 원하노라
   세상이 나를 위로치 못하나 거기서 평화를 누리리라
3. 주 날개 밑 참된 기쁨이 있네 고달픈 세상길 가는 동안
   나 거기 숨어 돌보심을 받고 영원한 안식을 얻으리라
   [후렴] 주 날개 밑 평안하다 그 사랑 끓을 자 뉘뇨
   주 날개 밑 내 쉬는 영혼 영원히 거기서 살리

성경봉독 ······················ 시편 80 : 8~10 ························· 맡은이

"주께서 한 포도나무를 애굽에서 가져다가 민족들을 쫓아내시고 그것을 심으셨나이다 주께서 그 앞서 가꾸셨으므로 그 뿌리가 깊이 박혀서 땅에 가득하며 그 그늘이 산들을 가리고 그 가지는 하나님의 백향목 같으며".

설교 ··· 집례자

찬송 ················· "위에 계신 나의 친구"(92장) ················· 다함께

  1. 위에 계신 나의 친구 그의 사랑 지극하다
     이는 예수 그리스도 나의 구주 나의 친구
  2. 나를 위해 죽으시고 나를 구원하셨으니
     기쁨으로 경배하며 찬양하리 나의 친구
  3. 내 맘 속에 늘 계시고 영원토록 함께하네
     가지 되어 하나 되리 포도나무 나의 친구
  4. 그날이 와 황금 길에 그의 영광 바라보며
     그의 팔로 날 안을 때 만나 보리 나의 친구
  [후렴] 사랑하는 나의 친구 늘 가까이 계시도다
     그의 사랑 놀랍도다 변함없는 나의 친구

축도 ··· 집례자

산골 ·· 참석자들

(유골을 나무 주위에 뿌리고 흙으로 덮는다.)

9) 납골

- 납골은 최근 많이 이루어지는 장례 방식으로 납골당은 공동 납골당과 개인 납골당, 가족 납골당으로 구분이 된다.
- 공동 납골당은 유족이 상의하여 적당한 곳을 정하고, 이미 가족 납골당을 만들어 놓은 경우 그곳을 사용한다.
- 납골 후 정기적으로, 또는 부정기적으로 방문하는 이들을 위하여 교회에서 예식지를 준비하는 것이 좋다. 단순한 꽃과 작은 사진 액자 등으로 꾸민 안치단 앞에서 조용히 가족이나 개인이 예식을 행할 수 있도록 도와주면 좋다.

예식사 ·· 집례자

하나님께서 우리가 사랑하는 ○○○ 씨(성도, 직분)를 하나님 나라로 부르시어 이제 고인의 납골예식을 진행하겠습니다.

기도 ·· 집례자

자비로우신 하나님, 이제 ○○○ 씨(성도, 직분)의 육신이 흙으로 돌아가 이 한 단지에 모였습니다. 비록 육신은 타고 재만 남았지만 우리가 사랑하는 ○○○ 씨(성도, 직분)의 모습과 형상은 우리 마음에 아직도 가득합니다. 이제 납골을 하고, 앞으로 우리가 때때로 찾아와서 고인을 추억할 때마다 다시 만날 소망을 굳건하게 하시고, 주

님 안에서 행복한 천국 잔치에 들어갈 믿음을 주소서. 그리고 가정이 서로서로 사랑으로 하나 되게 하소서. 예수님의 이름으로 기도합니다. 아멘.

찬송 ················· "하나님은 외아들을"(294장) ················· 다함께

1. 하나님은 외아들을 주시는 데까지
   세상 사람 사랑하니 참사랑이로다
2. 하나님을 배반하고 멀리 떠난 우리
   원수같이 대적하나 사랑하여 주네
3. 세상 죄를 사하시려 우리 죽을 대신
   성자 예수 십자가에 고난 받으셨네
4. 이 사랑에 감사하여 곧 주께 나오라
   곤한 영혼 주께 맡겨 구원을 얻으라
[후렴] 하나님은 사랑이라 죄악에 빠졌던
   우리까지 사랑하니 참사랑 아닌가

성경봉독 ················ 고린도전서 15 : 48~54 ····················· 맡은이

"무릇 흙에 속한 자들은 저 흙에 속한 자와 같고 무릇 하늘에 속한 자들은 저 하늘에 속한 이와 같으니 우리가 흙에 속한 자의 형상을 입은 것 같이 또한 하늘에 속한 이의 형상을 입으리라 형제들아 내가 이것을 말하노니 혈과 육은 하나님 나라를 이어 받을 수 없고 또한 썩는 것은 썩지 아니하는 것을 유업으로 받지 못하느니라 보라 내가 너희에게 비밀을 말하노니 우리가 다 잠 잘 것이 아니요 마지막 나팔에 순식간에 홀연히 다 변화되리니 나팔 소리가 나매 죽은 자들이 썩지 아니할 것으로 다시 살아나고 우리도 변화되리라 이 썩을 것이 반드시 썩지 아니할 것을 입겠고 이 죽을 것이 죽지 아니함

을 입으리로다 이 썩을 것이 썩지 아니함을 입고 이 죽을 것이 죽지 아니함을 입을 때에는 사망을 삼키고 이기리라고 기록된 말씀이 이루어지리라".

설교 ·· 집례자

찬송 ················ "주가 맡긴 모든 역사"(240장) ················ 다함께

1. 주가 맡긴 모든 역사 힘을 다해 마치고 밝고 밝은 그 아침을 맞을 때
   요단 강을 건너가서 주의 손을 붙잡고 기쁨으로 주의 얼굴 뵈오리
2. 하늘나라 올라가서 주님 앞에 절하고 온유하신 그 얼굴을 뵈올 때
   있을 곳을 예비하신 크신 사랑 고마워 나의 주께 기쁜 찬송드리리
3. 이 세상을 일찍 떠난 사랑하는 성도들 나를 맞을 준비하고 있겠네
   저희들과 한소리로 찬송 부르기 전에 먼저 사랑하는 주를 뵈오리
4. 영화로운 시온 성에 들어가서 다닐 때 흰 옷 입고 황금 길을 다니며
   금 거문고 맞추어서 새 노래를 부를 때 세상 고생 모두 잊어버리리
[후렴] 나의 주를 나의 주를 내가 그의 곁에 서서 뵈오며
   나의 주를 나의 주를 손의 못자국을 보아 알겠네

축도 ·· 집례자

10) 이장

예식사 ·· 집례자

하나님께서는 우리가 사랑하는 ○○○ 씨(성도, 직분)를 먼저 하나님 나라로 부르시고 이 땅에서 장례예식을 행하게 하셨습니다. 이제 특별히 이장을 하게 되었기에 이장예식을 진행하겠습니다.

기도 ·· 집례자

영원하신 하나님, 우리가 생명을 가지고 있었을 때는 소리치고, 장난하고, 찬양하고, 기도할 수 있는 존재이지만 이제 이장하려고 보니 아무것도 할 수 없는 단지 몇 조각 뼈로 남아 있을 뿐입니다. 주님, 이 시간 우리가 인생의 무상함과 사람의 허무함을 깨닫게 하시고 영원한 하늘나라의 소망을 굳건하게 하소서. 그리하여 먼저 이 세상을 하직한 이들을 우리 모두가 주님 오시는 날에 기쁨으로 천국 문 앞에서 다시 만나게 하소서. 예수님의 이름으로 기도합니다. 아멘.

찬송 ···················· "이 세상 험하고"(263장) ···················· 다함께

1. 이 세상 험하고 나 비록 약하나 늘 기도 힘쓰면 큰 권능 얻겠네
2. 주님의 권능은 한없이 크오니 돌 같은 내 마음 곧 녹여 주소서
3. 내 맘이 약하여 늘 넘어지오니 주 예수 힘 주사 굳세게 하소서
4. 죄 사함 받은 후 새 사람 되어서 주 앞에 서는 날 늘 찬송하겠네
[후렴] 주의 은혜로 대속 받아서 피와 같이 붉은 죄 눈 같이 희겠네
아멘

성경봉독 ··················· 창세기 50 : 24~26 ························ 맡은이

"요셉이 그의 형제들에게 이르되 나는 죽을 것이나 하나님이 당신들을 돌보시고 당신들을 이 땅에서 인도하여 내사 아브라함과 이삭과 야곱에게 맹세하신 땅에 이르게 하시리라 하고 요셉이 또 이스라엘 자손에게 맹세시켜 이르기를 하나님이 반드시 당신들을 돌보시리니 당신들은 여기서 내 해골을 메고 올라가겠다 하라 하였더라 요셉이 백십 세에 죽으매 그들이 그의 몸에 향 재료를 넣고 애굽에서 입관하였더라".

설교 ··· 집례자

찬송 ················· "천국에서 만나보자"(480장) ················· 다함께

   1. 천국에서 만나보자 그날 아침 거기서
      순례자여 예비하라 늦어지지 않도록
   2. 너의 등불 밝혀 있나 기다린다 신랑이
      천국 문에 이를 때에 그가 반겨 맞으리
   3. 기다리던 성도들과 그 문에서 만날 때
      참 즐거운 우리 모임 그 얼마나 기쁘랴
   [후렴] 만나보자 만나보자 저기 뵈는 저 천국 문에서
      만나보자 만나보자 그날 아침 그 문에서 만나자

축도 ··· 집례자

7 추모

1) 장례 후 위로

> • 본 예배는 슬픔에 있는 유족들을 위로하며 하나님께 나아가는 시간으로, 장례 후 일정 기간 안에 드린다.
> • 유족의 가정 또는 교회에서 드릴 수 있다.
> • 고인의 사진을 사용할 수 있다.

예배로 부름 ················ 고린도후서 1 : 2~4 ······················· 인도자

이 시간 장례 후 슬픔 가운데 있는 유족과 함께 위로예배를 하나님께 드리겠습니다.

신앙고백 ························ 사도신경 ····························· 다함께

기도 ·· 맡은이

우리를 사랑하시고 늘 위로하시는 하나님, 고 ○○○ 씨(성도, 직분)의 장례 후 그 유족들과 함께 이곳에 모였습니다. 사랑하는 가족을 먼저 보내고 슬픔에 잠긴 남은 가족들에게 이 시간 친히 찾아 오셔서 위로하시고, 영원한 하나님 나라 소망을 허락해 주소서. 세상이 주는 그 어떤 마음이 아니라, 하나님께서 베푸시는 위로와 삶의 용기와 믿음의 역사로서 크신 하나님의 사랑을 부어 주소서. 고인이 남긴 신앙의 유산과 삶의 지혜를 기억하고 하나님께서 기뻐하시고 원하시는 하나님 나라 자녀들로 살아가도록, 성령 하나님 아버지께

서 우리를 인도하여 주소서. 우리를 구원하여 주시고, 끝까지 사랑하여 주시는 우리 주 예수 그리스도의 이름으로 기도합니다. 아멘.

찬송 ················· "내 영혼이 은총 입어"(438장) ················ 다함께

성경봉독 ··················· 에스겔 37 : 13~14 ······················· 맡은이

(시 121 : 1-8 ; 사 26 : 19, 40 : 1 ; 고후 1 : 3-7을 참고할 수 있다.)

설교 ·················· "어둠을 깨고 새 소망으로" ·················· 설교자

사랑하는 고 ○○○ 씨(성도, 직분)가 이 세상을 떠났습니다. 장례 후 우리는 이 자리에 모였습니다. 이 시간 하나님의 위로와 베푸시는 부활의 소망이 우리 모두에게 함께하시기를 바랍니다. 사람은 이 세상에 태어나서 떠나는 순간이 있습니다. 사람은 잠시 세상에 왔다가 하나님의 부르심에 따라서 그 길을 가는 것입니다. 만약 인생이 허무하다고 말하는 이가 있다면 그는 죽음 뒤에는 아무것도 없다고 생각하는 사람일 것입니다. 하지만 예수 그리스도께서 죽은 후 부활하셨듯이 그를 믿는 자는 구원을 받으며 부활의 소망 가운데 허무하지 않은 인생에 거할 수 있습니다. 또한 그를 믿는 자는 천국에 이르며 우리는 천국에서 다시 만날 것을 믿음과 소망 가운데 기대할 수 있는 것입니다. 이것이 예수 그리스도 안에서 바라보는 우리의 믿음이며 천국의 소망입니다. 예수 그리스도 안에서는 결코 정죄함이 없고(롬 8 : 1-2), 공허함도 없습니다.

하나님께서 우리에게 말씀하십니다. "내가 또 내 영을 너희 속에 두어 너희가 살아나게 하고 내가 또 너희를 너희 고국 땅에 두리니 나 여호와가 이 일을 말하고 이룬 줄을 너희가 알리라 여호와의 말씀이니라"(겔 37 : 14). 하나님께서는 우리 모두에게 새 소망을 주십

니다. 하나님은 우리가 어둠을 깨고 새 소망으로 나아가게 하십니다. 우리 인생이 죽음으로 끝나지 않고, 우리를 부활 소망으로 인도하시는 하나님의 섭리를 믿음으로 고백하길 바랍니다. "만일 죽은 자가 다시 살아나는 일이 없으면 그리스도도 다시 살아나신 일이 없었을 터이요 그리스도께서 다시 살아나신 일이 없으면 너희의 믿음도 헛되고 너희가 여전히 죄 가운데 있을 것이요"(고전 15:16-17). 죽음은 어둠 같지만 예수 그리스도를 믿는 자들은 그 안에 부활의 소망이 있기 때문에 결코 낙심의 자리에 머물러 있지 않습니다. 우리는 그 믿음 안에서 새 소망을 기대할 수 있습니다.

그러므로 지금 믿음과 소망 가운데 크신 하나님의 위로를 받는 모든 주님의 백성 되시기를 바랍니다. 하나님은 우리를 사랑하시고 우리의 참 위로가 되어 주십니다. 현재의 암담함과 어둠을 깨고 새 소망으로 다시금 인도하시는 주님을 믿음으로 바라보십시오. 그리고 참 믿음 가운데 승리하는 주님의 자녀 되시기를 바랍니다.

찬송 ·············· "나 가나안 땅 귀한 성에"(246장) ··············· 다함께

축도(주기도, 마침기도) ······································· 인도자(다함께)

위로와 나눔 ··· 맡은이

(고인에 대한 좋은 기억들과 위로를 나눈다.)

2) 성묘

- 부활을 믿는 기독교인에게는 죽음이 인생의 끝이 될 수 없다. 몸은 비록 묘지에 묻혀 있으나 부활의 믿음은 영원한 소망이다. 그러므로 부모 형제와의 관계는 죽음으로서 끝나는 것이 아니다. 사후라도 부모를 사모하고 형제의 사랑을 기리는 것은 더 없이 아름다운 일이다.
- 그리스도인들도 전통적인 절기인 설날, 한식, 추석 또는 기일을 맞이할 때 부모의 산소에 성묘하는 것은 추모의 표현으로 이해할 수 있을 것이다. 성묘하며 하나님께 예배드리는 것은 교육적으로도 뜻깊은 일이다.
- 묘소를 찾을 때, 몸과 마음을 단정하게 하고, 묘소를 돌보되, 묘소에 절하는 것은 금한다.

예배로 부름 ················ 이사야 26 : 19 ·························· 인도자

이 시간 하나님께 장례 후 첫 성묘예배를 드리겠습니다.

기도 ··· 인도자

살아 계신 하나님 아버지, 우리들이 이 시간 예수 그리스도의 부활을 믿음 가운데 바라보며 거룩하신 하나님께 예배하고자 모였습니다. 우리의 예배를 받아 주시고 이 시간 우리와 함께하여 주소서. 우리를 모든 죄에서 구원하여 주신 예수 그리스도의 이름으로 기도합니다. 아멘.

신앙고백 ······················· 사도신경 ···························· 다함께

찬송 ·· 다함께

(고인이 즐겨 부르던 찬송을 부른다.)

기도 ·· 맡은이

거룩하시고 살아 계신 하나님 아버지, 하나님께서는 이 세상을 창조하셨고 우리에게 생명을 주시는 하나님이십니다. 이 시간 생명을 주관하시는 하나님을 고백하며, 얼마 전 사랑하는 ○○○ 씨(성도, 직분)의 장례를 마치고 오늘 첫 성묘예배를 하나님께 드립니다. 우리 주님께서는 세상의 모든 죄를 지시고 십자가에 달려 죽으시고 부활하셨습니다. 그 주님을 믿는 자마다 하나님 나라의 소망 가운데 영생을 얻고, 영원한 하나님 나라의 자녀로서 살아가는 믿는 자의 권세를 얻습니다. 우리에게 이 같은 믿음의 소망을 주시니 감사합니다. 그리고 주님이 부활하셨듯이 그 부활의 주님을 믿는 자도 부활의 영광으로 인도하시니 감사 찬송을 하나님께 드립니다. 이 시간 우리에게 이 소망을 잃지 않는 굳센 믿음을 허락하여 주소서. 우리 주 그리스도 안에는 결코 정죄함이 없고, 하나님께서는 그의 자녀를 결코 포기하지 않으십니다. 우리의 슬픔을 뒤로하고 영원하신 하나님의 사랑과 부활 승리하신 거룩하신 주 예수 그리스도의 소망 가운데 거하도록 우리를 친히 인도하여 주소서. 우리를 사랑하시되 끝까지 사랑하시는 우리 주 예수 그리스도의 이름으로 기도합니다. 아멘.

성경봉독 ·················· 에스겔 36 : 26~28 ······················· 맡은이

찬송 ············· "구주와 함께 나 죽었으니"(407장) ············· 다함께

설교 ················ "부드러운 마음으로의 회복" ················ 인도자

하나님은 이 세상을 창조하셨습니다. 하나님은 이 세상의 처음을 시작하셨고 마지막에 심판을 예고하셨습니다. 아담이 처음에 창조된 인간인 동시에 하와와 함께 범죄한 최초의 인간이 되었지만, 하나님께서는 그들에게 가죽옷을 입혀 주심으로 용서와 화해를 성취해 주셨습니다. 하나님은 이처럼 죄인 된 인간들에게 늘 찾아오십니다. 인간은 늘 하나님의 말씀을 멸시하고 죄악으로 향하기를 즐기지만 하나님은 늘 우리에게 찾아오셔서 용서와 화해의 손길을 내밀어 주시고, 굳어진 마음에 부드러운 삶의 회복을 선사해 주시는 사랑과 평화의 하나님이십니다.

하나님은 지금도 그 사랑과 화해로서 우리를 회복시켜 주십니다. 하나님께서는 아담과 하와에게 가죽옷을 입혀 주시고, 가인에게 한 표를 주시고, 노아의 때 물의 심판 후 무지개로 더 이상의 물 심판이 없을 것을 화평으로 말씀해 주셨습니다. 이렇듯 하나님께서는 우리에게 참 회복과 위로로 찾아오십니다. 이 같이 하나님께서 우리에게 오셔서 우리와 함께하신다면 우리의 굳어진 마음이 부드러운 마음으로 회복될 것입니다. 만약 지금 슬픔과 절망에 휩싸여 있을지라도, 우리에게 참 위로와 회복으로 찾아오시는 하나님을 믿음으로 맞이하십시오. 하나님은 이 시간 우리에게 사랑으로 오시어 부드러운 마음으로 우리를 다스리시고 우리의 삶을 온전히 회복시켜 주실 것입니다. 이 시간 함께하는 우리 모두가, 이 같은 사랑과 평화의 하나님 앞과 그 넓은 하나님 품 안에서 언제나 머물러 거하는 축복을 누릴 수 있기를 바랍니다.

찬송 ················ "나의 갈 길 다 가도록"(384장) ················ 다함께

사랑과 축복의 인사·· 다함께

(참여한 모든 이들과 함께 다음과 같이 인사할 수 있다. "주님의 은혜와 평강을 기원합니다. 샬롬." 또는 "주님의 이름으로 축복합니다. 샬롬.")

축도(주기도) ··· 인도자(다함께)

3) 추모

- 추모예배를 통해 유족들이 고인의 믿음의 발자취를 더듬고, 그를 회상하는 가운데 고인이 남긴 교훈과 신앙의 흔적을 되돌아보며 새로운 결심을 할 수 있도록 한다.
- 고인이 별세한 날 하는 것이 좋고, 시간과 장소는 가족의 합의하에 하는 것이 좋다. 추모일이 주일과 겹치면 전날이나 다음날 하는 것이 좋다.
- 본 예배 참여자는 직계에 한하는 것이 좋다.
- 추모예배는 고인의 자녀 생존 시까지만 드린다.
- 고인의 가까운 친척들이나 친지들에게 추모예배가 있음을 알릴 수 있다.
- 고인의 사진, 신앙적 유품(성경, 찬송)과 약력을 준비하고, 생전에 녹음해 놓은 육성이나 녹화 파일이 있으면 사용할 수 있다.
- 음식을 준비하되 진상(상차림)해서는 안 되며, 추모예배 후에 함께 나눈다.

(1) 고인의 약력과 유언, 유물을 소개하는 경우

추모 ·· 맡은이

  1. 고인의 약력 소개

  2. 고인의 유언 및 유물 소개

예배로 부름 ················· 이사야 26 : 19 ························· 인도자

이 시간 고 ○○○ 씨(성도, 직분)의 추모예배를 하나님께 드리겠습니다.

(인도자가 짧게 기도할 수 있다.)

신앙고백 ······················· 사도신경 ······························· 다함께

사도신경으로 우리의 신앙을 고백하겠습니다.

찬송 ················ "내 영혼이 은총 입어"(438장) ················ 다함께

기도 ·· 맡은이

사랑과 은혜가 풍성하신 하나님 아버지, 우리에게 생명을 주시고 이 세상을 하나님과 함께 믿음의 역사로 살아가게 하시니 감사합니다. 인간의 생명과 모든 삶의 주관자 되시는 하나님, 이 시간 하나님 나라의 소망을 바라봅니다. 성령의 위로하심과 우리를 이끄시는 그 은혜를 사모하고 하나님께만 나아갑니다. 하나님 아버지께서 영원히 찬송 받으시고, 어디로 갈지 몰라 방황하는 우리들을 올바른 길로 인도하여 주시기를 기도합니다. 지금껏 자기 소견에 옳게만 살았던 우리의 죄와 그 교만을 용서하여 주소서. 삶의 주관자 되시고 우리의 생명을 이끄시는 주님의 손길과 그 은혜를 늘 의지하면서 살아가

는 여기 모인 모든 주님의 자녀들 되게 하여 주소서.

이 시간 고 ○○○ 씨(성도, 직분)의 추모예배를 하나님께 드립니다. 우리가 하나님 앞에서와 사람들 사이에서 잘못한 모든 것들을 용서하여 주소서. 죄를 사하여 주시는 주님, 우리가 예수 그리스도 안에서 더욱 사랑으로 하나 되게 하시고 "하나님이 보시기에 좋았더라" 말씀하신 그 모습대로, 창조 질서에 어울리는 그 모습대로 살아갈 수 있도록 친히 우리를 인도하여 주소서. 이 시간 고인이 남긴 신앙의 흔적들과 신앙의 모습을 기억합니다. 그 믿음의 유산을 잘 이어가게 하시고, 이 시간 오직 하나님 한 분만 높임 받으소서. 이 시간 추모예배로 하나님께 나아갈 때, 하나님께서 각자에게 들려 주시는 그 음성을 듣게 하시고, 이 예배를 통해서 하나님의 뜻을 깨달으며, 우리 모두에게 은혜의 시간이 되도록 인도하여 주소서. 우리를 모든 죄에서부터 구원하여 주신 예수 그리스도의 이름으로 기도합니다. 아멘.

찬송 ………… "구주와 함께 나 죽었으니"(407장) ………… 다함께

성경봉독 ………………… 신명기 8 : 11~20 ……………………… 맡은이

설교 ……………… "광야에서 함께하시는 하나님" …………… 설교자

여행에서 누구와 함께하는가는 매우 중요합니다. 누구와 함께하는가에 따라서 여행이 즐거울 수도, 불행할 수도 있기 때문입니다. 사람은 각자의 목적을 가지고 인생이라는 여행을 합니다. 어떤 이는 인생을 즐기기 위해서, 어떤 이는 세상에 어떤 중요한 가치를 실현하기 위해서, 어떤 이는 타인을 위하여 자신의 삶을 헌신하기 위해서 인생을 살아갑니다. 이 모든 인생의 여정에 필수적인 것은 누군가와

함께하는 것입니다. 혼자 하는 여행은 위험에 노출될 수도 있고 어려움이 닥칠 때 어떻게 하지 못하는 경우도 있습니다. 이처럼 누군가와 함께 여행한다는 것은 중요합니다.

여러분은 지금 인생이라는 여행을 어떤 이와 함께하고 있습니까? 우리는 광야를 걸어가는 나그네와 같습니다. 하나님께서는 이스라엘 백성들이 광야를 지날 때 구름 기둥과 불 기둥으로 늘 함께하셔서 낮의 해의 뜨거움과 밤의 무서운 추위를 막아 주셨습니다. 하나님은 이스라엘의 목자가 되어 주셔서 그들을 지켜 주셨습니다. 다윗은 여호와 하나님께서 자신의 목자가 되어 주신다고 고백합니다.

이와 같이 하나님 아버지께서는 우리가 홀로 우리의 인생을 살지 않도록 우리와 동행하시고 늘 함께하여 주십니다. 우리의 목자 되시는 주님을 의지하시기 바랍니다. 하나님께서는 사망의 음침한 골짜기를 다닐지라도 우리를 지켜 보호해 주십니다(시 23:1-6). 따라서 우리가 광야를 지날 때도 외롭지 않고, 늘 힘이 있고, 희망 가운데 있는 것은 우리와 언제나 함께하시는 하나님 아버지께서 우리를 지켜 주시고 계시기 때문이라는 사실을 언제나 기억하시기를 바랍니다.

찬송 ················ "나의 갈 길 다 가도록"(384장) ················ 다함께

사랑과 축복의 인사 ·· 다함께

(참여한 모든 이들과 함께 다음과 같이 인사할 수 있다. "주님의 은혜와 평강을 기원합니다. 샬롬." 또는 "주님의 이름으로 축복합니다. 샬롬.")

축도(주기도) ··· 목사(다함께)

(2) 고인의 약력과 영상을 활용하는 경우

예배로 부름 ················ 에스겔 36 : 26~28 ······················· 인도자

이 시간 고 ○○○ 씨(성도, 직분)의 추모예배를 하나님께 드리겠습니다.

(인도자가 짧게 기도할 수 있다.)

찬송 ·············· "나 어느 날 꿈속을 헤매며"(134장) ············· 다함께

기도 ··· 맡은이

거룩하신 하나님 아버지, 우리에게 예배할 수 있는 믿음과 하나님께 나아가는 이 축복의 시간을 허락하신 큰 은혜에 감사드립니다. 이 시간 고 ○○○ 씨(성도, 직분)의 추모예배를 주님의 백성들과 함께 하나님께 드리오니 기쁘게 받으소서. 고 ○○○ 씨(성도, 직분)를 추모하면서 가족들이 한 자리에 모였사오니 우리가 그의 생전의 모습을 기억하면서 좋은 신앙의 모습을 본받고 더욱더 하나님 아버지 앞에 가까이 나아가는 시간 되게 하여 주소서.

인생은 들의 풀과 꽃 같아서 안개처럼 사라집니다. 이 사실을 우리가 기억하고 영원히 살아 있는 하나님 말씀만을 마음속에 새기며 그 믿음으로 참 소망 삼고 살아가는 주님의 자녀들 되게 하여 주소서. 세상의 것에 소망을 두는 것이 아니라, 영원한 하나님 말씀 안에서 기쁨과 감사를 늘 고백하게 하시고, 다시 오실 예수 그리스도를 소망 가운데 기다리며, 언제나 영원한 하나님 나라의 큰 축복을 바라보고 승리하며 살아가게 하여 주소서. 이 시간이 하나님께서만 홀로 영광 받으시고, 말씀하시는 주님의 음성을 들으며 우리가 하나님

께 성실히 응답하는 복된 시간 되도록 주장하여 주소서. 우리를 모든 죄악에서부터 구원하여 주신 예수 그리스도의 이름으로 기도합니다. 아멘.

성경봉독················· 요한복음 11 : 25~27 ······················ 맡은이

설교 ··············"부활과 주님의 나라를 바라보며"··············· 설교자

예수님을 신뢰하고 따르는 믿음은 부활을 약속받습니다. 주님께서는 사망 권세를 이기시고 부활하셨습니다. 그리고 그 부활의 소망을 우리에게 주십니다. 고 ○○○ 씨(성도, 직분)는 믿음 가운데 이 땅에서 그의 삶을 성실하게 살아갔습니다. 주님 앞에 믿음의 확신이 있는 사람에게 하나님께서 약속해 주시는 말씀이 있습니다. 하나님께서는 그를 믿는 자마다 멸망치 않고 영생을 얻게 하신다고 약속하십니다(요 3:16). 그를 믿는 자는 예수님의 부활에 동참하는 사람입니다. 예수님을 믿는 자에게는 언제나 소망이 있습니다. 믿는 자는 죽음으로 그의 인생이 모두 끝나는 것이 아니라, 하나님 나라의 삶이 약속되어 있기 때문에 하나님께서 말씀하시는 부활의 소망 가운데 거할 수 있습니다. 따라서 우리는 자신의 모습을 보며 낙담하지 않을 수 있습니다. 이 세상의 삶은 잠깐이요, 우리는 잠시 있다가 사라지는 안개이기 때문입니다(약 4:14). 이 세상의 삶은 하나님께서 잠시 우리에게 허락하여 주신 하나님의 시간 안에 있습니다. 우리는 영원한 하나님 나라를 바라보는 가운데 이 세상에서 믿음의 삶을 살아갈 수 있습니다. 우리는 이 세상에서 하나님의 말씀으로 말미암은 하나님의 통치하심을 경험하며 하나님 나라를 살아갑니다. 그리고 우리에게 다가오는 하나님 나라를 소망 가운데 바라봅니다. 주님께서 다시 이 땅에 오실 때 우리 믿는 자는 모두 하늘로 들림 받게 될

것입니다(살전 4:15-17). 이와 같은 소망 가운데 늘 승리하는 우리의 삶이 되길 바랍니다. 부활과 주님의 나라를 바라보며, 지금 현재의 시간에 낙망하는 것이 아니라, 하나님 나라를 향한 거룩한 발걸음과 다시 새롭게 되는 부활의 소망 안에서 승리하는 주님의 자녀들 되시기를 바랍니다.

찬송 ················· "구주 예수 의지함이"(542장) ················· 다함께

고인의 약력 또는 영상 ··· 맡은이

(장례식 때 읽은 약력을 다시 읽어 기념하거나 또는 고인의 녹음 및 영상을 함께 보고 들으면서 고인에 대한 기억을 회상하게 할 수 있다.)

사랑과 축복의 인사 ·· 다함께

(참여한 모든 이들과 함께 다음과 같이 인사할 수 있다. "주님의 은혜와 평강을 기원합니다. 샬롬." 또는 "주님의 이름으로 축복합니다. 샬롬.")

축도(주기도) ·· 목사(다함께)

(3) 고인에 대한 약력과 소개가 없는 경우

예배로 부름 ················ 히브리서 11:1~3 ······················· 인도자

이 시간 고 ○○○ 씨(성도, 직분)의 추모예배를 하나님께 드리겠습니다.

(인도자가 짧게 기도할 수 있다.)

신앙고백 ························ 사도신경 ·························· 다함께

사도신경으로 우리의 신앙을 고백하겠습니다.

찬송 ············· "나의 기쁨 나의 소망 되시며"(95장) ············· 다함께

기도 ··· 맡은이

우리의 삶을 주관하시는 하나님 아버지, 우리에게 하늘나라의 소망을 주시고, 예수 그리스도를 믿음으로 하나님 나라의 자녀 삼아 주심을 감사드립니다. 우리가 날마다 살아갈 수 있는 것은 하나님의 은혜와 그 힘 때문임을 고백합니다. 우리에게 슬픔과 절망의 순간이 있어도 일어설 수 있는 이유 또한 하나님께서 우리의 참 소망 되시기 때문입니다.

이 시간 하나님께서 일찍이 부르신 고 ○○○ 씨(성도, 직분)의 추모예배를 하나님께 드리며 유족들이 함께 모였습니다. 거룩하신 주님, 하나님의 크신 은혜와 큰 뜻을 깨닫지 못한 우리의 무지함을 용서하여 주소서. 우리가 예수 그리스도 안에서 참 사랑과 하나님 나라의 아름답고 진실한 교제를 나누게 하여 주소서. 우리가 고인에게 성실하게 대하지 못한 죄들도 모두 용서하여 주소서.

살아 계신 주님, 우리에게 참 지혜를 주셔서 이 세상 살아가는 동안에 세상의 지혜가 아니라 하늘의 지혜요, 거룩하신 하나님 아버지의 인도하심 가운데 있는 참 지혜로서 승리하며 살아가도록 친히 우리를 인도하여 주소서. 무엇보다 우리의 의지가 우선되는 것이 아니라, 성령 하나님의 지도하심을 겸허히 인정하고 순종하면서 하나님 말씀 따라 하늘나라 소망을 품고 살아가는 복된 주님의 자녀들이 되게 하여 주소서.

우리를 모든 죄악에서부터 구원하여 주신 살아 계신 예수 그리스도의 이름으로 기도합니다. 아멘.

성경봉독 ················· 고린도전서 15 : 16~19 ······················ 맡은이

설교 ············"예수 그리스도 안에서 다시 사는 삶"············설교자

예수 그리스도의 부활은 과거나 지금이나 충격적인 사건입니다. 동시에 기쁨과 감사와 감격의 사건입니다. 예수 그리스도의 부활은 이 세상에 대변화를 가져왔습니다. 예수님의 가족인 형제 야고보와 유다는 예수님의 열두 제자에 속하지 않았으나, 예수 그리스도의 부활 이후, 이를 지켜보고 부활의 증인이 된 인물들입니다. 예수님의 형제 야고보와 유다는 예수님의 부활을 통해서 그들의 인생에 큰 도전을 받았습니다. 이들은 각각 신약성서의 야고보서와 유다서의 저자가 되었습니다. 예수님 당시 예수님의 부활 사건이 소문나지 못하도록 방해했던 사람들은 예수님의 제자들이 십자가에 못 박혀 죽은 그 시체를 훔쳐간 후 예수가 부활했다고 거짓을 퍼트린다고 말했습니다. 그러나 예수님의 제자들은 모두 예수님의 부활과 승천, 그리고 다시 오심에 대한 약속을 증거하고 전하는 사명을 다하다가 순교하였습니다. 이 같은 역사적인 사건은 예수님의 부활 사건이 사실이라는 것을 다시금 증거합니다.

예수님의 부활을 믿는 자들은 예수 그리스도와 같이 부활을 약속받습니다. 그리고 그 부활은 영광스러운 부활입니다. 믿는 자에게 부활이 없다면 참 소망이 없는 것과 같습니다. 죽은 자가 다시 살아나는 일이 없으면 그리스도도 다시 살아나는 일이 없을 것입니다(고전 15 : 16). 그리고 예수님의 부활이 없다면 우리의 믿음도 헛되고 우리는 여전히 죄 가운데 머물러 있을 것입니다(고전 15 : 17). 우리는 이 세상의 절망과 슬픔과 낙망에서 끝나 버리거나 그것에 머물러 있지 않습니다. 우리의 소망도 이 세상의 삶에 머물러 있지 않습니다. 우

리가 바라는 것은 예수님의 부활처럼 저 높은 곳을 향하여 있습니다. 예수님이 부활하시어 사망 권세를 모두 이기시고 우리를 구원하여 주셨듯이, 우리 믿는 자는 하나님 나라의 영원한 백성들이며 영원한 생명을 약속 받음으로 밝은 미래가 우리 가운데 있다는 것을 기억하길 소망합니다. 더 나아가서, 우리는 죽은 자와 산 자가 영원히 헤어져 있는 것이 아니라 다시 주님의 나라에서 다 함께 만나고, 하나님을 영원히 찬양하는 그 한자리에 다 함께 있게 될 것을 소망 가운데 기대합니다. 이 같은 승리가 예수님의 부활을 믿는 모든 주님의 백성들에게 있기를 바랍니다.

찬송 ················· "저 높은 곳을 향하여"(491장) ················· 다함께

축도(주기도) ·· 목사(다함께)

사랑과 축복의 인사 ·· 다함께

(참여한 모든 이들과 함께 다음과 같이 인사할 수 있다. "주님의 은혜와 평강을 기원합니다. 샬롬." 또는 "주님의 이름으로 축복합니다. 샬롬.")

매일기도 구문

1 절기별 매일기도

1) 대림절기

대림 1주 - "기다리는 사람들"(눅 1 : 26-28)

시작기도 ·· 개인(맡은이)
　주님, 이 시간 이곳에 오셔서 주님을 기다리는 우리와 함께하소서.

찬송 ·· 다함께

시편읽기 ·· 다함께
　(총회 성서정과에 따른 시편 또는 교독문을 읽는다.)

성경봉독 ·· 다함께
　(총회 성서정과에 따른 구약과 신약 두 가지 본문을 읽는다.)

묵상 ·· 다함께

주간기도 ·· 다함께
　오래 참으시며, 모든 사람을 기다리시는 하나님, 주님의 사랑을 생각할 때 우리 마음은 감사와 찬양으로 충만합니다. 그 사랑 안에서 우리 곁으로 다시 오시겠다고 하신 약속을 기억합니다. 주님의 약속을 믿으며 그 약속이 이루어질 그날까지 깨어 기다리는 사람이 되게 하소서. 깨어 주님을 맞이하며 기쁨의 찬송을 부르게 하소서. 다시

오실 예수님의 이름으로 기도합니다. 아멘.

이웃을 위한 기도···다함께

주기도 ··다함께

마침기도···맡은이

한 해가 저물어 가는 들뜨고 어수선한 시간이지만 우리의 시선은 다시 오실 주님께 더욱 고정되게 하소서. 예수님의 이름으로 기도합니다. 아멘.

대림 2주 - "여호와의 날" (사 11 : 6-9)

[시작기도]

주님, 이곳에 오셔서 주께서 약속하신 날을 기다리는 우리와 함께하소서.

[주간기도]

우리에게 구원자를 보내신 하나님을 찬양합니다. 주님, 세상을 바라볼 때 혼란스럽고 두려운 마음이 우리 안에 있습니다. 우리의 걸음을 살피사, 다가올 하나님 나라를 바라보며 방황하지 않고 주님만 섬기며 살아가게 하소서. 주께서 약속하신대로 이 땅에 진리와 정의가 세워질 그날, 승리의 왕이신 예수 그리스도께 영광을 돌리게 하소서. 우리의 구원자 예수님의 이름으로 기도합니다. 아멘.

[마침기도]
고개를 들어 하늘을 볼 때마다 다시 오실 주님을 생각합니다. 승리의 왕이시여, 오셔서 이 땅을 다스리소서. 예수님의 이름으로 기도합니다. 아멘.

대림 3주 - "예비하라"(사 40 : 3)

[시작기도]
주님, 이곳에 오셔서 주의 길을 예비하는 우리와 함께하소서.

[주간기도]
주님의 얼굴이 가려진 어두운 세상에서 우리가 주께로 나아갑니다. 수많은 악이 우리를 해하려 하고, 넘어뜨리려 할지라도 우리를 포기하지 않으시는 하나님을 의지하며 세상으로 나아갑니다. 주님을 향한 멈추지 않는 노래를 부르며 온 땅에 생명의 복음을 전하며 나아가오니 주여, 우리에게 힘을 주소서. 언제나 우리를 도우시는 예수님의 이름으로 기도합니다. 아멘.

[마침기도]
오늘도 우리가 일어나 다시 오실 주의 길을 준비합니다. 우리의 입을 열어 주의 복음을 전파하게 하소서. 예수님의 이름으로 기도합니다. 아멘.

대림 4주 - "은혜를 받은 자"(눅 1 : 26-28)

[시작기도]

주님, 이곳에 오셔서 주께서 베푸신 큰 은혜를 받은 우리와 함께하소서.

[주간기도]

하늘에 계신 아버지, 길이요 진리요 생명이신 예수를 품고 살아가는 은혜를 우리에게 베풀어 주셔서 감사드립니다. 우리의 귀를 열어 주의 음성을 듣게 하시고, 주의 음성을 들을 때 우리 마음의 풍랑이 잠잠해지게 하소서. 우리에게 맡겨 주신 사명을 감당하도록 용기를 주시고, 우리 삶 속에서 모든 것을 주님의 뜻대로 이루소서. 언제나 우리를 지키시는 예수님의 이름으로 기도합니다. 아멘.

[마침기도]

주여, 우리에게 날마다 은혜를 베푸사, 세상을 이기는 믿음으로 항상 주님과 동행하게 하소서. 예수님의 이름으로 기도합니다. 아멘.

2) 성탄절 - "임마누엘"(마 1 : 23)

[시작기도]

임마누엘 하나님, 우리와 함께하시는 주님을 찬양합니다.

[주간기도]

독생자 예수를 이 땅에 보내신 하나님을 찬양합니다. 여전히 흠이 많고 죄로 얼룩진 우리를 포기하지 않으시고, 찾아와 함께하시는 하나님의 사랑에 감사드립니다. 생명의 빛으로 오신 구주 예수로 인한 기쁨과 평화와 사랑을 온 세상 모두에게 허락하소서. 오늘도 여전히 주께서 우리를 붙들고 계심을 믿으며 한 걸음 한 걸음 나아가오니 우리와 함께하시고 하늘의 기쁨으로 충만케 하소서. 귀하신 주 예수님의 이름으로 기도합니다. 아멘.

[마침기도]

지극히 높은 곳에 계신 하나님, 영광 받으소서. 우리를 기뻐하시며 함께하시는 하나님, 찬양 받으소서. 예수님의 이름으로 기도합니다. 아멘.

3) 사순절기

제1주(재의 수요일) - "사람은 사람이나 하나님은 하나님이시다" (창 3:19)

시작기도·· 개인(맡은이)

주님, 내가 스스로 거두어들이고 티끌과 재 가운데서 회개합니다(욥 42:6).

찬송 ··다함께

시편읽기··다함께

(총회 성서정과에 따른 시편 또는 교독문을 읽는다.)

성경봉독··다함께

(총회 성서정과에 따른 구약과 신약 두 가지 본문을 읽는다.)

묵상··다함께

주간기도··다함께

주님, 우리의 영혼이 주님을 의지하며 주님을 간절히 기다립니다. 그리스도의 십자가는 우리의 죄악을 더 밝히 보게 합니다. 우리의 영혼은 깊은 죄악 속에 부서져 있습니다. 우리의 삶은 당신의 길에서 벗어났으며 거룩함을 잃어버렸습니다. 주님, 우리의 눈물은 쉬지 않고 흐릅니다. 비참하고 연약한 우리에게 자비를 베푸소서. 당신 앞에 참회하는 이들의 가난한 마음을 불쌍히 여기소서. 그리고 회복시키소서. 예수 그리스도의 이름으로 기도합니다. 아멘.

이웃을 위한 기도···다함께

주기도···다함께

마침기도··맡은이

사순의 날들 동안 하나님은 하나님이시고 인간은 흙에서 와서 흙으로 돌아갈 것임을 기억하게 하소서. 우리가 저지른 모든 잘못된 것들을 눈물로 뉘우치게 하소서. 우리의 약함과 유한함을 기억하게 하소서. 예수 그리스도의 이름으로 기도합니다. 아멘.

사순 1주 - 숨어 계신 하나님

[시작기도]

두려움과 공포, 멸망과 파괴가 우리를 덮쳤습니다. 우리의 눈에서 눈물이 시내처럼 흐릅니다. 그치지 않고 쉼 없이 흐릅니다. 여호와께서 살피시고 하늘에서 돌아보시기를 기다립니다(애 3:47-50).

[주간기도]

하나님이여, 그렇게 도와 달라고 부르짖었는데, 언제까지 들어주지 않으시렵니까? 폭력이 일어나고 있다고 외쳤는데도 어찌 구해 주지 않으십니까? 어찌하여 악을 그대로 내버려 두십니까? 내가 호소하는 것에 주께서 어떻게 대답하실지 기다립니다(합 1:2-3, 2:1). 당신이 때로 부재해 보이고 우리를 고통에서 건지기 위해서 움직이지 않는 것처럼 보일지라도, 우리는 당신이 일하고 있음을 믿습니다. 주님의 정의가 더디게 이루어지는 것처럼 보일지라도 이루어져 가고 있음을 믿습니다. 우리가 보지 못하는 곳을 보게 하시고, 끊임없이 세상과 우리 주변의 고통으로부터 눈을 돌리려고 하는 우리를 불쌍히 여기소서. 우리의 마음에서 비겁함과 두려움을 없애고 하나님이 베풀어 주시는 강함과 용기로 가득 차게 하소서. 우리의 마음이 세상의 아픈 곳과 상처 난 곳을 향하게 하소서. 예수님의 이름으로 기도합니다. 아멘.

[마침기도]

주께서는 용서하시는 하나님이십니다. 은혜로우시며 긍휼히 여기시며 더디 노하시며 인자가 풍부하시므로 버리지 않으시는 분입니다. 주께서는 진실하게 행하시는 분이십니다(느 9 : 17, 33). 예수님의 이름으로 기도합니다. 아멘.

사순 2주 - "우시는 하나님"

[시작기도]

예수님은 사랑하시는 사람들이 우는 것을 보셨습니다. 예수님의 마음은 몹시 아프셨습니다. 그리고 눈물 흘리셨습니다(요 11 : 33, 35).

[주간기도]

깊은 어둠과 침묵 속에서 우시는 하나님을 만납니다. 배신 당하고, 모욕 당하고, 채찍질 당하고, 마침내 죽임 당한 외롭고 상처 받은 주님을 만납니다. 당신은 우리의 깨어짐을 감당하시기 위해서 흠 없는 영광을 버리셨습니다. 사람의 모양으로 자신을 낮추시고 죽기까지 복종하셨습니다. 당신은 깊은 밤 홀로 흐느끼셨습니다. 그 눈물은 우리의 상함과, 우리의 연약함과, 우리의 고통으로 인함임을 고백합니다. 당신의 아픔을 기억하고 마음을 다해 당신의 고통을 마주보고 진실하게 응답하게 하소서. 당신이 가신 그 십자가의 길 위로 우리의 눈물이 멈추지 않고 흐르게 하소서. 예수님의 이름으로 기도합니다. 아멘.

[마침기도]

예수여! 당신에게는 아름다움도 없었고, 눈길을 끌 만한 위엄도 없었습니다. 당신은 미움과 멸시를 받았고, 아픔과 고통을 많이 겪었습니다. 우리 가운데 아무도 당신을 귀하게 여기지 않았습니다. 그러나 당신이 맞음으로 우리가 평화를 얻고, 당신이 상처를 입음으로 우리가 고침을 받았습니다(사 53 : 2-3, 5). 예수님의 이름으로 기도합니다. 아멘.

사순 3주 - "들으시는 하나님"

[시작기도]

주님은 의로우시니, 우리를 도우시고, 건져 주십시오. 우리에게 귀를 기울이시고, 우리를 구원해 주십시오. 우리가 어느 때나 찾아가서 숨을 반석이 되어 주시고, 구원하는 견고한 요새가 되어 주십시오. 주님, 당신 밖에는 우리에게 희망이 없습니다(시 71 : 2-3, 5).

[주간기도]

이웃의 배고픔과 아픔을 돌보지 않았으며, 불의와 폭력에서 눈을 돌렸으며, 안락함과 안전함을 따라 살았으며, 창조물을 낭비하고 훼손하였습니다. 모든 창조물의 아픔을 들으시고 작은 신음에도 응답하시기 위해 십자가로 걸어가신 당신의 고난과 생명의 길을 기억하며 우리도 귀를 열어 듣게 하시고, 듣고 응답하여 당신의 길에 참여하게 하소서. 우리의 삶에 불만족한 것들에 매몰되지 않게 하시고, 불의에 우리의 영혼이 마비되지 않게 하소서.

아무런 보답도 할 수 없는 우리를 향해 귀 기울이시고 팔 벌리신 당신의 사랑처럼 우리도 아무런 조건 없이 우리의 귀와 품을 내어주게 하소서. 예수님의 이름으로 기도합니다. 아멘.

[마침기도]

주님, 우리를 도우소서. 상한 자들과 연약한 자들의 기도와 소원을 들으소서. 누구든지 주님을 향해 팔을 벌려 기도하면 주께서는 하늘에서 들으시고 구하는 대로 이루어 주소서(왕상 8:42-43). 그래서 그리스도 그 이름의 능력이 함께함을 보게 하소서. 예수님의 이름으로 기도합니다. 아멘.

사순 4주 - "힘 돋우어 주시는 하나님"

[시작기도]

성령 하나님, 당신의 피조물이 썩어짐의 굴레에서 해방되어 영광스러운 자유에 참여하게 하소서. 우리의 약함을 도우시고 말로 다 표현할 수 없는 간절함으로 우리를 위하시는 성령님의 선하심을 신뢰하게 하소서(롬 8:21, 26).

[주간기도]

당신을 아는 이에게 힘 주시고 생명을 주시는 하나님, 우리가 당신을 알고 경험함으로 절망에 지지 않고, 두려워하지 않고, 잠잠하고 또 담대하게 당신의 뜻을 따라 살아갈 수 있도록 힘 돋우어 주소서. 지친 이들에게 새 힘을 주시고, 당신의 이름을 위하여 바른길로 우리를 인도하소서. 당신의 순전한 헌신과 언약으로 인해 당신이 주시는 해방과 전복하는 힘이 단순한 환상이나 헛된 희망이 아니라, 오늘 그리고 지금 우리 안에서 나타나는 변화임을 믿습니다. 삶의 고난이 있더라도 하나님의 의를 사모하며 다시 오시는 주님을 기다리게 하소서. 예수님의 이름으로 기도합니다. 아멘.

[마침기도]

진정한 희망은 우리가 예상하지 못했던 어느 약함에서도 생명을 공급하시는 주님께로부터 옵니다. 주님, 그래서 우리는 바랄 수 없는 중에도 희망을 바랄 수 있습니다(롬 4:18). 예수님의 이름으로 기도합니다. 아멘.

사순 5주 - "새롭게 하시는 하나님"

[시작기도]

만물을 새롭게 하시는 하나님, 주님의 긍휼하심을 따라 우리를 주께로 돌이키소서. 그리하면 우리가 주께로 돌아갈 것입니다. 우리의 날들을 다시 새롭게 하소서(애 5:21).

[주간기도]

우리가 해로운 것에 굴복하고자 하는 마음이 생겨날 때, 우리의 마음이 이기심으로 가득 찰 때, 우리는 그것을 거절할 수 있는 용기가 필요합니다. 비겁함과 타협과 부정의에 마비된 양심이 우리의 마음의 확신을 뒤흔들 때, 우리가 정의와 진실을 포기하지 않을 힘과 올바른 것을 볼 줄 아는 눈과 당신이 주시는 확신을 따라 선택할 용기가 필요합니다. 내 삶의 연약함과 실패와 한계는 당신으로 인해서 드러나지만 당신이 주시는 새롭게 하시는 힘으로, 당신이 우리와 함께 걸어가 주시는 힘으로, 그리고 종국에 우리를 통해 이루시는 하나님의 나라를 봄으로 우리가 쇠약함 속에서 새로움을 보게 하소서. 예수님의 이름으로 기도합니다. 아멘.

[마침기도]

고통당하는 이들의 눈에서 모든 눈물을 닦아 주실 하나님, 죽음도, 슬픔도, 울음도, 아픔도 없는, 모든 것이 새롭게 되는 그곳을 바라고 기다리게 하소서(계 21:4). 예수님의 이름으로 기도합니다. 아멘.

사순 6주 - "자신을 내어 주시는 하나님"

[시작기도]

자신의 죽음보다 세상 죄의 짐과 모든 잘못된 것들을 홀로 지고 계시다는 것을 감당하셔야 했던 겟세마네의 그리스도, 피조물의 고통이 흐르는 곳마다 그것은 그리스도의 눈물과 합쳐집니다.

[주간기도]

겟세마네의 주님, 죽음, 거절, 고통, 상처, 버림받음, 그리고 외로움에 대한 두려움과 씨름하신 당신의 시간을 기억합니다. 그 주님은 우리의 고통을 아시고 그 가운데 계심을 압니다. 견딜 수 없는 고통의 시간에 홀로 앉아 분투하는 당신을 볼 때, 우리는 이해할 수 없고 도저히 견디기 힘든 일들을 똑바로 마주하는 것이 곧 겟세마네의 당신 곁에 무릎 꿇는 일임을 압니다. 그 일이 가장 연약하지만 가장 강력한 그리스도의 십자가의 시작이었음을 압니다. 우리도 그리스도와 같이 세상의 아픔에 응답하라는 부르심을 받을 때, 그 부름에 땀방울과 깊은 분투로 응답하게 하소서. 온 피조세계 안에서 관계의 균열들을 메울 수 있는 힘을 주시고, 죄와 죽음의 지배를 뒤집는 영생을 가져오는 힘인 하나님의 신실하심 안에서 하나님의 의를 따라 행하게 하소서. 예수님의 이름으로 기도합니다. 아멘.

[마침기도]
주님의 자기 주심의 사랑을 기억할 때 몸과 마음과 영혼의 모든 목마름과 굶주림이 채워지게 하소서. 예수 그리스도의 고난 속에 하나님의 승리가 감추어져 있음을 붙들게 하소서. 예수님의 이름으로 기도합니다. 아멘.

4) 성목요일 - "끝까지 사랑하시는 주님"

[시작기도]
자기 사람들을 사랑하시되 끝까지 사랑하시는 그리스도, 주와 선생으로 발을 씻기신 그리스도, 그리스도께서 우리에게 행하신대로 우리도 행하게 하소서(요 13:1, 14-15).

[주간기도]
겉옷을 벗으시고 수건을 허리에 두르시고 자신의 허리와 다리를 굽혀 사랑하는 이들의 발을 씻기신 그리스도, 십자가의 겸

손으로 그의 사람들에게 사랑과 존경을 표하시고 나아가 고통받는 이들과 연약한 이들의 삶에 참여하신 그리스도의 의지에 우리도 참여하게 하소서. 예수께서 그리하신 것처럼 서로의 발을 씻어줄 수 있는 공동체가 되게 하소서. 믿음의 공동체 안에서 개인의 경험과 다양성을 인정하고, 서로의 약점을 기꺼이 드러내고, 존중하고, 나아가 허물까지 덮어주고, 사랑하는 연대를 형성하게 하소서. 권력을 만드는 연결이 아니라 존중하고 사랑하는 방식으로 서로가 연결되게 하소서. 그리스도의 자신을 내어 주는 사랑 안에서 우리의 삶을 점검하게 하시고, 사랑으로 살라고 말씀하신 예수께서 주신 우리의 소명을 재확인하게 하소서. 예수님의 이름으로 기도합니다. 아멘.

[마침기도]
삼위 하나님의 사랑으로 서로를 돌보게 하시고, 서로 의지하게 하시고, 서로 연대하게 하소서. 예수님의 이름으로 기도합니다. 아멘.

5) 성금요일 - "다 이루신 주님"

[시작기도]
우리가 아직 죄인 되었을 때, 우리를 위하여 죽으심으로 우리에 대한 하나님의 사랑을 확증하신 예수 그리스도, 그 사랑과 정의의 신비 안에 머물게 하소서(롬 5:8).

[주간기도]

십자가의 주님, 우리는 배신, 두려움, 시기, 분노, 비겁함, 수군거림, 의롭지 못함, 무지함, 탐욕, 악의, 분쟁 등의 하나님 마음에 합당하지 않고 끊임없이 반복되는 어려움들과 싸웁니다. 선한 의지와 싸움에서 눈을 돌리고 자리를 피해 도망칩니다. 그러나 우리는 십자가에서 그런 우리를 위해 피 흘리신 주님을 바라봅니다. 피조물의 비극이 온 땅에 가득하여 들리는 고통의 소리와 그 대가를 우리는 감당할 수 없으나, 오직 십자가의 주님, 당신은 하십니다. 이 세상에 주님이 품지 못할 슬픔은 없으며, 주님이 감당하지 못할 슬픔도 없으며, 주님이 해결하지 못할 슬픔도 없습니다. 온 세상이 어둠에 잠기고 휘장이 찢어질 때 하나님의 마음과 몸이 찢어졌습니다. 그 찢어짐이 우리를 살게 했습니다. 예수님의 이름으로 기도합니다. 아멘.

[마침기도]

길과 진리와 생명이신 예수 그리스도, 자신의 생명으로 영원한 구원을 주신 그 이름을 찬양합니다. 예수님의 이름으로 기도합니다. 아멘.

6) 성토요일 - "빛을 준비하시는 주님"

[시작기도]

우리는 오늘 하나님과 인류의 슬픔이 만나는 장소에 있습니다. 영혼의 어두운 밤, 완전한 내리막에서 그리스도는 죽음과 삶을 연결합니다.

[주간기도]
하나님의 음성이 닿지 않고 모든 희망이 사라진 그곳에 인간이 되어 인간의 악함과 약함을 그 가슴과 삶에 품으신 그리스도를 기억합니다. 우리는 우리의 추함과 악함으로 얼룩진 영혼이 그리스도의 그 품에 온전히 받아들여졌음을 깨닫습니다. 주님, 우리의 약한 하나님, 그 약함이 새벽빛을 가져옵니다. 죽음 없이 생명이 없습니다. 우리는 어둠과 침묵 속에 함께 계시는 주님을 느낍니다. 하나님의 끝없는 자비와 사랑 앞에 엎드립니다. 사랑과 정의의 가장 높은 곳에 삼위 하나님의 우리를 향하신 신실하심이 있습니다. 지금, 이곳에 있습니다. 예수님의 이름으로 기도합니다. 아멘.

[마침기도]
새벽이 오고 당신의 사랑이 항상 승리합니다. 예수님의 이름으로 기도합니다. 아멘.

7) 부활절 - "첫 열매가 되신 주님"

[시작기도]
죽음의 권세를 이기시고 부활하신 주님을 찬양합니다. 주님이 보이신 부활의 능력으로 살아가게 도와주소서.

[주간기도]
믿음이 흔들리는 제자들에게 빈 무덤으로 자신의 부활을 증거하셨던 주님! 오늘 어둠과 죽음의 큰 바위에 눌려 살아가는 우

리의 인생을 위해 그 돌을 친히 치우시고, 새 생명의 길을 여신 주님, 우리에게 주님이 보이신 생명의 길이 이미 주어졌음을 고백하게 하시고, 부활하신 주님을 따라 이 세상을 주님의 제자들로 살아가도록 믿음의 용기를 허락해 주소서. 예수님의 이름으로 기도합니다. 아멘.

[마침기도]
그리하여 우리의 삶이 주님의 부활을 증거하는 삶이 되게 하소서. 부활의 첫 열매 되신 예수님의 이름으로 기도합니다. 아멘.

8) 성령강림절 - "성령이 임하시면"(행 1:8)

[시작기도]
우리의 기도를 도우시는 성령님, 지금 오셔서 우리를 인도하소서.

[주간기도]
하나님, 우리가 하나님의 증인으로 세상을 이길 수 있도록 성령을 보내 주소서. 우리의 노력이나 능력이 아닌 오직 성령의 권능을 힘입어 승리하게 하소서. 예수 그리스도의 삶과 십자가, 부활에 이르기까지 함께하셨던 그 능력으로 우리도 충만케 하소서. 성령으로 우리와 함께하시고 우리를 지켜 주소서. 예수님의 이름으로 기도합니다. 아멘.

[마침기도]
성령 안에서 주님과 교제하며, 하나님의 영으로 인도 받는 주의 자녀가 되게 하소서. 예수님의 이름으로 기도합니다. 아멘.

② 삶의 정황별 기도

1) 기쁨과 감사

[출산 전]

생명의 하나님, 주께서 이 가정에 귀한 생명을 선물하여 주셔서 감사드립니다. 이제 태중에 품었던 아기를 마주하고자 합니다. 출산의 과정을 온전히 주장하여 주셔서, 엄마와 아기 모두에게 힘을 주시고, 안전하게 지켜 주소서. 부모가 되어 아기를 품에 안는 가장 아름답고 복된 이 순간을 통하여 우리 아버지 하나님의 크신 사랑을 기억하게 하소서. 생명과 기쁨의 예수님의 이름으로 기도합니다. 아멘.

[출산 후]

할렐루야! 오늘 이곳에 생명의 큰 기쁨을 허락하신 주님을 찬양합니다. 주께서 엄마와 아기의 회복을 도우시며, 낯선 공간, 낯선 감각들에 불안해하지 않고 주의 날개 그늘 아래서 평안히 쉬며, 생명의 기운으로 충만케 하소서. 아기를 바라보며 품는 생각들, 소원들이 주님의 뜻이 되게 하시고, 주님을 찬양하는 것이 되게 하소서. 우리 삶의 주인 되신 예수님의 이름으로 기도합니다. 아멘.

[자녀의 생일]

사랑의 하나님, 이 아이를 이 세상에 보내신 날을 기억합니다. 그날부터 지금까지 항상 함께하시며, 지키시고 돌보아 주신 사랑에 감사드립니다. 하나님, 앞으로도 평생토록 이 아이에게 은혜를 베푸소서. 이 아이가 살아갈 인생의 바다는 너무 넓고 깊습니다. 연약한 아이를 깊은 바다에 홀로 두지 마시고 주께서 선장 되셔서 인도해 주소서. 예수님의 이름으로 기도합니다. 아멘.

[자녀 입양]

아버지 하나님, 우리와 같은 이도 하나님의 자녀 삼아 주시고 사랑하여 주시니 감사드립니다. 하나님께서 베풀어 주신 사랑을 기억하며, 오늘 한 아이를 우리의 품에 안습니다. 긴 외로움에 부서지고, 지쳐 버린 이 아이를 맡겨 주셨으니, 아끼고 사랑하며 최선을 다해 돌보며 살아가게 하소서. 주여, 이 가정을 아름답게 세워 주소서. 예수님의 이름으로 기도합니다. 아멘.

[자녀의 세례]

놀라운 사랑의 하나님, 우리를 하나님의 자녀 삼아 주신 크신 은혜를 찬양합니다. 이들 가정에 맡겨 주신 아이가 오늘 한 믿음 안에서 하나님의 자녀가 되어 세례를 받습니다. 하나님의 자녀들을 향하여 주신 모든 약속을 이 아이의 삶에 이루어 주시고, 하나님의 기쁨이 되고, 세상에 빛이 되는 복된 자녀가 되게 하소서. 예수님의 이름으로 기도합니다. 아멘.

[자녀의 입학]
- 초등학교

사랑의 하나님, 여전히 길을 갈 때 부모의 손을 꼭 잡고 가는 어리기만 한 아이가 초등학교에 들어갑니다. 새로운 길에 들어선

아이를 천천히 인도해 줄 수 있는 선생님과 여러 가지 기쁨을 나눌 수 있는 좋은 친구들을 만나게 하소서. 배우는 즐거움과 사귐의 기쁨을 마음껏 누릴 수 있는 학교생활이 되게 하소서. 예수님의 이름으로 기도합니다. 아멘.

- 중학교

우리의 마음과 생각을 다 아시는 하나님께 기도합니다. 이 가정에 맡겨 주신 아이가 키도 생각도 껑충 자랐습니다. 부모는 이제 그 마음을 읽을 수도 없고, 알 수도 없습니다. 주께서 다 아시오니, 그의 마음과 생각을 지켜 주소서. 악한 것을 분별하며, 선한 일을 마음에 품게 하소서. 거룩한 주의 자녀가 되게 하소서. 예수님의 이름으로 기도합니다. 아멘.

- 고등학교

전능하신 아버지 하나님, 주의 자녀가 이제 고등학교에 입학하며 인생의 중요한 진로를 찾고, 결정해야 하는 시기가 되었습니다. 우리보다 앞서 행하시며 선한 길로 인도하시는 하나님을 의지하며 항상 기도하며 나아갈 때, 주의 자녀에게 분명한 소명을 주셔서, 고민하고 방황하기보다는 뜻을 정하고 정진해 나갈 수 있도록 인도하소서. 예수님의 이름으로 기도합니다. 아멘.

- 대학교

우리를 사랑하시며 항상 함께하시는 하나님, 주의 자녀가 지난 긴 준비의 시간을 거쳐 허락해 주신 대학교에 입학합니다. 이제 부모를 의지하기보다는 스스로 많은 것을 결정하며, 자신의 삶을 가꾸어 나가야 하오니, 말씀을 더욱 가까이하며, 하나님의 뜻 안에서 바른길로 나아가게 하소서. 겸손하되 담대한 주의 자녀로 세상 앞에 서게 하소서. 예수님의 이름으로 기도합니다. 아멘.

[자녀의 결혼]

하나님께서 사랑하시는 아름다운 두 사람이 오늘 서로의 손을 잡고 주님 앞에 섭니다. 두 사람이 서로를 사랑하는 마음이 나날이 깊어지게 하소서. 오래 참으며, 온유하게 하시고, 서로를 존중하며, 아끼며 살아가게 하소서. 한 마음으로 하나님을 사랑하게 하시고, 함께 예배하는 믿음의 가정 되게 하소서. 예수님의 이름으로 기도합니다. 아멘.

[자녀의 취업]

이른 비와 늦은 비로 은혜를 베푸시는 하나님, 주께서 정하신 때가 되어 일할 수 있는 자리를 허락하여 주시니 감사드립니다. 처음 만나는 사람들과 낯선 업무들 앞에서 마음이 불안하거나 분주하지 않게 하시고, 늘 기도하며 주님께서 주시는 생각과 지혜로 맡겨진 일들을 잘 감당해 나갈 수 있도록 도우소서. 예수님의 이름으로 기도합니다. 아멘.

[군 입대]

우리의 피할 바위이시며, 산성이신 하나님, 오늘 우리가 주를 간절히 찾습니다. 오셔서 우리 안에 있는 모든 불안과 염려를 다스려 주소서. 이 아이가 건강하게 장성하기까지 도우셨던 하나님, 이제 나라의 부름을 받아 군 복무에 임하는 아들을 붙들어 주소서. 성령의 지혜와 용기로 주어진 자리에서 칭찬받고, 곁에 있는 이들에게 힘이 되고 위로가 되는 주의 군사가 되게 하소서. 예수님의 이름으로 기도합니다. 아멘.

2) 고난과 소망

[예상치 못한 사고]

폭풍 가운데 함께하시는 하나님, 우리는 우리를 쓰러뜨리는 폭풍우를 피할 수 없지만 다시 일어설 것인지는 선택할 수 있습니다. 우리 자신뿐 아니라 우리가 사랑하는 사람, 소중한 관계들, 그리고 우리가 누렸던 안락함에 몰아쳐 온 예기치 못한 삶의 폭풍은 우리에게 무엇이 가장 귀한 것인지를 깨닫게 합니다. 우리는 상실의 반대편에 생명이 있음을 압니다. 우리가 상실 이후의 삶을 헤쳐 나갈 때 우리와 함께 아파하시고 우리와 함께 우시고 그리고 우리를 마침내 회복시키시는 그 희망을 붙들게 하소서. 우리가 계속 살아나갈 수 있도록 힘을 돋우어 주소서. 예수님의 이름으로 기도합니다. 아멘.

[유산/사산]

하나님, 당신의 품 안에 우리의 몸을 굽혀 누입니다. 끊임없이 흐르는 눈물은 어미가 아이를 잃은 눈물이요, 그 누구도 위로할 수 없는 눈물입니다. 어찌 창자가 끊어지는 고통을 말하겠으며, 절망과 분노와 죄책감과 희망 없음에서 건짐을 받겠습니까. 하나님, 오늘 당신의 품 안에 상한 우리를 안아 주소서. 우리가 가슴이 찢겨짐으로 견딜 수 없을 때 우리에게 숨을 허락하소서. 우리에게 안식을 허락하소서. 어미의 몸을 떠난 아이가 당신의 품 안에 있는 것을 우리가 보게 하소서. 그 안락함 안에 우리도 누이는 날, 그 작은 아이의 웃음을 보게 하소서. 예수님의 이름으로 기도합니다. 아멘.

[불안]

우리의 창조주 하나님, 불안이 우리를 압도하기 시작할 때, 우리가 처한 상황을 뛰어넘을 수 있는 힘을 주소서. 불안이 우리 안에서 점점 자라나고 우리의 일상을 휘저을 때, 우리를 만드신 주님이 여전히 우리 곁에, 우리와 함께 계심을 보게 하소서. 당신이 우리를 돌보심으로 말미암아 우리가 불안에서 자유하게 하소서. 어둠 속에서도 우리를 감싸시는 당신의 팔을 느끼게 하소서. 우리를 부르는 당신의 음성을 듣게 하소서. 우리가 필요한 방식으로 우리 스스로를 돌볼 수 있도록 도와주소서. 근심 걱정을 하나님께 맡길 때 우리의 삶과 영혼이 평안을 누리게 하소서. 예수님의 이름으로 기도합니다. 아멘.

[스트레스]

우리의 영혼의 안식이신 하나님, 이 세상의 모든 근심 속에서 당신을 보게 하소서. 하나님, 스트레스와 공포 속에서 우리가 눈을 뜨게 하소서. 우리를 흔드는 그 모든 것보다 당신이 크심을 기억하게 하소서. 우리가 통제할 수 없는 삶의 상황들이 우리를 지치게 할 때 당신은 우리가 짊어지려고 애쓰는 모든 짐의 무게를 짊어지시는 분이십니다. 우리가 주님을 신뢰하고 주님이 주시는 평안을 누리는 것이 무엇인지 배우게 하시고, 내 마음의 가장 어두운 곳을 아시는 주님께서 그 안에 가두어진 것들을 당신의 기쁨으로 바꾸어 주소서. 예수님의 이름으로 기도합니다. 아멘.

[아픈 자녀]
어린아이를 사랑하시는 하나님, 우리의 아이들이 당신의 신실하심을 그들의 삶을 통해서 경험하게 하소서. 우리 아이들과 함께하시며, 당신이 아이들의 하나님이 되어 주시며, 아이들을 강하게 하실 것을 압니다. 그러기 위해 하나님, 의료진들과 어른들을 사용하여 주십시오. 주께서 아이들을 붙드시고 반드시 그들의 도움이 되시리라는 것을 아이들이 잊지 않게 하여 주십시오. 당신은 우리와 우리 아이들을 끝까지 사랑하시겠다고 약속하셨고 결코 우리를 떠나지 않을 것이라 말씀하셨습니다. 우리의 아이들이 평안을 얻고, 당신을 신뢰함으로 그 마음과 몸이 쉬게 하여 주십시오. 힘과 사랑과 용기를 가지고 매일을 걸어가게 도우소서. 예수님의 이름으로 기도합니다. 아멘.

[아픈 자녀들의 부모]
주 예수여! 우리는 이 경주가 언제 끝이 날 지 모릅니다. 그럼에도 불구하고 우리는 주께서 우리와 이 경주에 함께 계시다는 것을 압니다. 우리의 마음과 몸이 피곤하고, 우리를 약하게 만드는 것이 우리를 지배하려 할지라도 우리에게 오래 버틸 수 있는 힘을 주소서. 아픔의 때에 당신의 격려가 충만하게 하소서. 두려움과 상처에서 우리를 구하시고 이 시련이 영원히 지속되지 않을 것임을 기억하게 하소서. 어떤 것도 우리를 당신의 변함없고 굳건

한 사랑에서 끊을 수 없다는 것을 믿습니다. 주께서는 지친 사람에게 힘을 주시며, 약한 사람에게 능력을 넘치도록 주십니다(사 40:29). 예수님의 이름으로 기도합니다. 아멘.

[선천적/후천적/지적장애인]

하나님, 우리의 힘을 새롭게 하소서. 우리의 길에 있는 모든 넘어야 할 것들을 극복하도록 당신의 힘으로 우리를 세우소서. 주님, 당신이 우리와 함께하고 계시고, 당신이 우리를 통해 일하시고자 한다면, 우리는 할 수 있습니다. 당신이 우리에게 주시기 위해 당신의 생명을 주심으로 허락하신 우리의 삶을 우리 스스로 축하하게 하시고, 사랑하는 이들을 통해 축하받게 하소서. 우리를 당신의 기쁨으로 삼으소서. 그 기쁨이 우리가 힘을 찾을 수 있는 곳입니다. 당신이 우리 곁에 계시다면 우리는 두려워할 필요가 없습니다. 우리에게 당신의 사랑과 능력을 계속해서 보여 주시기를 간구합니다. 예수님의 이름으로 기도합니다. 아멘.

[홀몸 어르신]

다양한 위험 속에서 똑바로 설 수 없을 때, 어르신에게 힘과 보호를 주소서. 어르신의 마음을 당신의 은총으로 채우시고 어르신께서 진실한 사랑으로 당신을 사랑하게 하소서. 어르신이 당신의 가장 은혜로운 보호 아래 항상 보호받을 수 있음을 믿습니다. 주님께서 우리를 무덤에 내버려 두지 않으시고, 주님께서 주님의 거룩한 자를 멸망시키지 않으실 것입니다. 주님께서 우리에게 생명의 길을 보여 주셨으니, 주님의 앞에서는 나의 기쁨이 항상 넘치고, 주님의 오른편에 있으면 언제까지나 기쁨을 맛볼 것입니다

(시 16 : 10-11). 예수님의 이름으로 기도합니다. 아멘.

[외국인 노동자, 새터민, 다문화가정]

우리의 피난처요, 영원한 아버지의 집을 허락하시는 하나님, 하나님의 능력과 사랑이 우리의 삶에 임재하심을 믿습니다. 우리가 익숙했던 삶의 자리를 떠나 새로운 땅에서 매일의 삶을 살아나갈 때 하나님, 우리의 인도자가 되어 주십시오. 우리에게 주어지는 어떤 불의, 위협, 비난, 모욕에도 눈을 돌리지 마시고 헤아려 주십시오. 우리의 아이들이 이 땅에서 마땅히 받아야 할 지지와 사랑을 받고 자라게 하여 주십시오. 우리를 아프게 하려는 어떤 것도 우리를 해할 수 없음을 고백합니다. 우리 안에 계신 주는 세상에 어떤 이보다 크시며, 우리는 우리를 대신하여 강하게 일어나실 당신을 믿습니다. 당신은 우리의 보호자이시자, 우리의 대변자이시자, 강력한 성루이자, 피할 바위이심을 고백합니다. 따뜻한 사랑의 날개 아래 우리를 품으시고, 우리의 연약함을 기쁘게 받으시고, 우리의 연약함을 마침내 하나님의 손에서 강하게 하소서. 예수님의 이름으로 기도합니다. 아멘.

[결혼 생활의 어려움]

갈라진 틈을 메우시고 굽은 길을 곧게 하시는 하나님, 우리는 깨어진 결혼과 삶의 어려움 앞에 멈추어 있습니다. 우리는 우리 자신의 결혼 생활에서 부서진 것을 고칠 수 있는 능력이 없습니다. 잃어버린 것들을 어떻게 회복해야 할지도 모르겠습니다. 우리가 미지의 길을 걸어나갈 때 당신을 신뢰하게 하소서. 우리 스스로의 연약함을 받아들이고 상함과 비탄 속에서 회복과 화해를 당신의 손에 맡깁니다. 예수님의 이름으로 기도합니다. 아멘.

[성폭력/가정 폭력의 피해자]

하나님, 우리의 몸이 짓밟히고 우리 스스로 몸의 주권을 행사할 수 없을 때, 어디에 계셨습니까? 우리의 눈이 눈물로 짓무를 때 당신은 어디에 계셨습니까? 세상의 눈들과 우리 마음의 눈들로부터 자유하기 원합니다. 우리가 이제 우리를 괴롭히는 서러움과 분노, 그리고 괴로움으로부터 벗어나게 하소서. 잠잠히 있으라는 말에 순응하지 않고 옷을 찢고 울부짖을 수 있는 용기와 함께 슬퍼할 이들을 허락하소서. 우리의 고통의 목소리가 온전하게 하나님과 사람들에게 들려지게 하소서. 우리는 위로받기를 거부합니다. 누가 우리의 목소리를 지울 수 있습니까? 하나님, 우리를 위해 우소서. 우리를 위해 움직이소서. 우리를 위해 정의롭지 못한 것들을 깨부수시고 정의를 세우소서. 예수님의 이름으로 기도합니다. 아멘.

[힘든 관계에서의 상처]

우리의 지극히 큰 상급이자 방패이신 하나님, 우리는 관계의 어려움을 겪고 있습니다. 우리의 마음은 어지럽고 우리의 삶은 불안합니다. 우리에게 언제, 어떻게, 어디에서 이 관계를 세워 나갈지, 그리고 지켜 나갈지 분별할 수 있는 지혜를 허락해 주십시오. 순수한 마음과 선한 양심으로 그 사람을 사랑하고, 할 수 있다면 용기를 내어 그 사람을 용서하고, 나아가 우리 스스로 이 관계 안에서 하나님의 진리를 찾고 또 즐거움을 누리게 하소서. 두려움 없이 사랑으로 말하게 하시고 관계가 어그러질까 두려워하는 마음을 쫓아내게 하소서. 우리의 눈과 마음에 있는 모든 편견을 제하시고 당신의 완전한 사랑으로 우리의 어그러진 관계로부터 오는 어려움을 넉넉히 이기게 하소서. 예수님의 이름으로 기도합니다. 아멘.

[트라우마]
마음이 상한 자들의 하나님, 상처받고 배신당한 자들의 하나님, 우리의 내면의 깊은 상처는 완전히 회복될 것 같지 않습니다. 어느 때까지 우리가 아파해야 합니까? 왜 우리는 끔찍한 일들을 겪어야 했고 여전히 그 안에 머물러 있어야 합니까? 우리가 그 고통에서 벗어날 수 있게 도와주소서. 우리를 아프게 한 모든 것들을 당신의 손에 맡기고 당신의 영 안에서 우리가 자유와 위로와 힘을 찾게 하소서. 우리 마음과 생각, 그리고 우리의 주변에서 우리를 조롱하고 과거의 상처를 반복해서 불러일으키는 목소리들을 멈추어 주시고, 우리를 아픔에 머물게 하는 것과 투쟁하게 하소서. 그리고 그 투쟁이 당신으로 인해서 더 큰 선과 목적을 이루어 갈 것을 기대하게 하소서. 예수님의 이름으로 기도합니다. 아멘.

[신체 질환]
우리는 주님의 뜻이 무엇인지 알지 못합니다. 삶의 어려움과 우리의 육체적 고통이 도저히 해결될 것 같아 보이지 않을 때 주님의 뜻은 희미해 보입니다. 우리는 여기, 우리 마음의 소원을 간절하게 말하기 위해 우리의 마음을 당신 앞에 쏟아 놓습니다. 우리에게 필요한 의료진을 만나게 하시고, 우리에게 그들과 유연하게 대화하고, 치료를 위한 좋은 방식을 결정할 수 있는 지혜를 주

소서. 또한 우리는 당신에게 치유의 힘이 있음을 믿습니다. 당신이 이미 우리의 마음과 삶을 당신의 손에 두고 있음을 압니다. 우리는 우리의 모든 것이 당신의 것임을 고백합니다. 예수님의 이름으로 기도합니다. 아멘.

[가족 돌봄]

우리를 돌보시고 우리의 삶을 지키시는 하나님, 우리는 지금 간절한 마음으로 당신에게 우리가 사랑하는 사람들을 섬길 수 있는 힘을 달라고 손을 뻗습니다. 우리가 사랑하는 이들이 육체적인 고통과 마음의 고통에 아파하고 있습니다. 그들을 지켜보고 돌보는 우리 역시 지치고, 분투하고, 슬퍼하고, 부서진 마음으로 치유를 간절히 기다리고 있습니다.

우리의 삶과 마음을 보호하소서. 우리의 삶의 모든 영역에서 우리를 치료하시고 돌보아 주소서. 우리가 슬픔과 두려움에 사로잡힐 때 당신께서 언제나 필요한 힘을 공급하심을 알게 하소서. 폭풍우 한가운데서도 주님의 팔 안에서 쉬게 하시고 주님이 우리의 여정을 안전하게 인도하실 것을 믿게 하소서. 우리에게 있는 불안과 담대하게 싸우고, 사랑하기를 포기하지 않으며, 사랑하는 사람들의 고통에 적극적으로 참여할 용기와 힘을 주소서. 예수님의 이름으로 기도합니다. 아멘.

[게임/알코올 중독]

주님, 오늘 우리는 열린 마음으로 주님께서 우리를 도우시도록 주님께 의지하고자 나아왔습니다. 우리가 주님의 인도하심과 보호하심을 믿고 하나님 앞에 나아가게 하소서. 하나님, 우리의 마음은 계속되는 유혹과 실패에 대한 두려움으로 가득 차 있습니다. 우리의 마음이 어려울 때에도 우리를 돌보는 사람들의 조언을 따를 수 있는 힘과 용기를 주소서. 고통스러운 치료의 과정을 잘 이겨내게 하소서. 당신의 거룩한 이름에 영광 돌리는 삶을 살 수 있도록 도와주소서. 예수님의 이름으로 기도합니다. 아멘.

[재정적 어려움/실직]
하나님, 재정/일에 대한 문제들은 우리의 삶의 많은 부분을 차지하며 우리의 삶을 스트레스에 놓이게 만듭니다. 다른 이들의 성취를 보는 것이 힘들고, 우리의 삶이 과소평가되고, 우리 스스로와 사랑하는 사람들을 부양할 수 있는 기회가 희박해 보입니다. 하나님, 우리가 우리 스스로 상황을 통제하려는 조급함을 내려놓게 하시고, 축복에 대한 갈망, 사랑하는 사람을 지원하고자 하는 갈망마저 내려놓게 하소서. 우리의 아픔에 공감하시는 하나님이 계심을 기억하고 우리를 살피고 계시는 하나님을 보게 하소서. 우리의 삶의 어떤 변화에도 불구하고 우리를 가까이 붙잡아 주실 주님을 신뢰하게 하소서. 예수님의 이름으로 기도합니다. 아멘.

[마음/정신의 아픔]
우리의 세상은 무너졌고, 어둡고 깊은 구덩이에 우리는 누워 있습니다. 완전한 무력감과 두려움이 우리를 바닥으로 당겨 내립니다. 주님, 우리를 이 기가 막힌 웅덩이와 수렁에서 끌어 올리시고 우리를 견고하게 하소서(시 40:2). 우리는 우리 안에 다양한 마음의 아픔을 가지고 있음을 고백합니다. 마음의 아픔은 죽음, 약물 남용, 또는 심각한 위기로 우리들을 몰아넣습니다. 마음

의 아픔은 우리에게서 자존감, 희망, 그리고 미래를 빼앗으려 합니다. 때때로 우리의 삶에 낙인을 찍을 때도 있습니다. 사랑과 포용의 하나님, 우리가 정신적인 고통을 하루하루 견디고 버텨 나갈 때, 하나님의 영적인 돌봄과 보살핌이 우리와, 우리와 함께 아파하는 사람들 모두에게 풍성하고 따뜻하게 임하기를 기도합니다. 우리에게 임하시는 하나님의 위로가 날마다 우리에게 경험되어지며 몸과 마음의 온전함을 위한 희망이 되게 하소서. 예수님의 이름으로 기도합니다. 아멘.

[성인 진입기의 어려움]

주님, 우리가 알지 못하는 미래에 대한 두려움이 우리를 짓누릅니다. 우리는 때때로 우리의 감정이 폭발할 것 같은 느낌이 들 때까지 스스로를 몰아붙입니다. 스스로에 대한 실망감과 싸우고, 끊임없이 더 나은 무언가를 성취하기 위해 분투합니다. 우리를 해로운 유혹으로부터 보호하시고, 진리를 분별하게 하시고, 모든 불의와 잘못된 것들을 바로잡으시는 주님의 신실하심을 믿고 어려움 앞에 담대하고 타협하지 않게 하소서. 당신의 눈을 통해 우리의 삶에 다가오는 도전을 보게 하시고 영원한 관점과 목적을 지니게 하소서. 하나님, 우리 스스로 완벽해지기 위해 훈련하지 않게 하소서. 우리의 지친 마음을 풀어 주소서. 주님의 방패 같은 사랑으로 주님의 이름을 사랑하는 자들을 지켜 보호하소서(시 5:11-12). 예수님의 이름으로 기도합니다. 아멘.

하나님 나라를 위한 기도

하나님 나라를 위한 기도문은 날로 심각해지는 환경문제, 사회 양극화, 전쟁, 그리고 팬데믹 같은 전 지구적 문제들 앞에서 교회 공동체가 함께 참여하고 기도해야 한다는 분명한 인식을 갖고 공동기도에 동참하도록 돕기 위함이다.

1) 창조질서

창조주 하나님을 찬양합니다. 세상의 모든 만물을 말씀으로 지으시고, 창조 질서를 따라 많은 생명들을 생육시키시고, 번성케 하심에 감사드립니다. 그러나 우리 안에 하나님이 이 땅의 주인 되심을 잊고 함부로 사용하고 파괴한 모습이 있었음을 고백하오니, 이를 바르게 사용할 지혜를 허락해 주소서. 그리하여 하나님이 만드신 모든 것들을 바르게 사용하여 후손들을 위하여 보전하고, 하나님의 나라를 이 땅 가운데 세워가게 하소서. 하나님께서 베푸신 생명의 귀함과 창조의 질서를 깨닫게 하소서. 예수 그리스도의 이름으로 기도합니다. 아멘.

2) 자연재해

모든 만물을 다스리시는 하나님, 자연재해 앞에 너무나도 무기력한 우리를 불쌍히 여겨 주소서. 홍수의 심판 가운데서 자신의 백성을 불쌍히 여기시고, 물의 경계를 정하여 넘치지 못하게 하시고, 땅을 덮지 못하게 하신 하나님의 돌보심을 기억하오니, 이 시간 재해로 고통받는 이들의 아픔의 소리를 들어 주소서. 또한 함께 기도하며 서로를 도울 수 있는 마음을 우리에게도 주소서. 스스로가 가진 지혜와 능력에 취하여 모든 것의 근원이신 하나님을 잊고 산 우리의 잘못을 고백하오니, 이 땅에서 모든 것을 바르게 사용하도록 하나님의 지혜를 주소서. 예수 그리스도의 이름으로 기도합니다. 아멘.

3) 유행병

치유의 하나님, 온 인류가 눈에 보이지 않는 바이러스로 인해 고통받고 있습니다. 국경이 봉쇄되고, 일상의 삶에서 사람과의 만남을 기피하게 되고, 사랑하는 가족의 마지막 순간조차 함께하지 못하는 아픔 앞에 있는 이들의 눈물을 기억해 주소서. 주여, 우리를 불쌍히 여기소서.

우리의 도움이신 하나님, 인간의 지혜와 힘과 능력으로 무엇이든 할 수 있다고 여겼던 우리의 교만함을 내려놓고, 하나님의 도움을 구하게 하소서. 주여, 우리를 불쌍히 여기소서.

평안의 하나님, 질병의 확산으로 인해 끝이 보이지 않는 듯한 불안함과 어려움 가운데 있는 우리와 함께하여 주소서. 이 어려움 속에서 주님이 주시는 평안으로 우리의 삶을 지켜 주소서. 주여, 우리를 불쌍히 여기소서.

우리를 당신의 일꾼으로 부르시는 하나님, 백신을 제때 공급받지 못하는 다른 나라의 어려움을 모른척하지 않고, 서로를 돌보게 하시고, 도울 일을 찾게 하소서. 주여, 우리를 불쌍히 여기소서.

이 땅에 아프고 버려진 자들을 불쌍히 여기시고, 찾으시고, 또 고치기 위해 오신 우리 주님의 구원의 일하심이 오늘 우리 가운데 있기를 바라며, 참 소망 되신 예수 그리스도의 이름으로 기도합니다. 아멘.

4) 공의

이 땅에서 공의와 정의를 찾으시는 하나님, 우리가 악을 행하는 자들로 인해 낙심하지 말게 하시고, 하나님의 사랑과 공의를 구하고 이를 이 세상 가운데 세우도록 도와주소서. 경제적으로 착취당하고 사회의 무관심으로 인해 소외당하고 기회를 잃어버린 우리 이웃들의 고통 소리에 그들을 위로하고 섬기는 손과 발이 되게 하소서. 그동안 우리의 삶이 바쁘다는 이유로 그들의 필요에 귀를 닫고 살아온 우리의 영적 게으름을 용서하여 주시고, 정의가 물 같이, 공의가 마르지 않는 강 같이 흐르는 하나님의 나라를 이 땅 가운데 세우는 일에 우리를 사용하소서. 예수 그리스도의 이름으로 기도합니다. 아멘.

5) 평화

전능하신 하나님, 하나님의 평화가 이 땅 가운데 임하기를 기도합니다. 지금 이 시간에도 세계 곳곳에서 전쟁의 위협으로 인해 고통 가운데 있는 나라와 민족들이 있음을 기억하소서. 삶의 터전을 잃어버리고 자신의 집을 떠나는 이들의 마음을 위로하여 주시고, 그들을 위해 기도하고 돕는 일에 우리를 사용하소서. 나라를 이끌고 있는 지도자들에게 생명의 귀함을 기억하게 하사, 평화로운 방법으로 국가 간의 갈등을 해결하도록 그들에게 하나님의 지혜를 허락하여 주소서. 자신의 의지와 관계없이 전쟁으로 내몰린 모든 이들의 생명을 보호하여 주시고, 속히 하나님의 평화가 전쟁의 가운데 있기를 간구드리며, 이 땅에 평화의 왕으로 오신 예수님의 이름으로 기도합니다. 아멘.

4 기도에 필요한 상황별 성경 구문

1) 하나님을 부름

하나님을 부르는 표현은 우리가 기도할 때 기도를 들으시는 하나님이 어떤 분이신지를 다양하게 묵상하며 기도하도록 돕기 위해 제공된다. 예를 들면 아래와 같다.

- 나(우리)의 피할 바위이시며 방패 되신 하나님(시 18 : 1-2)
- 환난 중의 피난처 되신 하나님(시 46 : 1)
- 우리의 도움이신 하나님(시 121편)
- 어두움 가운데 있는 자의 빛이 되시는 하나님(시 27 : 1)
- 목자 되신 하나님(시 23 : 1, 80 : 1)
- 나(우리)의 노래 되신 하나님(사 12 : 2)
- 산파이신 하나님(시 22 : 9-10 ; 사 46 : 3-4)
- 나(우리)를 아시는 하나님(시 139 : 1-4)
- 고아의 아버지 되시는 하나님(시 68 : 5)
- 과부의 보호자 되신 하나님(시 68 : 5)
- 압제 당하는 자의 요새이신 하나님(시 9 : 9)
- 나의 남편 되신 하나님(사 54 : 5)
- 나(우리)의 이름을 아시는 하나님(출 33 : 17)
- 나를 고치시는 하나님(시 30 : 2)
- 들으시는 하나님(출 2 : 23-25, 3 : 7-10)
- 왕이신 하나님(시 5 : 2, 44 : 4, 74 : 12)

- 토기장이이신 하나님(사 64 : 8)
- 힘이신 하나님(사 40 : 31)
- 인내하시고 우리의 돌이킴을 기다리시는 하나님(사 55 : 1-9 ; 눅 13 : 1-9)
- 왕이신 하나님(시 145편)
- 정의의 하나님(사 30 : 18)
- 이른 비와 늦은 비로 은혜를 내리시는 하나님(신 11 : 14)
- 전능하신 하나님(창 28 : 3 ; 수 22 : 22)

2) 치유

[싸매어 주시고 고치시는 하나님]

하나님은 아프게 하시다가 싸매시며 상하게 하시다가 그의 손으로 고치시나니 여섯 가지 환난에서 너를 구원하시며 일곱 가지 환난이라도 그 재앙이 네게 미치지 않게 하시며 기근 때에 죽음에서, 전쟁 때에 칼의 위협에서 너를 구원하실 터인즉 네가 혀의 채찍을 피하여 숨을 수가 있고 멸망이 올 때에도 두려워하지 아니할 것이라(욥 5 : 18-21).

[긍휼히 여기시는 하나님]

여호와여 내가 수척하였사오니 내게 은혜를 베푸소서 여호와여 나의 뼈가 떨리오니 나를 고치소서(시 6 : 2).

[새벽에 도우시리로다]

하나님은 우리의 피난처시요 힘이시니 환난 중에 만날 큰 도움이시라 그러므로 땅이 변하든지 산이 흔들려 바다 가운데에 빠지든지 바닷물이 솟아나고 뛰놀든지 그것이 넘침으로 산이 흔들릴지라도 우리는 두려워하지 아니하리로다(셀라) 한 시내가 있어 나뉘어 흘러 하나님의 성 곧 지존하신 이의 성소를 기쁘게 하도다 하나님이 그 성 중에 계시매 성이 흔들리지 아니할 것이라 새벽에 하나님이 도우시리로다(시 46 : 1-5).

[응답하시는 여호와]
그리하면 네 빛이 새벽 같이 비칠 것이며 네 치유가 급속할 것이며 네 공의가 네 앞에 행하고 여호와의 영광이 네 뒤에 호위하리니 네가 부를 때에는 나 여호와가 응답하겠고 네가 부르짖을 때에는 내가 여기 있다 하리라(사 58 : 8-9).

[모든 병과 질병을 치유하시며 다니셨던 주님]
예수께서 온 갈릴리에 두루 다니사 그들의 회당에서 가르치시며 천국 복음을 전파하시며 백성 중의 모든 병과 모든 약한 것을 고치시니 그의 소문이 온 수리아에 퍼진지라 사람들이 모든 앓는 자 곧 각종 병에 걸려서 고통 당하는 자, 귀신 들린 자, 간질하는 자, 중풍병자들을 데려오니 그들을 고치시더라 갈릴리와 데가볼리와 예루살렘과 유대와 요단 강 건너편에서 수많은 무리가 따르니라(마 4 : 23-25).

3) 상실

[자식을 위해 애곡하는 라헬]

라마에서 슬퍼하며 크게 통곡하는 소리가 들리니 라헬이 그 자식을 위하여 애곡하는 것이라 그가 자식이 없으므로 위로 받기를 거절하였도다 함이 이루어졌느니라(마 2:18).

[고난 당한 자를 긍휼히 여기시고 위로하시는 하나님]
여호와께서 이같이 이르시되 은혜의 때에 내가 네게 응답하였고 구원의 날에 내가 너를 도왔도다 내가 장차 너를 보호하여 너를 백성의 언약으로 삼으며 나라를 일으켜 그들에게 그 황무하였던 땅을 기업으로 상속하게 하리라 내가 잡혀 있는 자에게 이르기를 나오라 하며 흑암에 있는 자에게 나타나라 하리라 그들이 길에서 먹겠고 모든 헐벗은 산에도 그들의 풀밭이 있을 것인즉 그들이 주리거나 목마르지 아니할 것이며 더위와 볕이 그들을 상하지 아니하리니 이는 그들을 긍휼히 여기는 이가 그들을 이끌되 샘물 근원으로 인도할 것임이라 내가 나의 모든 산을 길로 삼고 나의 대로를 돋우리니 어떤 사람은 먼 곳에서, 어떤 사람은 북쪽과 서쪽에서, 어떤 사람은 시님 땅에서 오리라 하늘이여 노래하라 땅이여 기뻐하라 산들이여 즐거이 노래하라 여호와께서 그의 백성을 위로하셨은즉 그의 고난 당한 자를 긍휼히 여기실 것임이라(사 49:8-13).

[하나님 나라에서 가장 큰 자]
그 때에 제자들이 예수께 나아와 이르되 천국에서는 누가 크니이까 예수께서 한 어린 아이를 불러 그들 가운데 세우시고 이르시되 진실로 너희에게 이르노니 너희가 돌이켜 어린 아이들과 같이 되지 아니하면 결단코 천국에 들어가지 못하리라 그러므로

누구든지 이 어린 아이와 같이 자기를 낮추는 사람이 천국에서 큰 자니라 또 누구든지 내 이름으로 이런 어린 아이 하나를 영접하면 곧 나를 영접함이니 삼가 이 작은 자 중의 하나도 업신여기지 말라 너희에게 말하노니 그들의 천사들이 하늘에서 하늘에 계신 내 아버지의 얼굴을 항상 뵈옵느니라(마 18 : 1-5, 10).

[소망 가운데 우리를 구원하시는 하나님/우리를 위해 친히 간구하시는 성령]

생각하건대 현재의 고난은 장차 우리에게 나타날 영광과 비교할 수 없도다 피조물이 고대하는 바는 하나님의 아들들이 나타나는 것이니 피조물이 허무한 데 굴복하는 것은 자기 뜻이 아니요 오직 굴복하게 하시는 이로 말미암음이라 그 바라는 것은 피조물도 썩어짐의 종 노릇 한 데서 해방되어 하나님의 자녀들의 영광의 자유에 이르는 것이니라 피조물이 다 이제까지 함께 탄식하며 함께 고통을 겪고 있는 것을 우리가 아느니라 그뿐 아니라 또한 우리 곧 성령의 처음 익은 열매를 받은 우리까지도 속으로 탄식하여 양자 될 것 곧 우리 몸의 속량을 기다리느니라 우리가 소망으로 구원을 얻었으매 보이는 소망이 소망이 아니니 보는 것을 누가 바라리요 만일 우리가 보지 못하는 것을 바라면 참음으로 기다릴지니라 이와 같이 성령도 우리의 연약함을 도우시나니 우리는 마땅히 기도할 바를 알지 못하나 오직 성령이 말할 수 없는 탄식으로 우리를 위하여 친히 간구하시느니라 마음을 살피시는 이가 성령의 생각을 아시나니 이는 성령이 하나님의 뜻대로 성도를 위하여 간구하심이니라(롬 8 : 18-27).

[너희를 위하여 기도하는 것을 쉬지 않고]

이로써 우리도 듣던 날부터 너희를 위하여 기도하기를 그치지 아니하고 구하노니 너희로 하여금 모든 신령한 지혜와 총명에 하나님의 뜻을 아는 것으로 채우게 하시고 주께 합당하게 행하여 범사에 기쁘시게 하고 모든 선한 일에 열매를 맺게 하시며 하나님을 아는 것에 자라게 하시고 그의 영광의 힘을 따라 모든 능력으로 능하게 하시며 기쁨으로 모든 견딤과 오래 참음에 이르게 하시고 우리로 하여금 빛 가운데서 성도의 기업의 부분을 얻기에 합당하게 하신 아버지께 감사하게 하시기를 원하노라(골 1 : 9-12).

[극도의 고통 속에 계셨던 주님]

예수께서 나가사 습관을 따라 감람 산에 가시매 제자들도 따라갔더니 그 곳에 이르러 그들에게 이르시되 유혹에 빠지지 않게 기도하라 하시고 그들을 떠나 돌 던질 만큼 가서 무릎을 꿇고 기도하여 이르시되 아버지여 만일 아버지의 뜻이거든 이 잔을 내게서 옮기시옵소서 그러나 내 원대로 마시옵고 아버지의 원대로 되기를 원하나이다 하시니 천사가 하늘로부터 예수께 나타나 힘을 더하더라 예수께서 힘쓰고 애써 더욱 간절히 기도하시니 땀이 땅에 떨어지는 핏방울 같이 되더라 기도 후에 일어나 제자들에게 가서 슬픔으로 인하여 잠든 것을 보시고 이르시되 어찌하여 자느냐 시험에 들지 않게 일어나 기도하라 하시니라(눅 22 : 39-46).

[우리를 위해 눈물과 애통의 마음으로 기도하신 예수 그리스도]

그는 육체에 계실 때에 자기를 죽음에서 능히 구원하실 이에게 심한 통곡과 눈물로 간구와 소원을 올렸고 그의 경건하심으로 말미암아 들으심을 얻었느니라 그가 아들이시면서도 받으신 고난으로 순종함을 배워서 온전하게 되셨은즉 자기에게 순종하는 모든 자에게 영원한 구원의 근원이 되시고 하나님께 멜기세덱의 반차를 따른 대제사장이라 칭하심을 받으셨느니라(히 5:7-10).

4) 자살

[하나님이 우리를 위하시는데 누가 우리를 대적하리요]

이와 같이 성령도 우리의 연약함을 도우시나니 우리는 마땅히 기도할 바를 알지 못하나 오직 성령이 말할 수 없는 탄식으로 우리를 위하여 친히 간구하시느니라 마음을 살피시는 이가 성령의 생각을 아시나니 이는 성령이 하나님의 뜻대로 성도를 위하여 간구하심이니라 우리가 알거니와 하나님을 사랑하는 자 곧 그의 뜻대로 부르심을 입은 자들에게는 모든 것이 합력하여 선을 이루느니라 하나님이 미리 아신 자들을 또한 그 아들의 형상을 본받게 하기 위하여 미리 정하셨으니 이는 그로 많은 형제 중에서 맏아들이 되게 하려 하심이니라 또 미리 정하신 그들을 또한 부르시고 부르신 그들을 또한 의롭다 하시고 의롭다 하신 그들을 또한 영화롭게 하셨느니라 그런즉 이 일에 대하여 우리가 무슨 말 하리요 만일 하나님이 우리를 위하시면 누가 우리를 대적하리요(롬 8:26-31).

[비판하지 말라 모두 하나님의 심판대 앞에 서리라]

우리 중에 누구든지 자기를 위하여 사는 자가 없고 자기를 위하여 죽는 자도 없도다 우리가 살아도 주를 위하여 살고 죽어도 주를 위하여 죽나니 그러므로 사나 죽으나 우리가 주의 것이로다 이를 위하여 그리스도께서 죽었다가 다시 살아나셨으니 곧 죽은 자와 산 자의 주가 되려 하심이라 네가 어찌하여 네 형제를 비판하느냐 어찌하여 네 형제를 업신여기느냐 우리가 다 하나님의 심판대 앞에 서리라 기록되었으되 주께서 이르시되 내가 살았노니 모든 무릎이 내게 꿇을 것이요 모든 혀가 하나님께 자백하리라 하였느니라 이러므로 우리 각 사람이 자기 일을 하나님께 직고하리라(롬 14 : 7-12).

5) 임종

[내 백성을 위로하라]

너희의 하나님이 이르시되 너희는 위로하라 내 백성을 위로하라 너희는 예루살렘의 마음에 닿도록 말하며 그것에게 외치라 그 노역의 때가 끝났고 그 죄악이 사함을 받았느니라 그의 모든 죄로 말미암아 여호와의 손에서 벌을 배나 받았느니라 할지니라 하시니라 외치는 자의 소리여 이르되 너희는 광야에서 여호와의 길을 예비하라 사막에서 우리 하나님의 대로를 평탄하게 하라 골짜기마다 돋우어지며 산마다, 언덕마다 낮아지며 고르지 아니한 곳이 평탄하게 되며 험한 곳이 평지가 될 것이요 여호와의 영광이 나타나고 모든 육체가 그것을 함께 보리라 이는 여호와의 입이 말씀하셨느니라 말하는 자의 소리여 이르되 외치라 대답하되 내가 무엇이라 외치리이까 하니 이르되 모든 육체는 풀이요 그의 모든 아름다움은 들의 꽃과 같으니 풀은 마르고 꽃이 시듦은 여호와의 기운이 그 위에 붊이라 이 백성은 실로 풀이로다 풀은 마르고 꽃은 시드나 우리 하나님의 말씀은 영원히 서리라 하라 아름다운 소식을 시온에 전하는 자여 너는 높은 산에 오르라 아름다운 소식을 예루살렘에 전하는 자여 너는 힘써 소리를 높이라 두려워하지 말고 소리를 높여 유다의 성읍들에게 이르기를 너희의 하나님을 보라 하라 보라 주 여호와께서 장차 강한 자로 임하실 것이요 친히 그의 팔로 다스리실 것이라 보라 상급이 그에게 있고 보응이 그의 앞에 있으며 그는 목자 같이 양 떼를 먹이시며 어린 양을 그 팔로 모아 품에 안으시며 젖먹이는 암컷들을 온순히 인도하시리로다(사 40:1-11).

[버리지 않으시고 긍휼히 여기시는 하나님]

내 고초와 재난 곧 쑥과 담즙을 기억하소서 내 마음이 그것을 기억하고 내가 낙심이 되오나 이것을 내가 내 마음에 담아 두었더니 그것이 오히려 나의 소망이 되었사옴은 여호와의 인자와 긍휼이 무궁하시므로 우리가 진멸되지 아니함이니이다 이것들이 아침마다 새로우니 주의 성실하심이 크시도소이다 내 심령에 이르기를 여호와는 나의 기업이시니 그러므로 내가 그를 바라리라 하도다 기다리는 자들에게나 구하는 영혼들에게 여호와는 선하시도다 사람이 여호와의 구원을 바라고 잠잠히 기다림이 좋도다 이는 주께서 영원하도록 버리지 아니하실 것임이며 그가 비록 근심하게 하시나 그의 풍부한 인자하심에 따라 긍휼히 여기실 것임이라(애 3:19-26, 31-32).

[어둠에 다니지 아니하고 생명의 빛을 얻으리라]
예수께서 또 말씀하여 이르시되 나는 세상의 빛이니 나를 따르는 자는 어둠에 다니지 아니하고 생명의 빛을 얻으리라(요 8:12).

[나는 부활이요 생명이니]
예수께서 와서 보시니 나사로가 무덤에 있은 지 이미 나흘이라 베다니는 예루살렘에서 가깝기가 한 오 리쯤 되매 많은 유대인이 마르다와 마리아에게 그 오라비의 일로 위문하러 왔더니 마르다는 예수께서 오신다는 말을 듣고 곧 나가 맞이하되 마리아는 집에 앉았더라 마르다가 예수께 여짜오되 주께서 여기 계셨더라면 내 오라버니가 죽지 아니하였겠나이다 그러나 나는 이제라도 주께서 무엇이든지 하나님께 구하시는 것을 하나님이 주실 줄을 아나이다 예수께서 이르시되 네 오라비가 다시 살아나리라 마르다가 이르되 마지막 날 부활 때에는 다시 살아날 줄을 내가 아나이다 예수께서 이르시되 나는 부활이요 생명이니 나를 믿는 자는 죽어도 살겠고 무릇 살아서 나를 믿는 자는 영원히 죽지 아니하리니 이것을 네가 믿느냐 이르되 주여 그러하외다 주는 그리스도시요 세상에 오시는 하나님의 아들이신 줄 내가 믿나이다(요 11:17-27).

[죽음도 우리 주 예수 그리스도 안에 있는 하나님의 사랑을 끊을 수 없도다]

자기 아들을 아끼지 아니하시고 우리 모든 사람을 위하여 내주신 이가 어찌 그 아들과 함께 모든 것을 우리에게 주시지 아니하겠느냐 누가 능히 하나님께서 택하신 자들을 고발하리요 의롭다 하신 이는 하나님이시니 누가 정죄하리요 죽으실 뿐 아니라 다시 살아나신 이는 그리스도 예수시니 그는 하나님 우편에 계신 자요 우리를 위하여 간구하시는 자시니라 누가 우리를 그리스도의 사랑에서 끊으리요 환난이나 곤고나 박해나 기근이나 적신이나 위험이나 칼이랴 기록된 바 우리가 종일 주를 위하여 죽임을 당하게 되며 도살 당할 양 같이 여김을 받았나이다 함과 같으니라 그러나 이 모든 일에 우리를 사랑하시는 이로 말미암아 우리가 넉넉히 이기느니라 내가 확신하노니 사망이나 생명이나 천사들이나 권세자들이나 현재 일이나 장래 일이나 능력이나 높음이나 깊음이나 다른 어떤 피조물이라도 우리를 우리 주 그리스도 예수 안에 있는 하나님의 사랑에서 끊을 수 없으리라(롬 8 : 32-39).

[잠자는 자들 중 첫 열매가 되신 그리스도]
만일 그리스도 안에서 우리가 바라는 것이 다만 이 세상의 삶뿐이면 모든 사람 가운데 우리가 더욱 불쌍한 자이리라 그러나 이제 그리스도께서 죽은 자 가운데서 다시 살아나사 잠자는 자들의 첫 열매가 되셨도다(고전 15 : 19-20).

[위로하시는 하나님]
찬송하리로다 그는 우리 주 예수 그리스도의 하나님이시요 자비의 아버지시요 모든 위로의 하나님이시며 우리의 모든 환난 중에서 우리를 위로하사 우리로 하여금 하나님께 받는 위로로써

모든 환난 중에 있는 자들을 능히 위로하게 하시는 이시로다 그리스도의 고난이 우리에게 넘친 것 같이 우리가 받는 위로도 그리스도로 말미암아 넘치는도다 우리가 환난 당하는 것도 너희가 위로와 구원을 받게 하려는 것이요 우리가 위로를 받는 것도 너희가 위로를 받게 하려는 것이니 이 위로가 너희 속에 역사하여 우리가 받는 것 같은 고난을 너희도 견디게 하느니라 너희를 위한 우리의 소망이 견고함은 너희가 고난에 참여하는 자가 된 것 같이 위로에도 그러할 줄을 앎이라(고후 1:3-7).

[육체의 장막은 무너지나 우리에게 주어질 영원한 집]
만일 땅에 있는 우리의 장막 집이 무너지면 하나님께서 지으신 집 곧 손으로 지은 것이 아니요 하늘에 있는 영원한 집이 우리에게 있는 줄 아느니라(고후 5:1).

[긍휼이 풍성하신 하나님께서 그리스도 안에서 우리를 다시 살리시리라]
긍휼이 풍성하신 하나님이 우리를 사랑하신 그 큰 사랑을 인하여 허물로 죽은 우리를 그리스도와 함께 살리셨고 (너희는 은혜로 구원을 받은 것이라) 또 함께 일으키사 그리스도 예수 안에서 함께 하늘에 앉히시니 이는 그리스도 예수 안에서 우리에게 자비하심으로써 그 은혜의 지극히 풍성함을 오는 여러 세대에 나타내려 하심이라 너희는 그 은혜에 의하여 믿음으로 말미암아 구원을 받았으니 이것은 너희에게서 난 것이 아니요 하나님의 선물이라 행위에서 난 것이 아니니 이는 누구든지 자랑하지 못하게 함이라 우리는 그가 만드신 바라 그리스도 예수 안에서 선한 일을 위하여

지으심을 받은 자니 이 일은 하나님이 전에 예비하사 우리로 그 가운데서 행하게 하려 하심이니라(엡 2 : 4-10).

[산 소망되신 하나님으로 인해]
우리 주 예수 그리스도의 아버지 하나님을 찬송하리로다 그의 많으신 긍휼대로 예수 그리스도를 죽은 자 가운데서 부활하게 하심으로 말미암아 우리를 거듭나게 하사 산 소망이 있게 하시며 썩지 않고 더럽지 않고 쇠하지 아니하는 유업을 잇게 하시나니 곧 너희를 위하여 하늘에 간직하신 것이라 너희는 말세에 나타내기로 예비하신 구원을 얻기 위하여 믿음으로 말미암아 하나님의 능력으로 보호하심을 받았느니라 그러므로 너희가 이제 여러 가지 시험으로 말미암아 잠깐 근심하게 되지 않을 수 없으나 오히려 크게 기뻐하는도다(벧전 1 : 3-6).

[우리가 그와 같을 줄을]
사랑하는 자들아 우리가 지금은 하나님의 자녀라 장래에 어떻게 될지는 아직 나타나지 아니하였으나 그가 나타나시면 우리가 그와 같을 줄을 아는 것은 그의 참모습 그대로 볼 것이기 때문이니(요일 3 : 2).

[우리의 눈물을 친히 닦아 주시는 주님]
이는 보좌 가운데에 계신 어린 양이 그들의 목자가 되사 생명수 샘으로 인도하시고 하나님께서 그들의 눈에서 모든 눈물을 씻어 주실 것임이라(계 7 : 17).

[다시는 애통하는 것이나 아픈 것이 있지 아니하니라]

또 내가 새 하늘과 새 땅을 보니 처음 하늘과 처음 땅이 없어졌고 바다도 다시 있지 않더라 또 내가 보매 거룩한 성 새 예루살렘이 하나님께로부터 하늘에서 내려오니 그 준비한 것이 신부가 남편을 위하여 단장한 것 같더라 내가 들으니 보좌에서 큰 음성이 나서 이르되 보라 하나님의 장막이 사람들과 함께 있으매 하나님이 그들과 함께 계시리니 그들은 하나님의 백성이 되고 하나님은 친히 그들과 함께 계셔서 모든 눈물을 그 눈에서 닦아 주시니 다시는 사망이 없고 애통하는 것이나 곡하는 것이나 아픈 것이 다시 있지 아니하리니 처음 것들이 다 지나갔음이러라 보좌에 앉으신 이가 이르시되 보라 내가 만물을 새롭게 하노라 하시고 또 이르시되 이 말은 신실하고 참되니 기록하라 하시고 또 내게 말씀하시되 이루었도다 나는 알파와 오메가요 처음과 마지막이라 내가 생명수 샘물을 목마른 자에게 값없이 주리니 이기는 자는 이것들을 상속으로 받으리라 나는 그의 하나님이 되고 그는 내 아들이 되리라(계 21:1-7).

[긍휼이 많으시고 은혜로우신 여호와 하나님]

여호와는 긍휼이 많으시고 은혜로우시며 노하기를 더디 하시고 인자하심이 풍부하시도다 자주 경책하지 아니하시며 노를 영원히 품지 아니하시리로다 우리의 죄를 따라 우리를 처벌하지는 아니하시며 우리의 죄악을 따라 우리에게 그대로 갚지는 아니하셨으니 이는 하늘이 땅에서 높음 같이 그를 경외하는 자에게 그의 인자하심이 크심이로다 동이 서에서 먼 것 같이 우리의 죄과를 우리에게서 멀리 옮기셨으며 아버지가 자식을 긍휼히 여김 같이 여호와께서는 자기를 경외하는 자를 긍휼히 여기시나니 이는 그가 우리의 체질을 아시며 우리가 단지 먼지뿐임을 기억하심이로다(시 103 : 8-14).

[오늘 네가 나와 함께 낙원에 있으리라]
이르되 예수여 당신의 나라에 임하실 때에 나를 기억하소서 하니 예수께서 이르시되 내가 진실로 네게 이르노니 오늘 네가 나와 함께 낙원에 있으리라 하시니라(눅 23 : 42-43).

6) 홀로 사시는 분

[우리의 삶을 끝까지 인도하시는 하나님]
너희는 시온을 돌면서 그 곳을 둘러보고 그 망대들을 세어 보라 그의 성벽을 자세히 보고 그의 궁전을 살펴서 후대에 전하라 이 하나님은 영원히 우리 하나님이시니 그가 우리를 죽을 때까지 인도하시리로다(시 48 : 12-14).

7) 생일

[젖 뗀 이삭을 위한 잔치]
아이가 자라매 젖을 떼고 이삭이 젖을 떼는 날에 아브라함이 큰 잔치를 베풀었더라(창 21 : 8).

[아이 사무엘의 성장]

아이 사무엘이 점점 자라매 여호와와 사람들에게 은총을 더욱 받더라(삼상 2:26).

[하나님이 네게 복을 주실 것이라]
요셉은 무성한 가지 곧 샘 곁의 무성한 가지라 그 가지가 담을 넘었도다 활쏘는 자가 그를 학대하며 적개심을 가지고 그를 쏘았으나 요셉의 활은 도리어 굳세며 그의 팔은 힘이 있으니 이는 야곱의 전능자 이스라엘의 반석인 목자의 손을 힘입음이라 네 아버지의 하나님께로 말미암나니 그가 너를 도우실 것이요 전능자로 말미암나니 그가 네게 복을 주실 것이라 위로 하늘의 복과 아래로 깊은 샘의 복과 젖먹이는 복과 태의 복이리로다 네 아버지의 축복이 내 선조의 축복보다 나아서 영원한 산이 한 없음 같이 이 축복이 요셉의 머리로 돌아오며 그 형제 중 뛰어난 자의 정수리로 돌아오리로다(창 49:22-26).

[모태에서부터 우리를 아신 하나님]
내가 너를 모태에 짓기 전에 너를 알았고 네가 배에서 나오기 전에 너를 성별하였고 너를 여러 나라의 선지자로 세웠노라 하시기로(렘 1:5).

[어린 아이를 사랑하시고 그들의 믿음을 칭찬하시는 주님]
사람들이 예수께서 만져 주심을 바라고 어린 아이들을 데리고 오매 제자들이 꾸짖거늘 예수께서 보시고 노하시어 이르시되 어린 아이들이 내게 오는 것을 용납하고 금하지 말라 하나님의 나라가 이런 자의 것이니라 내가 진실로 너희에게 이르노니 누구

든지 하나님의 나라를 어린 아이와 같이 받들지 않는 자는 결단코 그 곳에 들어가지 못하리라 하시고 그 어린 아이들을 안고 그들 위에 안수하시고 축복하시니라(막 10 : 13-16).

[아기 예수의 성장]
아기가 자라며 강하여지고 지혜가 충만하며 하나님의 은혜가 그의 위에 있더라 예수는 지혜와 키가 자라가며 하나님과 사람에게 더욱 사랑스러워 가시더라(눅 2 : 40, 52).

[어린 아이로부터 배우라]
그 때에 제자들이 예수께 나아와 이르되 천국에서는 누가 크니이까 예수께서 한 어린 아이를 불러 그들 가운데 세우시고 이르시되 진실로 너희에게 이르노니 너희가 돌이켜 어린 아이들과 같이 되지 아니하면 결단코 천국에 들어가지 못하리라 그러므로 누구든지 이 어린 아이와 같이 자기를 낮추는 사람이 천국에서 큰 자니라 또 누구든지 내 이름으로 이런 어린 아이 하나를 영접하면 곧 나를 영접함이니 삼가 이 작은 자 중의 하나도 업신여기지 말라 너희에게 말하노니 그들의 천사들이 하늘에서 하늘에 계신 내 아버지의 얼굴을 항상 뵈옵느니라(마 18 : 1-5, 10).

8) 창조

[주의 손가락으로 베푸신 달과 별]
여호와 우리 주여 주의 이름이 온 땅에 어찌 그리 아름다운지요 주의 영광이 하늘을 덮었나이다 주의 대적으로 말미암아 어린

아이들과 젖먹이들의 입으로 권능을 세우심이여 이는 원수들과 보복자들을 잠잠하게 하려 하심이니이다 주의 손가락으로 만드신 주의 하늘과 주께서 베풀어 두신 달과 별들을 내가 보오니 사람이 무엇이기에 주께서 그를 생각하시며 인자가 무엇이기에 주께서 그를 돌보시나이까 그를 하나님보다 조금 못하게 하시고 영화와 존귀로 관을 씌우셨나이다 주의 손으로 만드신 것을 다스리게 하시고 만물을 그의 발 아래 두셨으니 곧 모든 소와 양과 들짐승이며 공중의 새와 바다의 물고기와 바닷길에 다니는 것이니이다 여호와 우리 주여 주의 이름이 온 땅에 어찌 그리 아름다운지요(시 8편).

9) 자연재해

[세상 만물을 다스리시는 하나님]

옷으로 덮음 같이 주께서 땅을 깊은 바다로 덮으시매 물이 산들 위로 솟아올랐으나 주께서 꾸짖으시니 물은 도망하며 주의 우렛소리로 말미암아 빨리 가며 주께서 그들을 위하여 정하여 주신 곳으로 흘러갔고 산은 오르고 골짜기는 내려갔나이다 주께서 물의 경계를 정하여 넘치지 못하게 하시며 다시 돌아와 땅을 덮지 못하게 하셨나이다(시 104 : 6-9).

10) 공의

[정의를 물 같이 공의를 마르지 않는 강 같이 흐르게 하라]

내가 너희 절기들을 미워하여 멸시하며 너희 성회들을 기뻐하지 아니하나니 너희가 내게 번제나 소제를 드릴지라도 내가 받지 아니할 것이요 너희의 살진 희생의 화목제도 내가 돌아보지 아니하리라 네 노랫소리를 내 앞에서 그칠지어다 네 비파 소리도 내가 듣지 아니하리라 오직 정의를 물 같이, 공의를 마르지 않는 강 같이 흐르게 할지어다(암 5:21-24).

[여호와께서 기쁘게 여기시는 것]
공의와 정의를 행하는 것은 제사 드리는 것보다 여호와께서 기쁘게 여기시느니라(잠 21:3).

[여호와를 찾을 때]
너희가 자기를 위하여 공의를 심고 인애를 거두라 너희 묵은 땅을 기경하라 지금이 곧 여호와를 찾을 때니 마침내 여호와께서 오사 공의를 비처럼 너희에게 내리시리라(호 10:12).

[공의로 그의 허리띠를 삼고]
공의로 가난한 자를 심판하며 정직으로 세상의 겸손한 자를 판단할 것이며 그의 입의 막대기로 세상을 치며 그의 입술의 기운으로 악인을 죽일 것이며 공의로 그의 허리띠를 삼으며 성실로 그의 몸의 띠를 삼으리라(사 11:4-5).

[구원과 공의를 창조하신 여호와]
하늘이여 위로부터 공의를 뿌리며 구름이여 의를 부을지어다 땅이여 열려서 구원을 싹트게 하고 공의도 함께 움돋게 할지어다 나 여호와가 이 일을 창조하였느니라(사 45:8).

[사랑과 정의와 공의를 땅에 행하는 자]

여호와께서 이와 같이 말씀하시되 지혜로운 자는 그의 지혜를 자랑하지 말라 용사는 그의 용맹을 자랑하지 말라 부자는 그의 부함을 자랑하지 말라 자랑하는 자는 이것으로 자랑할지니 곧 명철하여 나를 아는 것과 나 여호와는 사랑과 정의와 공의를 땅에 행하는 자인 줄 깨닫는 것이라 나는 이 일을 기뻐하노라 여호와의 말씀이니라(렘 9 : 23-24).

[우리의 길과 행위를 바르게 하기 원하시는 하나님]

만군의 여호와 이스라엘의 하나님께서 이와 같이 말씀하시되 너희 길과 행위를 바르게 하라 그리하면 내가 너희로 이 곳에 살게 하리라 너희는 이것이 여호와의 성전이라, 여호와의 성전이라, 여호와의 성전이라 하는 거짓말을 믿지 말라 너희가 만일 길과 행위를 참으로 바르게 하여 이웃들 사이에 정의를 행하며 이방인과 고아와 과부를 압제하지 아니하며 무죄한 자의 피를 이 곳에서 흘리지 아니하며 다른 신들 뒤를 따라 화를 자초하지 아니하면 내가 너희를 이 곳에 살게 하리니 곧 너희 조상에게 영원무궁토록 준 땅에니라(렘 7 : 3-7).

11) 평화

[평화의 나라]

그 때에 이리가 어린 양과 함께 살며 표범이 어린 염소와 함께 누우며 송아지와 어린 사자와 살진 짐승이 함께 있어 어린 아이에게 끌리며 암소와 곰이 함께 먹으며 그것들의 새끼가 함께 엎드리며 사자가 소처럼 풀을 먹을 것이며 젖 먹는 아이가 독사의 구멍에서 장난하며 젖 뗀 어린 아이가 독사의 굴에 손을 넣을 것이라 내 거룩한 산 모든 곳에서 해 됨도 없고 상함도 없을 것이니 이는 물이 바다를 덮음 같이 여호와를 아는 지식이 세상에 충만할 것임이니라(사 11 : 6-9).

[다시는 이 나라와 저 나라가 칼을 들고 서로 치지 아니하리니] 그가 많은 민족들 사이의 일을 심판하시며 먼 곳 강한 이방 사람을 판결하시리니 무리가 그 칼을 쳐서 보습을 만들고 창을 쳐서 낫을 만들 것이며 이 나라와 저 나라가 다시는 칼을 들고 서로 치지 아니하며 다시는 전쟁을 연습하지 아니하고(미 4 : 3).

표지 디자인 해설

수직선은 '하나님의 임재'를, ┌─┐는 '단'을 의미하며 '단' 위 4개의 도형은 '예배예식'의 자음 ㅇㅂㅇㅅ을 단순화한 것으로 성전의 기물(언약궤, 촛대 등), 즉 '의미를 담은 형식'을 상징한다.

표지 및 본문 디자인 : 류한창

성례와 목회예식서

총회예식서개정위원회 편

초판인쇄 2023년 1월 5일
2쇄발행 2024년 3월 11일

편 집 인 총회예식서개정위원회
펴낸이 진 호 석
펴낸곳 한국장로교출판사
주 소 03128 / 서울 종로구 대학로3길 29, 신관 4층
전 화 (02) 741-4381~2 / 팩스 741-7886
영업국 (031) 944-4340 / 팩스 944-2623
홈페이지 www.pckbook.co.kr
등 록 No. 1-84(1951. 8. 3.)
I S B N 978-89-398-4465-0

값 18,500원

※ 이 출판물은 저작권법에 의해 보호를 받는 저작물이므로 무단전재와 무단복사를 할 수 없습니다.